改訂新版

まるごと授業 国語 2年（上）

2年（上）

喜楽研の
QRコードつき授業シリーズ

板書と授業展開が
よくわかる

著者：中村 幸成・田中 稔也・松森 靖行・南山 拓也

寄稿文著者：菊池 省三・岡 篤

企画・編集：原田 善造

わかる喜び学ぶ楽しさを創造する教育研究所　略称 喜楽研

はじめに

　書店の教育書コーナーを見渡すと，様々なタイトルの教育書が目に入ります。「自由進度学習」「個別最適化」「主体的で対話的な…」「教育DX」「STEAM教育」「教師が教えない授業」「指導と評価の一体化」「時短」など，多種多様なジャンルの教育書が発行されています。また，ネットで多くの先生方が，自分の実践や理論を配信されています。いろんな教育書やネット情報の中で，どれを選択すればよいのか迷ってしまうことでしょう。

　また，忙しい教師の仕事内容が新聞やテレビなどで大きなニュースになっています。そして，それに対する「働き方改革」などが叫ばれています。しかし，教師が子どもたちのためにしなくてはいけないことは，日を追うごとに増えているのが現状です。

　そんな多忙な中にあっても，「日々の授業」を大切に，より充実したものにしたいという先生方のご期待に応えて，本書を作り上げました。

　執筆者の願いは，

　本書1冊あれば，「豊かな授業ができる！」

　　　　　　　　「楽しい授業ができる！」

　　　　　　　　「子どもと先生の笑顔があふれる！」というものです。

　今回の「喜楽研のQRコードつき授業シリーズ　改訂新版　板書と授業展開がよくわかる　まるごと授業　国語」の特徴は以下の3つです。

① 板書がすごい！

　　見開き2ページで，明日の授業の流れやポイントがすぐにわかります。今回の改訂新版では，先生方にとって，より板書をわかりやすく，そして，自分が工夫をする余地があるようにしました。時間がないときは，そのまま活用してください。時間に余裕があるときは，自分なりに工夫を付け加えてもよいでしょう。

② QRコードの資料がすごい！

　　以前は，DVDで各単元の資料データを閲覧することができました。この改訂新版からは，QRコードで効率的に全ての資料を入手し，簡単に工夫を加えて使用することができます。

③ ICTがすごい！

　　各時間に，ICTの活用について紹介しています。今やICTなしでは授業は成立しません。まずは，書いていることをやってみましょう。

　日々の授業や，その他の教育活動に全力で取り組まれている先生方に敬意を表し，この本が，全ての先生と子どもたちの幸せにつながることを願っています。

本書の特色

全ての単元・全ての授業の指導の流れがわかる

学習する全単元・全授業の進め方を掲載しています。学級での日々の授業や参観日の授業，研究授業や指導計画作成等の参考にしてください。

本書の各単元の授業案の時数は，ほぼ教科書の配当時数にしてあります。

1 時間の授業展開例を，大きな板書例を使って見開き 2 ページで説明

実際の板書がイメージできるように，板書例を 2 色刷りで大きく掲載しています。また，細かい指導の流れについては，詳しい展開例で説明しています。

どのような発問や指示をすればよいかが具体的にわかります。先生方の発問や指示の参考にしてください。

QR コンテンツの 利用で，わかりやすく楽しい授業，きれいな板書づくりができる

各授業展開のページの QR コードに，それぞれの授業で活用できる画像やイラスト，ワークシートなどの QR コンテンツを収録しています。印刷して配布するか，タブレットなどのデジタル端末に配信することで，より楽しくわかりやすい授業づくりをサポートします。画像やイラストは大きく掲示すれば，きれいな板書づくりにも役立ちます。

ICT 活用のアイデアも掲載

それぞれの授業展開に応じて，ICT で表現したり発展させたりする場合のヒントを掲載しています。学校やクラスの実態にあう ICT 活用実践の参考にしてください。

菊池 省三・岡 篤の授業実践の特別映像を収録

菊池 省三の「対話・話し合いのある授業」についての解説付き授業映像と，岡 篤の各学年に応じた「指導のコツ」の講義映像を収録しています。映像による解説はわかりやすく，日々の授業実践のヒントにしていただけます。また，特別映像に寄せて，解説文を巻頭ページに掲載しています。

2年上（目次）

QRコンテンツについて
　授業内容を充実させるコンテンツを多数ご用意しました。右のQRコードを読み取るか下記URLよりご利用ください。

URL：https://d-kiraku.com/4606/4606index.html
ユーザー名：kirakuken
パスワード：aQg6S5

※各解説や授業展開ページのQRコードからも，それぞれの時間で活用できるQRコンテンツを読み取ることができます。
※上記URLは，学習指導要領の次回改訂が実施されるまで有効です。

2年（上）の授業（指導計画／授業展開・板書例）

本書の使い方

◆板書例について

　大きな「板書例」欄で，授業内容や授業の流れを視覚的に確認できるよう工夫しています。板書に示されている❶～❹のマークは，下段の授業展開の **1**～**4** の数字に対応しています。実際の板書に近づけるため，特に目立たせたいところは赤字で示したり，傍線を引いたりしています。QR コンテンツのイラストやカード等を利用すると，手軽に，きれいな板書ができあがります。

◆ POINT について

　この授業の指導において，特に必要な視点や留意点について掲載しています。

◆授業の展開について

①1時間の授業の中身を4コマの場面に切り分け，およその授業内容を表示しています。

②本文中のT表示は，教師の発問です。

③本文中のC表示は，教師の発問に対する児童の反応等です。

④TやCがない文は，教師への指示や留意点などが書かれています。

⑤その他，児童のイラスト，吹き出し，授業風景イラスト等を使って各展開の主な活動内容やポイントなどを表し，授業の進め方をイメージしやすいように工夫しています。

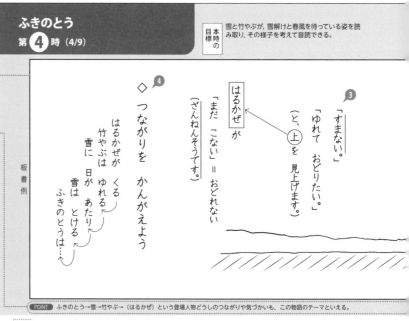

ふきのとう
第❹時（4/9）

本時の目標｜雪と竹やぶが，雪解けと春風を待っている姿を読み取り，その様子を考えて音読できる。

板書例

❹
◇　つながりを　かんがえよう

　　　　はるかぜが　くる
　　　竹やぶは　ゆれる
　　雪に　日が　あたり
　　雪は　とける
　ふきのとうは…

❸
「すまない。」
「ゆれて　おどりたい。」
（と，上を　見上げます。）

はるかぜ　が
「まだ　こない」＝おどれない
（ざんねんそうです。）

POINT　ふきのとう→雪→竹やぶ→（はるかぜ）という登場人物どうしのつながりや気づかいも，この物語のテーマといえる。

1 雪と竹やぶが出てくる場面（P22 L7～P24）を読み，登場人物を確かめよう。

T　前の竹やぶの場面では，だれが出てきましたか。
C　竹の葉っぱ。「さむかったね。」と言っていました。
C　見えないけれど，ふきのとうもふんばっていた。
　　前時に学習した場面を，音読で振り返るのもよい。
T　では，今日勉強する場面を先生が読みます。ここではだれが出てくるのかを考えて，聞いて下さい。
　　教科書P22L7～P24最後の行まで，範読する。
T　今度は，みんなで読みましょう。（斉読）
T　場所は，どこですか。
C　前と同じです。静かな竹やぶです。
T　では，新しく出てきたのは，だれでしたか。

雪と，竹やぶです。 　雪は「ごめんね」と言っています。

　登場人物を確かめ，このあと雪（前半）と，竹やぶ（後半）の2つの場面に分けて読んでいく。

40

2 「ごめんね」と謝り，竹やぶを見上げる雪の姿を読もう。

T　まず，雪の様子としたことを読んでいきましょう。
　　教科書P22L7～P23の最後までを音読する。
T　ここでは，だれが，だれに何と言っていますか。

雪がふきのとうに「ごめんね」「わたしも，早くとけて…あそびたいけど」と言っています。

T　この「ごめんね」というのは謝るときの言葉ね。雪は，ふきのとうに，どんなことを「ごめんね」と言っているのでしょうか。
C　ふきのとうの上にあるせいで，ふきのとうは外が見たいのに見られなくなっていることだと思う。
T　雪は「上を見上げ」ましたね。上には何があったのですか。雪が見上げたものは何ですか。
C　竹やぶの竹です。日が当たらず雪がとけないのは竹やぶのかげになっているからと，残念そうです。
T　このような雪の様子を考えて，音読しましょう。「見上げて」など，動き（動作化）も取り入れて音読する。

◆準備物について

　1時間の授業で使用する準備物が書かれています。準備物の一部は，QRコンテンツ（QRマークが付いたもの）として収録されています。準備物の数や量は，児童の人数やグループ数などでも異なってきますので，確認して準備してください。

◆ ICT について

　ICT活用の参考となるように，この授業展開，または授業内容に応じて，ICTで表現したり発展させたりする場合のヒントを掲載しています。

◆ QRコード・QRコンテンツについて

　QRコードからは，この授業展開に活用できるQRコンテンツを読み取ることができます。必要に応じて，ダウンロードしてください。

　「準備物」欄のQRマークが付いている資料には，授業のための画像，ワークシート，黒板掲示用イラスト，板書作りに役立つカード等があります。実態にあわせて，印刷したり，タブレットに配信するなど活用してください。

（QRコンテンツの内容については，本書P8，9で詳しく紹介しています）

※ QRコンテンツがない時間には，QRコードは記載されていません。
※ QRコンテンツを読み取る際には，パスワードが必要です。パスワードは本書P4に記載されています。

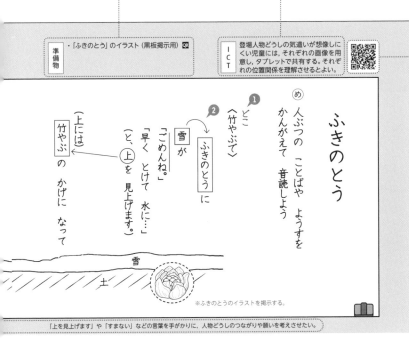

◆赤のアンダーラインについて

　本時の展開で特に大切な発問や留意点にアンダーラインを引いています。

QRコンテンツの利用で，
楽しい授業・わかる授業ができる

菊池 省三・岡 篤の教育実践の「特別映像」収録

　菊池 省三の「対話・話し合いのある授業」についての解説付き映像と，岡 篤の各学年に応じた「指導のコツ」の講義映像を収録しています。動画による解説はわかりやすく，日々の授業実践のヒントにもなります。

参考になる「ワークシート見本」「資料」の収録

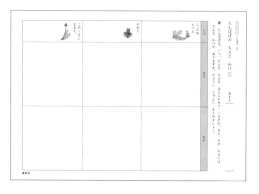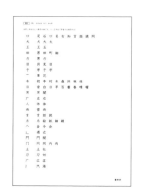

　授業の展開で使えるワークシート見本を収録しています。（全ての時間には収録されていません）また，教材や授業展開の内容に沿った資料が収録されている単元もあります。クラスの実態や授業内容に応じて，印刷して配布するかタブレットなどのデジタル端末に配信するなどして，活用してください。

授業で使える「画像」「掲示用イラスト」「カード」収録

◇ 画像

◇ 掲示用イラスト

◇ 言葉（漢字）カード

　文章や口頭では説明の難しい内容は，画像やイラストで見せるとわかりやすく説明できます。視覚にうったえかけることで，授業の理解を深めます。

　また，板書をするときにイラストやカードを使うと，見栄えがします。チョークでかいた文字だけの板書よりも，簡単に楽しくきれいな板書ができあがります。

※ QR コードから QR コンテンツを読み取る際には，パスワードが必要です。パスワードは本書 P4 に記載されています。

対話・話し合いのある授業に，一歩踏み出そう

菊池　省三

　教育の世界は，「多忙」「ブラック」と言われています。不祥事も後を絶ちません。

　しかし，多くの先生方は，子どもたちと毎日向き合い，その中で輝いています。やりがいや生きがいを感じながら，がんばっています。

　このことは，全国の学校を訪問して，私が強く感じていることです。

　先日，関西のある中学校に行きました。明るい笑顔あふれる素敵な学校でした。

　3年生と授業をした後に，

「気持ちのいい中学生ですね。いい学校ですね」

と話した私に，校長先生は，

「私は，子どもたちに支えられています。子どもたちから元気をもらっているのです。

　我々教師は，子どもたちと支え合っている，そんな感じでしょうか」

と話されました。なるほどと思いました。

　四国のある小学校で，授業参観後に，

「とてもいい学級でしたね。どうして，あんないい学級が育つのだろうか」

ということが，参観された先生方の話題になりました。担任の先生は，

「あの子たち，とてもかわいいんです。かわいくて仕方ないんです」

と，幸せそうな笑顔で何度も何度も話されていました。

　教師は，子どもたちと一緒に生きているのです。担任した1年間は，少なくとも教室で一緒に生きているのです。

　このことは，とても尊いことだと思います。「お互いに人として，共に生きている」……こう思えることが，教師としての生きがいであり，最高の喜びだと思います。

　私自身の体験です。数年前の出来事です。30年以上前に担任した教え子から，素敵なプレゼントをもらいました。ライターになっている彼から，「恩師」である私の本を書いてもらったのです。たった1年間しか担任していない彼からの，思いがけないプレゼントでした。

　教師という仕事は，仮にどんなに辛いことがあっても，最後には「幸せ」が待っているものだと実感しています。

　私は，「対話・話し合い」の指導を重視し，大切にしてきました。

　ここでは，悪しき一斉指導からの脱却を図るために，ポイントとなる6つの取り組みについて説明します。

1. 価値語の指導

　荒れた学校に勤務していた20数年前のことです。私の教室に参観者が増え始めたころです。ある先生が,

　「菊池先生のよく使う言葉をまとめてみました。菊池語録です」

と, 私が子どもたちによく話す言葉の一覧を見せてくれました。

　子どもたちを言葉で正す, ということを意識せざるを得なかった私は, どちらかといえば父性的な言葉を使っていました。

　・私, します。

　・やる気のある人だけでします。

　・心の芯をビシッとしなさい。

　・何のために小学生をしているのですか。

　・さぼる人の2倍働くのです。

　・恥ずかしいと言って何もしない。

　　それを恥ずかしいというんです。

といった言葉です。

　このような言葉を, 私だけではなく子どもたちも使うようになりました。

　価値語の誕生です。

　全国の学校, 学級を訪れると, 価値語に出合うことが多くなりました。その学校, 学級独自の価値語も増えています。子どもたちの素敵な姿の写真とともに, 価値語が書かれている「価値語モデルのシャワー」も一般的になりつつあります。

　知的な言葉が生まれ育つ教室が, 全国に広がっているのです。対話・話し合いが成立する教室では, 知的な言葉が子どもたちの中に植林されています。だから, 深い学びが展開されるのです。

　教師になったころに出合った言葉があります。大村はま先生の「ことばが育つとこころが育つ　人が育つ　教育そのものである」というお言葉です。忘れてはいけない言葉です。

　「言葉で人間を育てる」という菊池実践の根幹にあたる指導が, この価値語の指導です。

2. スピーチ指導

　私は，スピーチ指導からコミュニケーション教育に入りました。自己紹介もできない6年生に出会ったことがきっかけです。

　お師匠さんでもある桑田泰助先生から，

　「スピーチができない子どもたちと出会ったんだから，1年かけてスピーチができる
　　子どもに育てなさい。走って痛くなった足は，走ってでしか治せない。挑戦しなさい」
という言葉をいただいたことを，30年近くたった今でも思い出します。

　私が，スピーチという言葉を平仮名と漢字で表すとしたら，

　『人前で，ひとまとまりの話を，筋道を立てて話すこと』

とします。

　そして，スピーチ力を次のような公式で表しています。

　『スピーチ力＝（内容＋声＋表情・態度）×思いやり』

　このように考えると，スピーチ力は，やり方を一度教えたからすぐに伸びるという単純なものではないと言えます。たくさんの要素が複雑に入っているのです。ですから，意図的計画的な指導が求められるのです。そもそも，コミュニケーションの力は，経験しないと伸びない力ですからなおさらです。

　私が，スピーチ指導で大切にしていることは，「失敗感を与えない」ということです。学年が上がるにつれて，表現したがらない子どもが増えるのは，過去に「失敗」した経験があるからです。ですから，

　「ちょうどよい声で聞きやすかったですよ。安心して聞ける声ですね」

　「話すときの表情が柔らかくて素敵でした。聞き手に優しいですね」

　「笑顔が聞き手を引きつけていました。あなたらしさが出ていました」

　「身ぶり手ぶりで伝えようとしていました。思いが伝わりましたよ」

などと，内容面ばかりの評価ではなく，非言語の部分にも目を向け，プラスの評価を繰り返すことが重要です。適切な指導を継続すれば必ず伸びます。

3. コミュニケーションゲーム

　私が教職に就いた昭和50年代は，コミュニケーションという言葉は，教育界の中ではほとんど聞くことがありませんでした。「話し言葉教育」とか「独話指導」といったものでした。

　平成になり，「音声言語指導」と呼ばれるようになりましたが，その多くの実践は音読や朗読の指導でした。

　そのような時代から，私はコミュニケーションの指導に力を入れようとしていました。しかし，そのための教材や先行実践はあまりありませんでした。私は，多くの書店を回り，「会議の仕方」「スピーチ事例集」といった一般ビジネス書を買いあさりました。指導のポイントを探すためです。

　しかし，教室で実践しましたが，大人向けのそれらをストレートに指導しても，小学生には上手くいきませんでした。楽しい活動を行いながら，その中で子どもたち自らが気づき発見していくことが指導のポイントだと気がついていきました。子どもたちが喜ぶように，活動をゲーム化させる中で，コミュニケーションの力は育っていくことに気づいたのです。

　例えば，対決型の音声言語コミュニケーションでは，
・問答ゲーム（根拠を整理して話す）
・友だち紹介質問ゲーム（質問への抵抗感をなくす）
・でもでもボクシング（反対意見のポイントを知る）
といった，対話の基本となるゲームです。朝の会や帰りの会，ちょっとした隙間時間に行いました。コミュニケーション量が，「圧倒的」に増えました。

　ゆるやかな勝ち負けのあるコミュニケーションゲームを，子どもたちは大変喜びます。教室の雰囲気がガラリと変わり，笑顔があふれます。

　コミュニケーション力は，学級のインフラです。自分らしさを発揮して友だちとつながる楽しさは，対話・話し合い活動の基盤です。継続した取り組みを通して育てたい力です。

4. ほめ言葉のシャワー

　菊池実践の代名詞ともいわれている実践です。30年以上前から行っている実践です。

　2012年にNHK「プロフェッショナル仕事の流儀」で取り上げていただいたことをきっかけに，全国の多くの教室で行われているようです。

「本年度は，全校で取り組んでいます」
「教室の雰囲気が温かいものに変わりました」
「子どもたちも大好きな取り組みです」
といった，うれしい言葉も多く耳にします。

　また，実際に訪れた教室で，ほめ言葉のシャワーを見せていただく機会もたくさんあります。どの教室も笑顔があふれていて，参観させていただく私も幸せな気持ちになります。

　最近では，「ほめ言葉のシャワーのレベルアップ」の授業をお願いされることが増えました。

　下の写真がその授業の板書です。内容面，声の面，表情や態度面のポイントを子どもたちと考え出し合って，挑戦したい項目を自分で決め，子どもたち自らがレベルを上げていくという授業です。

　どんな指導も同じですが，ほめ言葉のシャワーも子どもたちのいいところを取り上げ，なぜいいのかを価値づけて，子どもたちと一緒にそれらを喜び合うことが大切です。

　どの子も主人公になれ，自信と安心感が広がり，絆の強い学級を生み出すほめ言葉のシャワーが，もっと多くの教室で行われることを願っています。

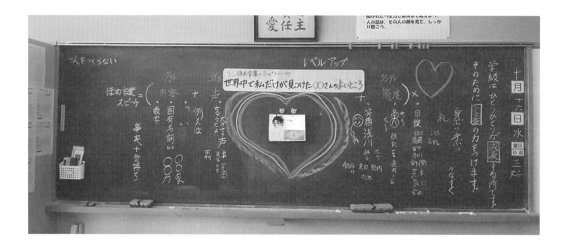

5. 対話のある授業

　菊池実践の授業の主流は，対話のある授業です。具体的には，

・自由な立ち歩きのある少人数の話し合いが行われ

・黒板が子どもたちにも開放され

・教師が子どもたちの視界から消えていく

授業です。教師主導の一斉指導と対極にある，子ども主体の授業です。

　私は，対話の態度目標を次の3つだと考えています。

① しゃべる

② 質問する

③ 説明する

　それぞれの技術指導は当然ですが，私が重視しているのは，学級づくり的な視点です。以下のような価値語を示しながら指導します。例えば，

・自分から立ち歩く

・一人をつくらない

・男子女子関係なく

・質問は思いやり

・笑顔でキャッチボール

・人と論を区別する

などです。

　対話のある授業は，学級づくりと同時進行で行うべきだと考えているからです。技術指導だけでは，豊かな対話は生まれません。形式的で冷たい活動で終わってしまうのです。

　学級づくりの視点を取り入れることで，子どもたちの対話の質は飛躍的に高まります。話す言葉や声，表情，態度が，相手を思いやったものになっていきます。聞き手も温かい態度で受け止めることが「普通」になってきます。教室全体も学び合う雰囲気になってきます。学び合う教室になるのです。

　正解だけを求める授業ではなく，一人ひとりが考えの違いを出し合い，新たな気づきや発見を大事にする対話のある授業は，学級づくりと連動して創り上げることが大切です。

6. ディベート指導

　私の学級の話し合いは，ディベート的でした。子どもたちの意見が分裂するような発問をもとに，その後の話し合いを組織していたのです。

　私は，スピーチ指導から子どもたちの実態に合わせて，ディベート指導に軸を移してきました。その理由は，ディベートには安定したルールがあり，それを経験させることで，対話や話し合いに必要な態度や技術の指導がしやすいからです。

　私は，在職中，年に2回ディベート指導を計画的に行っていました。

　1回目は，ディベートを体験することに重きを置いていました。1つ1つのルールの価値を，学級づくりの視点とからめて指導しました。

　例えば，「根拠のない発言は暴言であり，丁寧な根拠を作ることで主張にしなさい」「相手の意見を聞かなければ，確かな反論はできません。傾聴することが大事です」「ディベートは，意見をつぶし合うのではなく，質問や反論をし合うことで，お互いの意見を成長させ合うのです。思いやりのゲームです」といったことです。これらは，全て学級づくりでもあります。

　2回目のディベートでは，対話の基礎である「話す」「質問する」「説明する（反論し合う）」ということの，技術的な指導を中心に行いました。

　例えば，「根拠を丁寧に作ります。三角ロジックを意識します」「連続質問ができるように。論理はエンドレスです」「反論は，きちんと相手の意見を引用します。根拠を丁寧に述べます」といった指導を，具体的な議論をふまえて行います。

　このような指導を行うことで，噛み合った議論の仕方や，その楽しさを子どもたちは知ります。そして，「意見はどこかにあるのではなく，自分（たち）で作るもの」「よりよい意見は，議論を通して生み出すことができる」ということも理解していきます。知識を覚えることが中心だった今までの学びとは，180度違うこれからの時代に必要な学びを体験することになります。個と集団が育ち，学びの「社会化」が促されます。

　ディベートの持つ教育観は，これからの時代を生きる子どもたちにとって，とても重要だと考えています。

【１年生の授業】

　１年生は，言葉遊びの授業です。１年生には，「言葉って面白いんだ」「言葉を知ること
は楽しいことなんだ」といったことを，体験を通して実感させたいと思っています。
　この授業は，

① 「○まった」という言葉をみんなで集め
　　る（例：あまった，うまった，こまった
　　など）
② 「○○まった」という言葉を一人で
　　考える（例：あやまった，かくまった，
　　まとまった　など）
③ ②で集めた言葉をグループで出し合う
④ 教室の中から「○○まった」の言葉をグループで集める
⑤ グループ対抗のチョークリレーで出し合い全員で学び合う
⑥ 感想を書いて発表し合う

といった流れで行いました。動画には，②から④あたりの様子が収められています。

　最初に学習の仕方を全員に理解させ，その後にレベルを上げた問題を，個人→グループ→
全体という流れで取り組ませたのです。

　活動的な１年生に，「黙って，静かに，座って話を聞かせる」ということに，あまりに
も指導の力点が行き過ぎている教室もあります。そうではなくて，活動的な１年生の特性
を生かしながら，変化のある授業の構成を考えたいものです。そのような指導を通して，
友だちと学び合う楽しさやできる喜びを感じさせてあげたいものです。

　また，１年生ですから，教師のパフォーマンス力も問われます。立ち位置や声の変化，
体や手の動きの工夫が必要です。子どもたちを惹きつける，そんな魅力ある教師でいたい
と思っています。

2年生は，簡単な討論の授業です。対立する話し合いの基本型を教えた授業です。

授業は，次のような流れです。

① たくさん咲いている学校のチューリップを1本取った花子さんの行動について，○か×かの自分の立場を決める

② ①の理由を書いて話し合う

③ 花子さんには，病気で寝たきりのチューリップの好きなおばあさんがいることを知り，花子さんの行動について○か×かの立場を決める

④ ③の理由を書いて，同じ立場の友だちと話し合う

⑤ 理由を出し合って，全体で討論をする

⑥ 花子さんが取ったらいいと考えられる方法を出し合う

⑦ 感想を書いて発表し合う

私は，基本的な討論の流れを，

・自分の立場（賛成反対，AかBか，など）を決める

・各自，理由を考える

・同じ立場のチームで理由を考え合う

・それぞれのチームの理由を出し合う

と考えています。

2年生の授業動画では，③から④あたりが収められています。「自由な立ち歩き」をして，学び合うための対話，話し合いをしている様子が分かると思います。

このような動きのある授業を行うことで，友だちと学び合うことは楽しい，自分で意見を作ることは大切なんだ，ひとりひとり意見が違っていいんだ，といったことを子どもたちは学びます。

【3年生の授業】

　3年生は，スピーチの授業です。「ほめ言葉のシャワー」につなげるという意図を持って行ったものです。

　ほめ言葉のスピーチは，

　『事実＋意見』

　の構成が基本です。

　授業では，

　まず，その基本の構成を板書し，事実にあたる友だちのよいところをノートに書かせました。書かせるという指導は，全員参加を促します。

　その後，ひとりひとりが書いたことを認め，黒板に書かせました。このように，黒板に書かせると教室に勢いが出てきます。みんなで学び合う雰囲気になってきます。

　そして，実際に「ほめ言葉のシャワー」をさせました。

　先にも述べましたが，私は，スピーチの公式を次のように考えています。

　『スピーチ力＝（内容＋声＋表情・態度）×思いやり』

　主人公の友だちに伝えるほめ言葉1つ1つに，私が「ほめ言葉」を言っています。プラスの評価をしているのです。例えば，

　「（お辞儀をした子どもに）体を使ってほめ言葉を言っている（拍手）」

　「（ノートから目を離した子どもに）書いたことを見ません（読むのではなく話す）（拍手）」

　「（柔らかな表情で話した子どもに）口角が挙がっていますね（拍手）」

　「（下半身がどっしりして，上半身がゆったりとしているこどもに）その姿勢が抜群に
　　いい（拍手）」

といって，ほめています。スピーチの公式の非言語の部分を意識してほめています。内容よりも，声や表情・態度の部分です。スピーチ指導の初期の段階は，このような指導が効果的だと考えているからです。

　特別映像は，『DVDで見て学ぶ　菊池省三・授業実践シリーズ』（有限会社オフィスハル製作）より授業映像を一部抜粋し，解説を追加・編集したものです。

2年「鉛筆の持ち方」〜もっとも難しい指導

岡 篤

〈研究授業で思ったこと〉

　ある研究授業（小1）の後の会で，「鉛筆の持ち方も指導できていない」という発言をした人がいました。私は，それを聞いて，「違う」と感じました。「鉛筆の持ち方も」の「も」にひっかかったのでした。

　その人は，鉛筆の持ち方の指導が簡単なことであり，当たり前にできることと考えていたのです。後から聞くと，その人は低学年の担任をしたことがないということでした。

　基礎的な指導内容という意味では，「鉛筆の持ち方も」だったかもしれません。しかし，本気で鉛筆の持ち方を指導したことのある人なら，いかに難しい指導かを知っています。

〈教えるだけなら簡単だが〉

　「教える」だけなら簡単です。教科書に出ている鉛筆の持ち方の写真を見せて，「こんなふうに持ちなさい」といえばよいのです。しかし，実際に教科書の写真のように持つことができるようにするには，一人ずつチェックをしていく必要があります。「正しい持ち方を教えること」と「正しく持つことができるようにする」とは全く別の次元なのです。

　持つことができたら終わりではありません。いざその持ち方で書こうとすると多くの子が，とても書きにくそうにぎこちない手の動きをしたり，元の持ち方にもどってしまったり，となるでしょう。「正しく持つことができるようにすること」と「正しい持ち方で書くことができるようにすること」との間にも大きな溝があります。

　まだあります。正しい持ち方で書くことができたとしても，それを継続させ，定着させるのは，さらに大変なことです。元の持ち方は，それが習慣になっているのです。持ち方を変えることは，習慣を変えることでもあります。だから大変なのです。「正しい持ち方で書くことができるようにすること」と「正しい持ち方を習慣として定着させること」の差を本当に理解しているのは，指導に悩んだ経験のある人だけでしょう。

〈正しい持ち方は一生の宝〉

正しい持ち方には，次のようなメリットがあります。

・手が疲れない。

・線が書きやすい。

・姿勢が崩れにくい。

さらに，見た目がよいことも加えられるでしょう。高学年になると，自分の持ち方の悪さを指摘された経験がある子は少なくありません。自分でも分かっているし，気にはなるけど，直せないのです。

持ち方の指導を本気でするなら，「持ち方を直すには，それまでの持ち方で書いてきたのと同じ期間がかかる」と覚悟した方がよいでしょう。実際に学校ではそんなに時間はかけてはいられません。そこで，文字だけでなく，線をたくさん書かせたり，さらに線さえ書かせず正しい持ち方で鉛筆を動かす練習を大量にする必要があります。

2年「音読」～会話文を工夫させる

岡　篤

〈間を教える〉

　音読の際に，句点（。），読点（、）を意識させる方法として，間の取り方をクラスでそろえるという方法があります。例えば，句点は2拍，読点は1拍，といった具合です。はじめは，教師が「いち，に」と声を出して間を取ります。次に，黒板や机を叩いてトントンと音を立てて同じように間を取ります。次は，子どもが句点で2回，読点で1回，軽くうなずきます。最後に，「心の中で数えましょう」とすれば，比較的短期間で，句読点を意識することができます。

　もちろん，この読み方は絶対ではありません。句読点の使い方や文脈によっては，ふさわしくない場合も出てきます。そのときは，そこで指導をすればよいのです。あくまで，初歩の段階で，句読点を意識させる手立てとして，この方法があるということです。

〈会話文（「　」）の前後も間をあける〉

　「　」の間を指導すると，読み方が大きく変わります。私は，「　」も2拍あけるように言う場合が多いです。子どもには，「聞いている人には，かぎかっこがついているのか，どうか分かりません。それを，間をとって伝えます」と教えています。

　さらに，いわゆる「地の文」と登場人物の話す言葉との区別がこの「　」でつけられているということも教えます。地の文はふつうの読み方で読み，「　」になると，登場人物の様子を頭にイメージしながら読むようにいいます。

〈「1㎝，体を動かしてみよう」で読みが変わる〉

　登場人物の様子を思い浮かべたからといってすぐに読み方が変わる子ばかりではありません。実際には，ほとんど変わらない子の方が多いかもしれません。

　ここで，有効な指導があります。それは，登場人物のかっこうを想像させるということです。前屈みになっている，上を向いている，腕を組んでいるなど，文章に出ている場合もあれば，直接は書かれていない場合もあるかもしれません。

　とにかく，会話の部分を話しているときの登場人物のかっこうを想像させます。もし，分からないという子がいたら，他の子が発表した中から自分が一番よいと思うものを選ばせます。

　そして，会話部分を読むときに，少しだけその動きをさせます。大げさにやらせると，そこで読みが止まってしまったり，意識が動きの方に向いてしまったりしかねません。少しの方がよいのです。ただし，この少しの加減が難しいので，私は，「1㎝，体を動かしてみよう」という言い方をします。前屈みなら，1㎝くらい頭を下げるのです。

　地の文を読むときは，背筋を伸ばしてまっすぐにします。そして，会話のところに来たら，「　」の分の間をとり，その間に1㎝体を動かします。そして，登場人物になって会話部分を読みます。会話が終わったら，また姿勢を元にもどして，地の文を読みます。

　これで，読み方が変わる子がきっと増えるはずです。

【出典】※動画の板書で使用されている作品
『手袋を買いに』新美南吉（青空文庫）

　『新版まるごと授業国語1〜6年（上）』（2020年発行）への動画ご出演，及び寄稿文をお寄せいただいた岡 篤先生は，2022年11月に永眠されました。この度，改訂新版発行にあたり，ご遺族のご厚意で内容はそのままで掲載させていただきました。ご厚情に深く感謝するとともに，謹んで哀悼の意を表します。

じゅんばんに　ならぼう

全授業時間 1 時間

◎ 指導目標 ◎

・言葉には，事物の内容を表す働きがあることに気づくことができる。
・自分が聞きたいことを落とさないように集中して聞くことができる。

◎ 指導にあたって ◎

① **教材について**

　　扉のたんぽぽの詩を読みます。教科書の 2 年上の副題も「たんぽぽ」です。また，「たんぽぽの　ち
え」という説明文も 2 年上で学習します。たんぽぽを知らない児童はいないでしょう。たんぽぽはどこ
でも見られる花ですが，児童の身近にある明るく元気な花です。このイメージが 4 月の 2 年生にも重な
ります。この詩をみんなで何度も読み合うことや，それぞれが思ったことを語り合うことは国語の授業の
始めにとってもふさわしい学習活動になります。できるだけ実物のたんぽぽも持ち込むとよいでしょう。

　　また，「じゅんばんに　ならぼう」は，ゲームの中に「聞く」「話す」という国語科的要素を込めた言語
活動です。「聞く」「話す」は，ふだんの生活の中で最も多く行われている言語活動です。それだけにだれ
でもできる簡単なことだととらえがちですが，本当は「読む」「書く」と同様，難しいものです。「じゅん
ばんに　ならぼう」は，ゲームの形をとって，聞くことなしには並べないという「聞く必然性」のある場
面を設定しています。また，形の上でも聞くときの姿勢や，話し方の基本を実際にやらせながらここで指
導します。これらのことは，今後も折にふれて指導を続けます。

② **個別最適な学び・協働的な学びのために**

　　初めての国語の授業の時間になります。どの児童も「2 年生では何を習うのかな」「2 年生ではがんば
ろう」と，やる気と期待に胸を膨らませています。その意味でもとりわけ大事にしたい出だしの第一歩で
す。児童にとっても指導者にとっても緊張感のある中での 1 時間になります。何より「国語って楽しそう」
「ぼくも，わたしもできる」と思わせれば成功です。多少うまくいかないことがあっても叱責は禁物です。
音読や感想の発表，聞き方などのよいところを見つけて，「すばらしい」とオーバー気味にほめることが
児童の心に響き，自信とやる気につながります。

◎ 評価規準 ◎

知識 及び 技能	言葉には，事物の内容を表す働きがあることに気づいている。
思考力，判断力，表現力等	「話すこと・聞くこと」において，自分が聞きたいことを落とさないように集中して聞いている。
主体的に学習に取り組む態度	自分が聞きたいことを粘り強く集中して聞き取り，学習課題に沿って声をかけ合い，正しい順番で並ぼうとしている。

◎ 学習指導計画　全 1 時間 ◎

次	時	学習活動	指導上の留意点
1	1	・扉の詩をみんなで読み，思ったことを話し合う。 ・目次を見て，2 年生の学習を見渡す。 ・「じゅんばんにならぼう」というゲームを通して，「どんな順番にならぶのか」を聞き取り，話し合いながら指示どおりに並ぶ。	・初めての国語の授業。期待感を大事にすることが第一となる。そのためにも扉の詩はみんなで読む楽しさに気づかせる。 ・聞く，話すといった学習習慣をつけていく第一歩でもある。とりわけ，「聞く」ということはすべての学習に関わってくるので姿勢など形の面でも指導する。 ・「じゅんばんにならぼう」ゲームでは，言葉が苦手な児童がいる場合，周りにいる児童が代わりに伝える，教師が傍についているなど，配慮する。

<table>
<tr><td>本時の目標</td><td>・扉の詩を読み，これからの学習に期待と見通しをもつ。
・興味をもって大事なことを落とさないように聞くことができる。</td></tr>
</table>

板書例

③

じゅんばんに　ならぼう

め　よく　きいて　こえを　かけあおう

1　よく　きいて
　　「なんの　じゅんばん」か

2　こえを　かけあって

3　正しい　じゅんばんに　ならべたか

〈ならびかた〉

①　なまえが　あいうえおの　じゅん

②　たん生日が　早い　人の　じゅん

④

POINT タンポポなど実物（なければ写真）を持ち込むと児童の興味，集中力は違ってくる。聞く姿勢や，発表の仕方など学習の

1 教科書の副題を知り，扉の詩『たんぽぽ』を読もう。

たんぽぽの花（実物，または画像）を見せる。

T　学校の庭で花を見つけました。何の花でしょう。

C　たんぽぽです。わたしも見たことあります。

T　教科書の表紙に何と書いてありますか。みんなで読んでみましょう。

C　（一斉に）「こくご　二上　たんぽぽ」

C　あ，たんぽぽって書いてある。本もたんぽぽだ。

T　この 2 年上の本の題も『たんぽぽ』ですね。表紙をめくった次のページを扉と言います。扉にも『たんぽぽ』の詩が載っていますよ。

わぁ，2 年はみんな，たんぽぽかぁ。

T　まず先生が読みます。本を持って聞く姿勢をしましょう。

『たんぽぽ』の詩を範読する。

2 扉の詩『たんぽぽ』を音読し，思ったことを話し合おう。

T　次はみんなで読みましょう。今度は読む姿勢です。

一斉音読させる。「お日さまのまごだから」は，「お日さまのまごだから？（↗）」と，尋ねるように読んでもよい。

次に，簡単に詩の内容の読み取りをする。

T　（たんぽぽの絵を貼り）ちょうちょうはどこにいるのかな。（黒板に指しに来させるか，絵を貼らせる。）

T　「まご」って分かるかな？

「まご」とは「子どもの子ども」のことで，この詩では，たんぽぽはひまわりの子どもであり，お日様の「まご」となることを説明する。（板書参照）

T　「たんぽぽは…わらった」のところを読んで，どう思いましたか。

たんぽぽは，ちょっと嬉しかったと思います。

たんぽぽとちょうちょうは仲良しみたい。

児童の発言すべてを認め，肯定的に受けとめる。

① たんぽぽ

② 「たんぽぽさんって まぶしいのね。‥‥」

お日さま
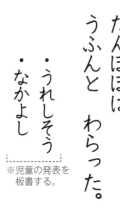
※1

子

ひまわり
※1

子

まご？
（子の子）
※1

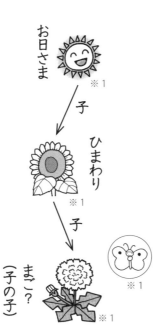
※1

たんぽぽは
うふんと わらった。

・うれしそう
・なかよし

※児童の発表を
板書する。

※1.QR コンテンツのイラストを掲示するか，簡単に描く。

基本の形をここで教える。

3 目次を見て2年の学習を見渡そう。
「順番に並ぼう」ゲームを知ろう。

T 目次を見てみましょう。目次にもたんぽぽは出て
くるのかな。

C あった！『たんぽぽのちえ』というのがあります。

　目次のページを開けさせ，2年では何を習うのか，ワクワク感をもたせる。ただし，「何を習いたい？」などの話し合いには深入りしない。

T 国語の勉強では，聞くこと，話すことがとても大
事です。では，これから順番に並ぶゲームをします。

どんな順番に並ぶのかな？
背の順番かな。名前の順番かな。

T いろいろな並び方があります。今日は，どんな順
番に並ぶのかをよく聞いていないと正しく並べま
せん。

　教科書P14-15を読み，「みんなで声をかけあって」というところを強調して活動内容を確かめる。

4 話をよく聞いて，伝え合って
順番に並ぼう。

T はじめは，名前のあいうえお順に並びましょう。
みんなで声をかけあって，できるだけ早く並べるよ
うにしましょう。

ぼく「さとう」だから「すだ」さんの前だよね？
わたしは「あきた」だから，一番前！

　男女別，列ごとなどクラスをいくつかのグループに分け（10人くらいまで），競争意識をもたせる。

T では，前の人から名前を言って正しい順番に並べ
たか，確かめましょう。

T 次は，誕生日の早い人から順番に並びましょう。

　他にも，朝，起きた時間が早い（遅い）順や，下の名前の五十音順などの順番でやってみてもよい。最後に，ゲームの感想を交流する。

絵を　見て　かこう

全授業時間 1 時間

◎ 指導目標 ◎

・第 1 学年に配当されている漢字を文章の中で使うことができる。

・想像したことなどから書くことを見つけ，必要な事柄を集めたり確かめたりして，伝えたいことを明確にすることができる。

・文章に対する感想を伝え合い，自分の文章の内容や表現のよいところを見つけることができる。

◎ 指導にあたって ◎

① 教材について

　2 年生になり，初めて文章を書く活動となる小単元です。教科書の挿絵には，題材として，児童の生活に実際に見られるような公園での場面が取り上げられています。その絵を見て自由に話すことで，児童の興味関心は自然と高まるでしょう。そして，教科書にある「いつ」「どこで」「どんな人が」「どんなことをしているか」という観点で，絵から分かることを出し合うと，頭の中に様子を表す文章のイメージが湧き上がってくるはずです。

　楽しく意欲的に文作りに取り組めるよう，同じ題材をもとに自分が書きたい絵の部分をそれぞれ選択して使える教材となっています。

② 個別最適な学び・協働的な学びのために

　絵を見て気づいたことを出し合うことで，どの児童も文章を書くための情報を共有できます。ここを疎かにすると，書くことが苦手な児童にとっては，この単元が苦行になってしまい，書くことに対する嫌悪感がさらに増してしまうでしょう。

　どの部分を文章にするのかを選択するときは，隣の人と相談できるようにします。自分だけでは考えがまとまらずなかなか決められない児童も，友達の意見をもとに決断しやすくなるでしょう。また，だれがどの部分の様子について書くかを，挙手で把握するようにすることで，同じ部分を選んだ友達どうしで相談しやすく，文を書く励みとなるようにしています。

　書く時間は，なるべく多く確保できるようにします。早く文章が書けた児童には，他の部分の文作りに取り組ませればよいでしょう。書くことが苦手な児童に対しては，実態に応じて教科書 P17 の作文例を真似て書くこと，隣の人に相談してもよいことなどを認めてもよいでしょう。作文活動を安心して，楽しく取り組めるように必要な手を打つことが大切です。

知識 及び 技能	・第 1 学年に配当されている漢字を文章の中で使っている。
思考力，判断力，表現力等	・「書くこと」において，想像したことなどから書くことを見つけ，必要な事柄を集めたり確かめたりして，伝えたいことを明確にしている。 ・「書くこと」において，文章に対する感想を伝え合い，自分の文章の内容や表現のよいところを見つけている。
主体的に学習に取り組む態度	・絵の中から進んで書くことを見つけ，これまでの学習をいかして文章を書こうとしている。

◎　学 習 指 導 計 画　　全 1 時 間　◎

次	時	学習活動	指導上の留意点
1	1・2	・絵を見て気づいたことを発表し合う。 ・絵を見て，「いつ」「どこで」「だれが」「何をしているか」「どんな様子か」など，大事なことを確かめる。 ・どの部分の様子を伝えるのか決め，教科書の作文例を参考にして文章にする。 ・友達と文章を読み合い，感想を伝える。	・絵を見て気づいたことを誰でも安心して言えるように，教師が補足したり，挿絵と児童の発言をつないだりする。 ・（デジタル教科書がある場合）教科書の例文を使って書き方を確認するとき，「いつ」「どこで」「だれが」「何を」などのポイントとなる部分に傍線を引くなどして，自分で作文する際の参考にさせる。 ・学習した漢字を使って文章を書かせる。

◇ この時間の最後に，教科書 P18「つづけてみよう」を読み，内容を確かめてもよいでしょう。今日の出来事で，心に残ったこと（したこと / 見つけたものなど）を「ひと言日記」に書く活動が紹介されています。この活動を取り入れて，年間を通して継続して取り組ませることも考えられます。

絵を 見て　かこう
第 ① 時（1/1）

本時の目標：絵を見て気づいたことを出し合い，自分が選んだ部分の様子が分かる文章を書くことができる。

板書例

〈文しょうの かきかた〉
・どの　ぶぶんの　おはなしか
・だれが，どこで，なにを　して　いるか
・くわしく
・まわりの　ようすも

③
ここは、こうえん・・・・。
・・・人がいます。
ぶらんこには、水玉・・・・
・・・・女の子が・・・いま
す。女の子は、・・・・・・
、たのしそうです。
…

※教科書 P17 の文例を掲示する。児童の発表をもとに，「どこで」「だれが」「何を」などの観点で傍線を引いていく。

くわしく
水玉もようの　ふく
たのしそうに　わらって　いる

POINT　タイトルに「たのしくかこう」とあるように，児童が楽しく作文に取り組めるようにする。絵を見てどんな人が何をして

1　挿絵を見て，分かることを出し合おう。

教科書 P16 の挿絵を掲示する。
T　絵を見てみましょう。これはどこですか。
C　公園です。ぶらんこや花壇があります。
T　時間はいつごろでしょうか。
C　たぶん昼頃です。
T　昼頃の公園にどんなことをしている人がいますか。

絵を描いている子がいます。

犬の散歩をしている人がいます。

ベンチで本を読んでいる子がいます。

ぶらんこにのっている女の子がいます。

T　では，その人は，どんな服装をしてどんな様子ですか。例えば，ぶらんこに乗っている女の子は？
C　水玉もようの服を着ています。
C　とても楽しそうに笑っています。

2　自分がどの部分なら文章で書き表すことができるのかを考え，決めよう。

T　今日は，この絵を見て分かる様子を文章に書きます。できるだけ詳しく様子が分かるように書くことに挑戦しましょう。
　　単元名「絵を見てかこう」とめあてを板書する。
T　自分だったら，この絵の中でどの部分の様子を書きたいですか。隣の人と相談してみましょう。

ぼくは，かくれんぼしている子のことを書きたいなあ。

わたしは，アイスを落として泣いている女の子にチャレンジするよ。

隣どうしで相談させたあと，どの部分を書くことにしたのかを尋ね，挙手させクラス全体で人数を把握する。これで，だれが自分と同じ部分を選んでいるかを知らせることになる。

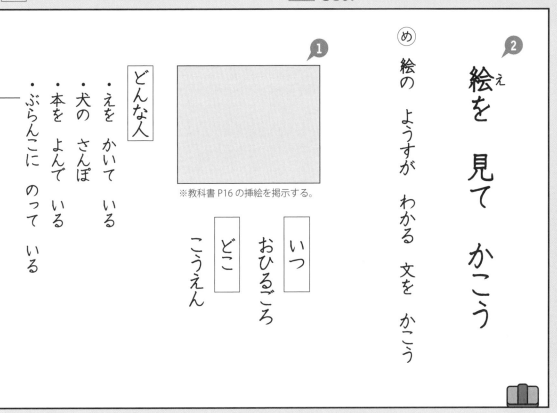

② 絵を 見て かこう

め 絵の ようすが わかる 文を かこう

① ※教科書 P16 の挿絵を掲示する。

いつ
おひるごろ

どこ
こうえん

どんな人
・えを かいて いる
・犬の さんぽ
・本を よんで いる
・ぶらんこに のって いる

いるのかを共有し，自分はどの部分の文章を書くのか，自己選択と自己決定できる時間を大切にしたい。

3 文章の書き方を確かめ合い，各自で文を作ろう。

T　教科書17ページの文章を見ましょう。先生が言ったところを指差してみましょう。近くの人が同じところを指差しているか，確かめましょう。

　児童に指示が通っているか，確認する。

T　どのような順番で文章が書いてありますか。

はじめにどこかを書いています。

誰が，どこで，何をしているかを詳しく書いています。

次に，周りにいる人のことも書いています。

　デジタル教科書などで文例を掲示する。児童の発表に合わせ，傍線を引きポイントとなる部分を示していく。

T　では，文章を書いてみましょう。お手本のいいところを真似してもいいですし，同じところを選んだ友達に相談してもいいですよ。

　作文の時間をなるべく多く確保したい。

4 書いた文章を読み合おう。

T　どんな文章を書いたのか，隣の人と読み合いましょう。お互いの文章を読んで，よいところを伝え合いましょう。

絵の部分をよく見て書いているね。詳しく書けているよ。

1人だけじゃなくて，周りにいる子の様子まで詳しく書いているね。お手本をうまく使っているね。

T　友達の文章を読んで，よかったところを発表しましょう。

C　○○さんは，絵をよく見ていて，文章がとても分かりやすかったです。

ふきのとう

全授業時間 9 時間

◎ 指導目標 ◎

・身近なことを表す語句の量を増やし，話や文章の中で使うとともに，言葉には意味による語句のまとまりがあることに気づき，語彙を豊かにすることができる。
・場面の様子や登場人物の行動など，内容の大体を捉えることができる。
・語のまとまりや言葉の響きなどに気をつけて音読することができる。

◎ 指導にあたって ◎

① **教材について**

　学校にも慣れ，進級したばかりの 2 年生は，やる気に満ちています。新しい学年での国語学習との出会いも，この気持ちの高まりを大切にしたいものです。その点『ふきのとう』は，そんな 2 年生の気持ちとも重なるお話です。登場人物であるふきのとうや竹（竹の葉），雪，またお日様や春風の様子や言葉から，それぞれの春を待つ気持ちや春を届けたいという思いが読み取れます。やがて春風が目を覚まして春風が吹き，ふきのとうが雪の下から顔を出すところは，児童も共感でき嬉しくなる場面です。そして，この「春を迎えた喜び」が，このお話の主題でしょう。また，そのときの弾むような気持ちは，リズム感のある文からも感じ取ることができます。この情景や心情は，音読による表現を通してもつかませたいものです。

　会話文や語り口からは，それぞれの人物らしさ（人柄）も読み取れます。ですから，音読の教材としてもふさわしいお話です。どう読めばその人物をうまく表現できるのか，2 年生なりに読み方の工夫もさせます。

② **個別最適な学び・協働的な学びのために**

　「どんなお話かを確かめて，音読しよう」とあるように，音読の土台として，まずはお話の内容を確かめます。いつ，どこで，だれが，どうしたという場面の設定や登場人物とその行動を，文に即して読み取っていくことを大切にします。文章を離れた話し合いには，ならないように気をつけます。どの文やどの言葉からその場面の季節や時間が分かるのか，本文の記述をふまえた話し合いになるよう指導します。また，人物についても，文章に書かれている会話文や行動，しぐさをもとにして，そこから読み取れる人物像を話し合います。このようにして，何がどう書かれているのかを確かにした読み取りは，音読にも生きてきます。読み取りと音読，つまり理解と表現は表裏一体のものです。その点，形だけの抑揚や間をとった「音」だけの「音読」では，最適な学びとはいえません。まして，音読はそれらしく聞こえても，話の内容が分かっていないなどとはならないように気をつけます。

　音読は児童個々の表現活動でもあります。まずはよい音読を聞き，「あんなふうに読みたい」と思うことが表現にもつながります。そのためにも指導者が範読の質を高めておくことも大切です。それから，音読の土台は，まずは目で文字を見て（入力），それを正しく声として出せる（出力）ことです。授業では，姿勢など音読の基本も確かめながら，斉読や 1 人読みなど目先を変えた読み方で，声を出す機会を多く作ります。そして，友達の音読も聞き合い，上手なところをほめ合うようにします。このように声に出すことと聞くことの往復というところに，協働的な学びも生まれます。

◎ 評価規準 ◎

知識及び技能	・身近なことを表す語句の量を増やし，話や文章の中で使うとともに，言葉には意味による語句のまとまりがあることに気づき，語彙を豊かにしている。 ・語のまとまりや言葉の響きなどに気をつけて音読している。
思考力，判断力，表現力等	・「読むこと」において，場面の様子や登場人物の行動など，内容の大体を捉えている。
主体的に学習に取り組む態度	・場面の様子を表す言葉を手がかりに粘り強く物語の内容を確かめ，これまでの学習をいかして音読を工夫し，感想を伝え合おうとしている。

◎ 学習指導計画　全9時間 ◎

次	時	学習活動	指導上の留意点
1	1	・『ふきのとう』の範読を聞き，全員で，また1人で読み通す。 ・新しい漢字の読み方を確かめる。	・イラストや画像なども使って，「ふきのとう」とは何かを分からせ，期待をもたせる。 ・「読む姿勢」など音読の基本を確かめ合う。
	2	・全文を読み通し，季節や場所，時間，登場人物など，お話の設定を大まかにとらえる。	・各場面とそこに出てくる人物を押さえ，お話のあらすじをとらえさせる。
2	3	・①，②の場面を読み，冬の終わりの静かな竹やぶや，雪の下でふんばるふきのとうの姿について話し合う。	・各場面での情景と，そこに登場する人物の様子やしたことを読み取らせる。
	4	・③，④の場面を読み，雪と竹やぶが雪解けや春風を待っている姿をとらえ，様子も考えて音読する。	
	5	・⑤，⑥，⑦，⑧の場面を読む。お日さまに起こされる春風の姿と，春風が吹いて顔を出したふきのとうや竹やぶの姿を読み，場面を思い浮かべて音読する。	
3	6	・全文を読み，好きなところや「おもしろいな」と思ったところを視写する。また，そこを選んだわけも書いて交流し，互いの読みを伝え合う。	・「…からです。」など，わけの書き方を確かめる。また，これまでの学習もいかして，各場面の出来事，人物の様子を振り返らせる。
	7・8	・「音読を聞き合う」ことを目標に，人物の言葉（台詞）の読み方など，グループで音読の練習をする。 ・「聞き合う会」をして，感想を交流する。	・場面の様子や人物の人柄も表せるように，読む速さや声の大きさを工夫し，練習する。
4	9	・教科書の「たいせつ」欄も手がかりにして学習を振り返り，物語のどんな言葉に目を向けたのかを話し合う。 ・「春」をテーマとしたお話の，読み聞かせを聞く。	・『ふきのとう』の音読では，まず言葉を手がかりにして，「いつ」「どこで」「だれが」「何を」を読み取っていたことを振り返る。

ふきのとう　33

本時の目標
・範読を聞き，全文を音読することができる。
・単元の学習課題をとらえることができる。

板書例

〈おはなしを　きいて〉
・いい　おはなし

❸
（音読）
じょうずに　読めるように　なろう
声を　出して

❹
○　みんなで　読んでみよう
○　ひとりでも　読んでみよう

| 読む（よむ）　音読（おんどく）　雪（ゆき） |
| 声（こえ）　言う（いう）　行く（いく）　南（みなみ） |

※新出漢字を書いた
小黒板を掲示する。

POINT お話との出会いは教師の音読で始まる。教師の音読を聞き，自分でもうまく読めるようになりたいと思わせたい。

1 これから学習することを聞き，題名の『ふきのとう』について話し合おう。

「何を習いたい？」などの不要な話し合いはせずに，新しく学ぶ教材『ふきのとう』にすっと引き込むようにする。

T　教科書 19 ページに 2 年生の初めに習うお話が出ています。お話の題名をみんなで読んでみましょう。

C　『ふきのとう』

T　この『ふきのとう』というお話を，これからみんなで勉強します。

T　ところで「ふきのとう」とは何なのか，知っていますか。見たことはありますか。

何だろう？
知りません。

おばあちゃんのお家で，ふきのとうの天ぷらを食べたことがあります。

ここで，まずは「ふきのとう」とは何なのかを分からせておく。そうでないと，範読を聞いても意味不明となる。できれば実物を，なければ画像を見せておく。また，児童の，見た経験等も発表させる。作者（くどうなおこ）の紹介もする。

2 聞く姿勢を確かめ合い，先生の音読（範読）を聞こう。

T　では『ふきのとう』のお話は，「どこ」でのお話でしょうか。19 ページの絵がお話の場所ですよ。

C　いっぱい生えているのは，木ではなくて竹かな？

C　竹やぶみたい。うちの近くにもあります。

T　そう，竹がいっぱい生えている竹やぶがお話の場所です。初めに先生がこのお話を読みます。みなさんは聞く姿勢をしましょう。できるかな。

聞くときや読むときの姿勢は，教師の実演も交え，1 つの型として学年始めの緊張感の中で，指導しておくと効果的。

聞く姿勢，できました。

T　では，先生が読みます。

お話との出会いを大切にして，ゆっくり範読する。児童の心をとらえられるように，間や抑揚，速さなどを考えて練習もして，範読の質を高めておく。

T　聞いてみて，いいお話だったなあと思った人は？

C　はーい。（ほぼ全員の手が上がる）

準備物	・「ふきのとう」の画像（黒板掲示用） QR ・新出漢字を書いた小黒板

I C T	教師の範読をタブレットに録音し，児童のタブレットに送信しておく。音読が苦手な児童も，いつでも自分のペースで聞くことができる。

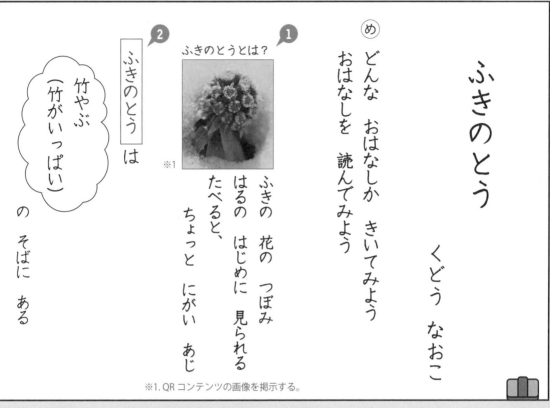

め　どんな おはなしか きいてみよう
　　おはなしを　読んでみよう

ふきのとう

くどう　なおこ

① ふきのとうとは？

※1

ふきの　花の　つぼみ
はるの　はじめに　見られる
たべると、
ちょっと　にがい　あじ

② ふきのとう

ふきのとう　は

竹やぶ
（竹がいっぱい）

の　そばに　ある

※1. QRコンテンツの画像を掲示する。

そのこととも関わって，よく聞いている児童，集中して読んでいる児童をほめることが評価にもなる。

3 学習のめあて（音読）について話し合おう。

T　ふきのとうも出てきました。先生の読み方はどうでしたか。「上手だな」と思った人は手を挙げましょう。

C　はーい。（たいていは「上手」と言ってくれる）

C　聞いていて，とっても分かりやすかったです。

C　竹の葉とか，春風さんの感じがよく出ていました。

　ふきのとうが出てきたことを確かめ合い，「上手な音読とは…」についても簡単に話し合うとよい。

T　「ふきのとう」の勉強では，みなさんの音読も上手になることを目指します。友達の音読も聞き合います。「上手」と言ってもらえるとうれしいね。

うまく読みたいな。先生みたいに…。

ゆっくり，大きな声で読めばいいのかな。

T　このお話を正しく読めるように，まず新しく出てきた漢字の読み方を勉強しておきましょう。

　新出漢字を書いた小黒板を確かめ，読めるようにする。

4 全文を音読しよう。

　音読の始めは，文字を見てそれを正しく声に出せること（音声化）にある。そのためには，まず斉読の形がよい。

T　教科書の文字や文を見て，それを正しく声にして出しましょう。始めに，先生といっしょにゆっくり読んでみましょう。

よが　あけました。あさの　ひかりを…

　斉読は，速くなりがち。そのため，教師がゆっくり目に読み，読む速さをリードする。

T　今度は1人で，最後まで読み通してみましょう。

　まずは，文字を追い，それを正しく声として出せるように，児童1人ひとりが自分のペースで読み通す。この時点では，声はそろえなくてよい。教師は個別に児童の援助にあたる。

　まとめとして，何人かに音読させ，それを聞き合う。

本時の目標　全文を読み通し，時期や場所，人物など『ふきのとう』の物語の設定を大まかにとらえることができる。

板書例

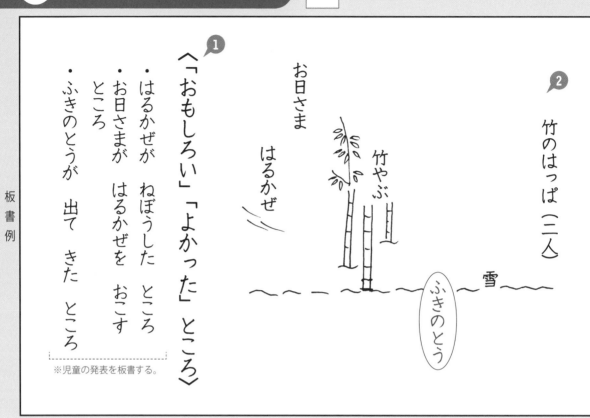

① 〈「おもしろい」「よかった」ところ〉
・はるかぜが　ねぼうした　ところ
・お日さまが　はるかぜを　おこす　ところ
・ふきのとうが　出て　きた　ところ

※児童の発表を板書する。

② 竹のはっぱ（二人）

竹やぶ

お日さま　　はるかぜ

雪

ふきのとう

POINT　物語には，その場所や時間，時代などが設定されていて，それが物語を読み取っていく前提になる。そして，お話の舞台や

1 全文を読み，「おもしろいな」と思ったところを話し合おう。

T　はじめに『ふきのとう』を音読しましょう。後で「おもしろいな」と思ったところを話し合います。

T　正しく読めるかどうか，まずみんなで読みましょう。読む姿勢をしましょう。（教師とともに斉読）

T　今度は 1 人で，読んでみましょう。
各自が速すぎることがないよう，自分のスピードで音読。

T　1 度もつっかえずに読めた人は手を挙げましょう。
まず，言葉が詰まらずに音読できたことを評価する。

T　読んで「おもしろいな」「よかったな」と思ったところを発表しましょう。どんなところでしたか。

春風が，寝坊していたところです。

お日様が春風を起こすところです。

ふきのとうが，やっと地面から出てきたところです。

2 「だれが」出てくるお話なのかを考えて，音読しよう。

T　このように，いろんな人物が出てくるお話でしたね。気に入った人物はいましたか。

T　出てくるのはだれとだれだったか，またお話の場所や季節も考えながら，もう一度音読して確かめましょう。（物語の設定を考えながら斉読）出てきたのはだれでしたか。

お日様。　ふきのとうです。
竹の葉っぱも。
雪と春風も出てきました。

T　題名の『ふきのとう』はどれですか。挿し絵を指で押さえましょう。

C　最後のページで出てきます。

物語では，雪やふきのとうなど人ではない動物や植物でも，人のように描かれている場合は，「人物」「登場人物」と言ってよいことを説明しておく。挿絵に出ている「人物」は，挿絵を指させ確かめておく。

準備物　・「竹やぶ」の参考画像 QR

ICT　無料イラストや写真などで, この単元の画像を出来るだけたくさん教師のタブレットに保存しておく。児童の発言に合わせて, どんどん提示すると理解が深まる。

ふきのとう

め　いつ　どこで　だれが　出て　くる
おはなしなのか　かんがえて　読んでみよう

② だれが ＝ 出てくる人 ＝ 人ぶつ(じん)

③ どこで
竹が　いっぱい　はえて　いる
＝
竹やぶ
おはなしの　あった　ばしょは

④ いつ
○ きせつ…ふゆの　おわり
　　　　　↘はるの　はじめ
○ 一日の うち…よあけ
　　　　　　あさはやく

場面がイメージできるよう, 児童の体験を引き出したり画像ともつないだりしておく。

3 お話の舞台になっている場所は「竹やぶ」であることを, 話し合おう。

T　このお話は「どこの（どこであった）」お話だったでしょうか。場所はどこかな。挿絵も見てみましょう。

竹がいっぱい生えている「竹やぶ」です。

竹の葉っぱも雪もふきのとうも竹やぶにいます。

T　こんな「竹やぶ」を実際に見たことはありますか。
C　学校近くの, お宮さんの横に竹やぶがあります。
C　おじいちゃんの家の裏にも, 竹やぶがあって, 中に入ると薄暗い感じです。

　体験の交流や画像などで, 竹やぶをイメージさせる。地域の竹やぶの画像などがあると, より身近に感じられる。
　このように, 2年では読む授業であっても「体験を語る」「聞き合う」言語活動も取り入れながら進める。

T　お話では, だれが中心となっていると思いますか。
C　「ふきのとう」かな。いや「春風」かも…。

4 お話の季節や時刻を文から考えて確かめ, まとめの音読をしよう。

T　お話の季節は分かりましたか。

季節は冬かな。

春風吹く頃だけど, まだ雪が残っているし…。

冬と春の間かなあ。

T　冬の終わりから春の初め, まだ雪が残っている頃です。では, 1日のうちのいつ頃かというと？
C　夜明けの時間です。朝早いとき, 6時ごろかなあ。
T　そこが分かるところを読めるでしょうか。
C　はい。「よが　あけました。あさの　ひかりを　あびて…」（発表者の音読後, 全員でも音読する）

T　では, 話し合ったお話の場所や季節, 人物を確かめるつもりで, まず1人で読みましょう。

T　次は, 分けて交代で読みます。まず○○さん, 初めの8行を読みましょう。（交代でまとめの音読をする）

ふきのとう
第 3 時 （3/9）

本時の目標	冬の終わりの静かな竹やぶや竹の葉っぱの様子と，雪の下でふんばるふきのとうの姿を読み取り，その姿を考えて音読できる。

板書例

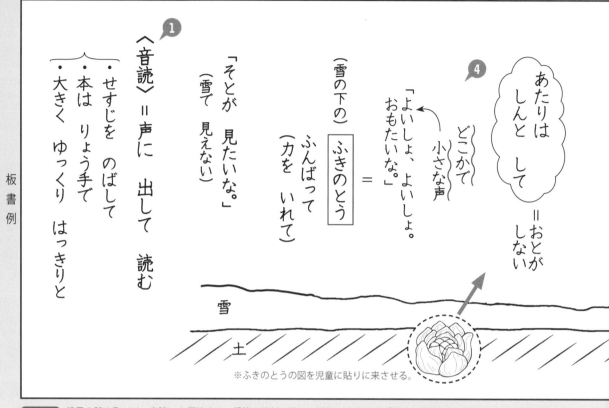

〈音読〉＝声に 出して 読む

・せすじを のばして
・本は りょう手で
・大きく ゆっくり はっきりと

①

「そとが 見たいな。」
（雪で 見えない）

（雪の下の）
ふんばって
（力を いれて）
＝
ふきのとう

「よいしょ，よいしょ。
おもたいな。」

どこかで
小さな声

④

あたりは
しんと して
＝
おとが
しない

雪

土

※ふきのとうの図を児童に貼りに来させる。

POINT 情景の読み取りは，音読にも反映する。季節や時刻，辺りの様子，人物の姿が豊かに想像できていると，それは音読にも

1 音読の基本を確かめ，はじめの場面 （P22L6 まで）を音読しよう。

本時は，各場面の様子や人物の行動など内容の読み取りに入る。はじめの場面を読み，竹やぶの様子と竹の葉っぱと，見えていないふきのとうの姿を読み，音読する。

T 今日，勉強するところは，はじめの竹やぶの場面です。竹やぶは，今どんな時間でどんな様子でしょうか。竹やぶや竹の葉っぱ，ふきのとうの様子が聞いている人にも分かるように読めるようになりましょう。

T 今日は立って読みます。背筋を伸ばして本は両手で持ちます。（やって見せる）そして，口を「大きく」開けて「ゆっくり，はっきり」読みましょう。

よが あけました。
あさの ひかりを…

T ○○さん，いい姿勢です。背筋がまっすぐ伸びて，声が大きくはっきり出ています。前で読みましょう。
他，数人に音読の姿勢の見本をさせ，みんなにも真似をさせる。

2 はじめの竹やぶの場面の 「季節」「時刻」とその情景を読もう。

T はじめの竹やぶの場面の様子と，だれが出てきてどんなことがあったのかを読んで確かめましょう。
はじめの場面を斉読させる。

T 時間（1日のいつ頃）や季節はいつ頃でしょうか。どう書かれていますか。

C 朝の早い時間です。夜明け頃です。

T 分かるところを読んでください。

「よがあけました。あさのひかりを…」と書いてあります。夜が明けて少し明るい頃です。

「雪がまだ少しのこって」なので，季節は冬の終わりの頃だと思います。

文から時間と季節を読み取り，次に情景を想像させる。

T 「あたりは しんとして」とは，どんな様子なのでしょう。朝早い竹やぶを想像してみましょう。

C 聞こえるのは，葉っぱの声だけ，かな。

C 他は，何の音もしない。「しーん」という感じ。

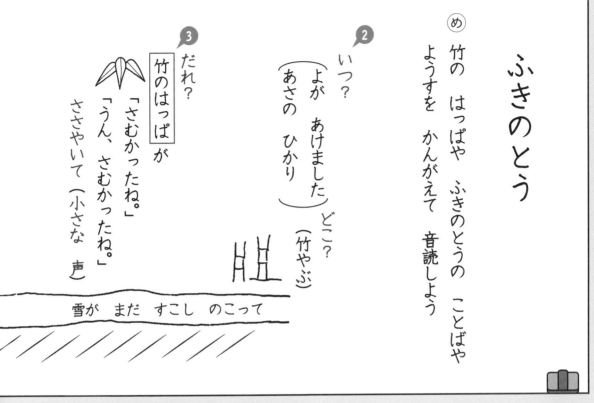

め 竹の はっぱや ふきのとうの ことばや ようすを かんがえて 音読しよう

ふきのとう

② いつ？
（よが あけました）
（あさの ひかり）
どこ？（竹やぶ）

③ だれ？
竹のはっぱ が
「さむかったね。」
「うん、さむかったね。」
ささやいて（小さな 声）

雪が まだ すこし のこって

表れる。理解（内容の読み）と表現（音読）は表裏一体でもある。

3 竹の葉っぱの「さむかったね」の読み方を考え，音読してみよう。

T 出てきたのは，だれでしたか。
C 竹の葉っぱたちです。ふきのとうも出てきました。
T では，冬の終わりの，夜明け頃の，静かな竹やぶの様子を思い浮かべて，21ページを音読しましょう。
　各自で1人読みさせる。
T 「ここは，声の大きさを考えて読んだ」というところはありましたか。

「さむかったね。」「うん，さむかったね。」のところです。

「ささやいて」と書いてあるので，小さな声で読みました。

T 「ささやいて」とは，どんなことかな。隣の人に「さむかったね」とささやいてみましょう。（ささやき合う）
T この「さむかったね」は，そのような「ささやき声」で読むといいですね。
　P21をグループで聞き合う。「竹の葉」役を決めてもよい。

4 ふきのとうの様子を読み，竹やぶの場面を音読しよう。

T 次の22ページを，「見たいな」まで読みましょう。
　P22 L1〜L6を音読する。
T 1行目の，「どこかで，小さな声が」の「声」とは，だれの声ですか。また，何と言っていますか。

ふきのとうの声です。

「よいしょ，よいしょ。おもたいな。」と言っています。雪が重たいみたいです。

T ふきのとうはどこにいますか。見えていますか。
C 「竹やぶのそば」にいます。「雪の下にあたまを出して」だから，雪の下なので見えていません。
T ふきのとうはこの辺りかな。（板書で示す）

T ふきのとうは「ふんばって」何をしたいのかな。
T 「ふんばる」ふきのとうを見てどう思いましたか。
　「ふんばる」は動作化させるなどして，場面の様子を話し合い，それをふまえて音読する。

本時の目標 雪と竹やぶが、雪解けと春風を待っている姿を読み取り、その様子を考えて音読できる。

板書例

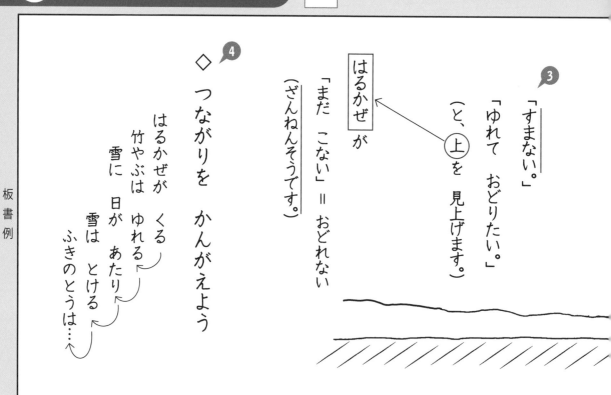

③

「すまない。」
「ゆれて　おどりたい。」
（と、上を　見上げます。）

はるかぜ が
「まだ　こない」＝おどれない
（ざんねんそうです。）

④

◇　つながりを　かんがえよう

はるかぜが　くる
竹やぶは　ゆれる
雪に　日が　あたり
雪は　とける
ふきのとうは…

POINT　ふきのとう→雪→竹やぶ→（はるかぜ）という登場人物どうしのつながりや気づかいも、この物語のテーマといえる。

1 雪と竹やぶが出てくる場面（P22 L7 ～ P24）を読み、登場人物を確かめよう。

T　前の竹やぶの場面では、だれが出てきましたか。

C　竹の葉っぱ。「さむかったね。」と言っていました。

C　見えないけれど、ふきのとうもふんばっていた。
前時に学習した場面を、音読で振り返るのもよい。

T　では、今日勉強する場面を先生が読みます。ここではだれが出てくるのかを考えて、聞いて下さい。
教科書 P22L7 ～ P24 最後の行まで、範読する。

T　今度は、みんなで読みましょう。（斉読）

T　場所は、どこですか。

C　前と同じです。静かな竹やぶです。

T　では、新しく出てきたのは、だれでしたか。

雪と、竹やぶ
です。

雪は「ごめんね」
と言っています。

登場人物を確かめ、このあと雪（前半）と、竹やぶ（後半）
の２つの場面に分けて読んでいく。

2 「ごめんね」と謝り、竹やぶを見上げる雪の姿を読もう。

T　まず、雪の様子としたことを読んでいきましょう。
教科書 P22L7 ～ P23 の最後までを音読する。

T　ここでは、だれが、だれに何と言っていますか。

雪がふきのとうに「ごめんね」
「わたしも、早くとけて…あそび
たいけど」と言っています。

T　この「ごめんね」というのは謝るときの言葉ですね。雪は、ふきのとうに、どんなことを「ごめんね」と言っているのでしょうか。

C　ふきのとうの上に雪があるせいで、ふきのとうは外が見たいのに見られなくなっていることだと思う。

T　雪は「上を見上げ」ましたね。上には何があったのですか。雪が見上げたものは何ですか。

C　竹やぶの竹です。日が当たらず雪がとけないのは竹やぶのかげになっているからと、残念そうです。

T　このような雪の様子を考えて、音読しましょう。
「見上げて」など、動き（動作化）も取り入れて音読する。

<table>
<tr><td>準備物</td><td>・「ふきのとう」のイラスト（黒板掲示用） </td><td>ICT</td><td>登場人物どうしの気遣いが想像しにくい児童には，それぞれの画像を用意し，タブレットで共有する。それぞれの位置関係を理解させるとよい。</td></tr>
</table>

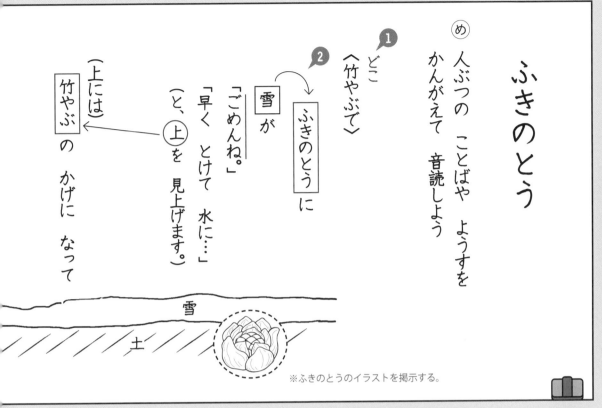

ふきのとう

め　人ぶつの　ことばや　ようすを　かんがえて　音読しよう

❶〈竹やぶで〉　どこ

❷　ふきのとうに

雪が

「ごめんね。」
「早く　とけて　水に…」
（と，上を　見上げます。）

（上には）
竹やぶの　かげに　なって

雪

土

※ふきのとうのイラストを掲示する。

「上を見上げます」や「すまない」などの言葉を手がかりに，人物どうしのつながりや願いを考えさせたい。

---

3 「すまない」と雪に言い，上を見上げて春風を待つ竹やぶの姿を読もう。

T　では，雪の「ごめんね」から24ページの「ざんねんそうです」までを読み，文から，雪が見上げた竹やぶの様子を，読んで考えましょう。（斉読）

T　「すまない」からあとを，もう一度読みましょう。

T　ここでは，だれが，だれに，何と言っていますか。

今度は，竹やぶが雪に「すまない」と謝っています。

雪がふきのとうに「ごめんね」と言ったのと同じかな。

T　どんなことが「すまない」のでしょうね。
　「ゆれておどれば　雪に日が…」から考えさせる。

T　竹やぶが上を見上げたのは，どうしてでしょうか。

C　春風がまだ来ないのかと思って上の方を見た。

C　上の方から風は吹いてくると思って見上げた。

T　こんな竹やぶの姿を考えて読みましょう。
　指名読みなどで，読み取った場面を音読する。

---

4 人物のつながりを考え，感想を交流しよう。まとめの音読をして聞き合おう。

T　これまで出てきた，ふきのとう，雪，竹やぶ，春風のつながりを考えましょう。

T　雪や竹やぶは，それぞれどんなことを待っていたのでしょうか。

雪は，日が当たってとけるのを待っていました。

竹やぶは，春風が吹いてゆれるのを待っています。そしたら，雪もとけます。

それぞれのつながりは，板書でも矢印などで表す。

T　ふきのとうは，雪がとけるのを待ち，雪は日が当たるのを待ち，竹やぶは春風を待っていましたね。

T　春風が吹くと，竹やぶや雪はどうなるかというと？

C　竹やぶはゆれて，雪に日が当たり，雪はとけます。

T　この場面を読んで思ったことを発表しましょう。

C　みんなは，優しくて雪をとかす春風を待っています。
　まとめとして，いくつかのグループに音読させ聞き合う。

本時の目標　「お日さま」に起こされて，春の風を吹かせた「はるかぜ」の姿と，春が来て喜ぶ「ふきのとう」や「竹やぶ」の姿を読み取り，そのことを音読にもいかすことができる。

板書例

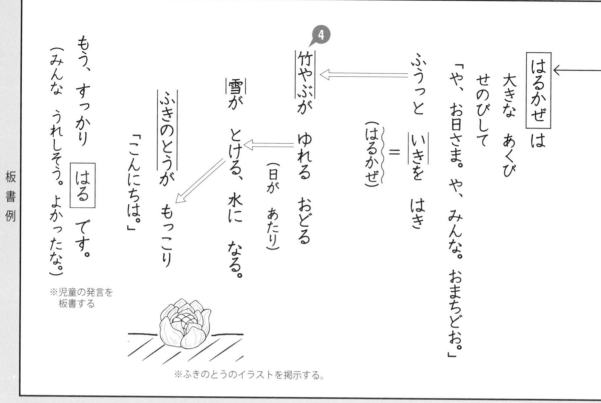

はるかぜ は
大きな あくび
せのびして
「や、お日さま。や、みんな。おまちどお。」

ふうっと いきを はき
（はるかぜ）＝

4 竹やぶが ゆれる おどる
（日が あたり）

雪が とける、水に なる。

ふきのとうが もっこり
「こんにちは。」

もう、すっかり はる です。
（みんな うれしそう。）よかったな。）

※児童の発言を板書する

※ふきのとうのイラストを掲示する。

POINT　人物のつながりには，位置も関係している。高い方から，「お日さま→はるかぜ→竹やぶ→雪→ふきのとう」という

1 範読を聞き，場所と登場人物とその様子を話し合おう。

　本時は，お日さまとはるかぜの登場で春が来てふきのとうが顔を出す場面。次の2つの場面に分けて読んでいく。
　① 「空の上で」～「いきを はきました」まで
　② 「はるかぜに ふかれて」～終わりまで

T　竹やぶの次には，だれが出てくるのでしょうか。
C　はるかぜ。竹やぶが待っていた「はるかぜ」です。
T　まず，その場面（①）を先生が音読します。（範読）

T　この場所は，どこでしょうか。また，だれが出てきて，何をしましたか。

場所は竹やぶではなくて，今度は「空の上」です。

出てきたのは，お日さまです。寝ていたはるかぜを起こします。

起きたはるかぜは、春風（息）をふかせます。

2 「お日さま」と「はるかぜ」の姿を読み，その様子を想像しよう。

T　この場面を音読しましょう。（①の場面を斉読）
T　「空の上で，お日さまが笑いました」と，ありました。何のどんなことを笑ったのでしょうか。
C　お日さまは下の様子を見ていて，はるかぜが寝坊していることが分かって，おかしったからです。
T　「そこで，南を向いて言いました」とあります。その南の方には，だれがいるのですか。

はるかぜです。

「おうい，はるかぜ」と起こしています。

T　この場面をお日さまらしく読んでみましょう。
T　（音読後）お日さまはどんな人だと思いましたか。言葉づかいや「笑いました」という姿から話し合う。
T　では，はるかぜはどんな人でしょうか。お日さまに起こされたはるかぜの様子を読みましょう。
　「や，みんな。」「あくび」「せのび」などの言葉からはるかぜの姿を想像したり動作化したりして話し合う。

準備物 ・「ふきのとう」のイラスト（黒板掲示用）QR

ICT 登場人物の位置関係を1人1人，タブレットのシートに簡単な絵で描いてもよい。それらを全員で共有し，話し合いをしても面白い。

ふきのとう

め お日さまや　はるかぜの　ことばの
読みかたを　かんがえて　読もう

① どこ
〈空の　上で〉

② だれ
お日さま が　わらいました。
「おや、はるかぜが　ねぼう…」
「みんな　こまって　いるな。」
（はるが　こない）
（南を　むいて）
「おうい、はるかぜ。おきなさい。」

位置関係や「春の暖かさの流れ」は，板書でも矢印で表すとよい。ていねいにすすめるなら2時間扱いがよい。

---

3 「お日さま」や「はるかぜ」らしい読み方を考え，役を決めて音読しよう。

お日さまとはるかぜの言葉やしぐさから，その人柄を読み取り，その「らしさ」が表せるよう音読を工夫させる。

T　この場面，お日さまやはるかぜの感じを出すには，どのように読むとよいでしょうか。

お日さまは，そんな寝坊したはるかぜでも怒らないで，優しく起こしていました。お日さまらしい大きな声でゆっくりと読みたいです。

はるかぜの「や，みんな」は元気よく張り切って急いでいる感じを出したいです。

「お日さまの言葉は早口かゆっくりか」と尋ねてもよい。

T　では，この場面（①）をどう読めば感じが出るかを考えて，グループで役を決めて音読してみましょう。
　お日さま，はるかぜ，語り手の3つの役に分かれ，交代もして音読する。

---

4 春風が吹き，顔を出した「ふきのとう」や楽しそうなみんなの様子を読もう。

T　春風が吹いて，みんなはどうなったのでしょうか。最後まで読みましょう。

　場面②のリズム感のある文を音読させ，人物たちの弾むような喜びを感じとらせる。全員で，また1人など読み方も変える。音読を通して内容もほぼ理解できる。

T　「もっこり」とは，何のどんな様子でしょうか。
C　ふきのとうが，雪の下から顔を出した様子です。
T　ふきのとうが顔を出せたのは，どうしてでしょう。だれがどうなったのか，順にまとめてみましょう。

春風が吹いて，竹やぶがゆれておどって，雪もとけて水になって…

そして，ふきのとうも顔を出しました。

だから，春風が吹いたことが始まりです。

T　このみんなの様子を見て，どう思いましたか。
C　急に春が来てみんな楽しそうでよかったです。
C　このみんなの気持ちを考えて，音読しましょう。

本時の目標 「いいな」「おもしろいな」などと, 心に残ったところを書き写して, そのわけも伝え合うことができる。

板書例

〈書きかた〉

② **2**

① ぼく〈わたし〉が〈いいな〉〈おもしろいな〉と おもった ところは, 書きうつしのところです。

② それは (なぜなら)（どうしてかというと） その わけ からです。

◇はっぴょうして ききあおう **3** **4**

・ふんばる ふきのとう
・うれしい はるが きた
・やさしい お日さま

※児童の発表を板書する。

POINT 本時は, 心ひかれたところ, 心に残るところとそのわけを交流する。しかし「おもしろいな, と思ったところは？」と問うと,

1 お話を振り返り, 「いいな」「おもしろいな」と思ったところを話し合おう。

T 今日は, 『ふきのとう』のお話を振り返り, 「いいな」「おもしろいな」と思ったところ, 「心に残った」ところを発表し合いましょう。

T もう一度, 音読して振り返りましょう。(斉読)
場面は全部で8つになる。場面ごとに分担して読み, 聞き合ってもよい。

T 「いいな」「心に残った」というところは, どこでしたか。

最後の, ふきのとうの元気な「こんにちは。」のところです。

ふきのとうが「よいしょ, よいしょ」とふんばっているところがよかったです。がんばれーと, 言いたくなりました。

数人に発表させる。気に入った箇所, 場面が重なってもよい。
一方, 夜明けの竹やぶのしんとした静けさなど, 児童が見落としそうな場面のよさに気づかせるのもよい。

2 「いいな」「おもしろいな」と思ったところを書き写し, そのわけも書こう。

T 「いいな」と思ったところが, いくつも出ました。では, そこがよかったのはどうしてでしょうか。今度は,「いいな」など心に残ったところを書き写して, そこを選んだわけも書いてみましょう。

T 「わけ」を書くときには使う言葉があります。「それは…」「どうしてかというと」などと書いて, 最後に「…からです。」という言葉を使って書くのです。
わけを書くときの, 使う言葉と書き方を1つの書く技術として教える。(板書参照)
視写の分量の目安は, ノート半ページくらい。場面全部でもよい。書き方は, 次のように2段階に分けて書く。
① 「心に残ったところは」「いいなあと思ったところは, ○○ (のところ) です。」と書き写す。(○○は引用部)
② 「それは, △△からです」とわけを書く（△△は理由）

T では, 書いてみましょう。
教師は, 書きにくい児童を援助する。
教師との対話を通して, 児童に, まずは話し言葉にさせて, それを書かせる。

準備物
・マス目小黒板 (視写見本用)

ICT
「書き方」は，画像にして，児童のタブレットに送信しておく。児童は，手元でタブレット見ながら，教師の説明を聞くことで，活動しやすくなる。

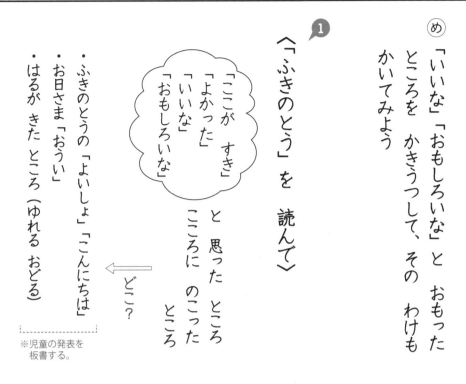

ふきのとう

め 「いいな」「おもしろいな」と おもった ところを かきうつして、その わけも かいてみよう

① 〈「ふきのとう」を 読んで〉

こころに のこった ところ

「おもしろいな」
「いいな」
「よかった」
「ここが すき」

と 思った ところ

どこ？

・ふきのとうの「よいしょ」「こんにちは」
・お日さま「おうい」
・はるが きた ところ（ゆれる おどる）

※児童の発表を板書する。

2年生では「笑うような」「愉快な」などと考えてしまう。問う言葉を吟味して問う。

3 「いいな」「おもしろいな」と思ったところとそのわけを発表し，聞き合おう。

T　みなさんは，どこが心に残ったのかな。書いたものをグループでお互いに読んで聞き合いましょう。

「いいなあ」と思ったところは，「はるかぜにふかれて，竹やぶがゆれるゆれる」のところです。それは，竹やぶも，雪も，ふきのとうも春が来てみんなうれしそうだと思ったからです。

わたしの好きなところとは違うね。

「いいな」「おもしろいな」と思うのは，感覚的なものもあり，理由を言葉にできないこともある。その場合は視写だけでもよしとする。あとで教師が個別に聞き出すとよい。

T　聞いた人は，感想も言ってあげましょう。
　同じ話でも人によってとらえ方は異なることを交流する。

4 心に残ったところを全体の場でも聞き合い，音読で振り返ろう。

T　今度はグループから出てきてもらい，今，読み合ったものを，みんなの前でも読んでもらいましょう。

低学年では「みんなで勉強した」という思いをもたせることが大切。みんなで聞き合い，学習する場面も設ける。発表者は，教師が各班を見て回っているときに，書いている内容を見ておき，何人かを指名して読ませるとよい。

T　1班の人から発表しましょう。

わたしがいちばんいいなと思ったところは，『ふきのとうが，顔を出しました。「こんにちは」もうすっかり春です。』のところです。それは，……（わけ）…からです。

その場面を，その児童がどう思ったのかが書けていて，発表できれば，すべて「いいね」と，拍手で認めていく。

T　「心に残ったところ」と，みなさんの好きなところは，いろいろ見つかりました。

T　発表の場面を振り返りながら音読を聞きましょう。
　まとめの音読は，場面ごとの指名読みがよい。

ふきのとう

第 7,8 時 （7,8/9）

本時の目標：聞く人に，場面の様子や人物の気持ちが伝わるように，声の大きさや速さなどを考えて音読することができる。

板書例

③

◇ 音読の れんしゅうを しよう

○ 声の 大きさ
　小さく 「ごめんね。」
　大きく 「おうい。」

○ 読む はやさ
　ゆっくり 「おうい。」
　はやく 「や、お日さま。」

○ 力を 入れて 「よいしょ」

○ しせいよく、大きく 口を あけて

○ てん（、）まる（。）で ひといき

④

〈音読はっぴょう〉

きいて、よかったところを つたえよう

④ 竹やぶ　　　「すまない。」
⑤ お日さま　　「おや…」「おうい…」
⑥ はるかぜ　　「や、お日さま。…」
⑦ （はるかぜに ふかれて）もっこり
⑧ ふきのとう　「こんにちは。」

POINT 人物の様子や気持ち，また「らしさ」は，特に「　」の中の「言った言葉（台詞）」に表れていることに気づかせ，

1
（第 7 時）
お話を振り返り，人物を確かめよう。

T　前の時間は，春が来てふきのとうは顔を出すことができました。ふきのとうの他に，どんな人が出てきてどうなったのか，振り返ってみましょう。

　　場面は①〜⑧まであり，登場人物も変わっていく。板書でも振り返り，教科書にも①〜⑧の番号をつけさせて音読。

T　何度も読んできたので，音読もうまくなりました。では，ふきのとうが顔を出すことができたのは，どうしてでしょうか。もとになったことは何でしょう。

寝坊していた「はるかぜ」が，目を覚まして息を吐いて，春風を吹かせたことです。

「はるかぜ」を起こしたのはお日さまの「おーい」という呼びかけです。

T　そして，出てきた人はどうなりましたか。
C　竹やぶは，ゆれて，おどりました。
C　雪はとけて，水になりました。
C　ふきのとうもふんばって「もっこり」と出てきた。

2
お話の人物の言葉を，読み方を考えて音読しよう。

T　いろんな人物が出てくるよいお話でした。

T　このお話のよさを音読発表会でも聞き合います。音読でも，このお話のよいところが聞く人にも伝わるといいですね。それには，まず人物の言った言葉，台詞をうまく読むことです。

T　はじめに台詞だけを音読してみましょう。①の，竹の葉っぱの「さむかったね」を読んでみましょう。

　　各自で音読練習後，2〜3人指名して音読させ，ほめる。

T　次の台詞です。②の「よいしょ」は，どう読めばよいか，音読してみましょう。

　　①と同様に各自で音読練習後，何名かに指名して音読させる。

T　力の入った「よいしょ」でした。ふんばっている感じが「よいしょ」の声にも出ていましたよ。

　　同様に，③〜⑧の人物の言葉も，声の大きさや速さを考えて，読む練習をさせ，何人かに音読させる。

よいしょ、
よいしょ。
おもたいな。

| 準備物 | ICT | 1人で，ペアで，班で，学級全体で工夫して音読をして，タブレットに動画として保存しておく。教師の評価にも使え，参観日などに流してもよい。 |

ふきのとう

め　人ぶつや　ばめんの　ようすが
　　つたわるように　音読しよう

① 〈おはなしを　ふりかえって〉
・どんな　人ぶつが　出て　きた?
・ふきのとうが　かおを　出す　ことが
　できたのは?
・はるかぜが　ふいて　みんなは?

② 〈音読はっぴょうに　むけて〉
◇ ことばを　うまく　読んでみよう

ばめん	（だれ）	（ことば）
①	竹の　はっぱ	「さむかったね。」
②	ふきのとう	「よいしょ、よいしょ。」

その読み方を考えた音読の練習をさせる。だから，音読を通して内容の理解も深まることになる。

3　人物の言葉の声の大きさも考えて，音読を聞き合いながら練習しよう。

Ｔ　音読では声の大きさも変えました。小さな声で読んだのは「さむかったね」の他に，だれのどんな言葉がありましたか。

Ｔ　反対に，大きな声でゆっくり読んだのは?
　児童から出てきた言葉を，それぞれ小さな声や大きな声で音読させてみる。

Ｔ　では，各班で役を決めて音読の練習をしましょう。

> 大きく，ゆっくり，はっきりと読もう！

【音読練習・他のやり方】
　○　音読の基本を振り返っておく。（板書参照）
　○　各グループが全8場面を受け持つ他，各2〜3場面を受け持ち，発表時にリレーでつなぐやり方もある。
　○　分量の多い「地の文」は，複数で担当してもよい。役を決めて読む音読の他にも，形は多様にある。

4　（第8時）音読発表をして友達の音読を聞き合おう。

　音読も「発表会」という緊張する場を設けることによって，より高まる。そのため読み手の他に「聞き手」「観客」がある方が児童も張り切る。できれば授業参観などで行うと，拍手ももらえて盛り上がる。

> 空の上で，お日さまがわらいました。

> 「おや，春風が寝坊しているな。竹やぶも雪もふきのとうも，みんなこまって…」

　各グループが順に音読発表をする。人数やグループ数など，クラスの実情に応じて，時間や会の形は適宜変える。

Ｔ　1班の音読を聞いて，よかったところ上手だったところを言いましょう。（ほめ合って，拍手）
　よいところだけを見つけ合い，「批判」などはさせない。

Ｔ　最後に，みんなが全部の役になって，初めから終わりまでを音読しましょう。
　観客の方（後方）を向いて全員で音読する。

ふきのとう

第 9 時 (9/9)

<table>
<tr><td>本時の目標</td><td>・学習を振り返り，内容を読む上で大切なことや，音読で大切にしてきたことを振り返ることができる。
・読書に関心をもつことができる。</td></tr>
</table>

板書例

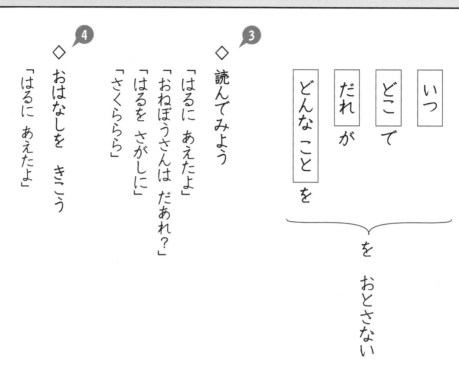

④
◇ おはなしを きこう
「はるに あえたよ」

③
◇ 読んでみよう
「はるに あえたよ」
「おねぼうさんは だあれ?」
「はるを さがしに」
「さくららら」

◇
いつ
どこで
だれが
どんなこと を
を おとさない

POINT 今と明日に生きている低，中学年では「振り返り」は，難しいところがある。くどくならないように，できたことや

---

1 上手に音読できたところを振り返ろう。

T 『ふきのとう』を音読して，自分で「うまく読めたな」と思ったのはどんなところだったでしょうか。

はるかぜの「や，お日さま。や，みんな。おまちどお。」という言葉です。起こされてびっくりして，あわてたように速めに読みました。

すらすらと読めるようになりました。最後の「はるかぜにふかれて…」のところが気に入ったので，点と丸で止まって，ゆっくり読みました。

T 友達の音読を聞いて，「うまく読んでいるな」と思ったところ，よかったところを発表しましょう。
C ○○さんの，お日さまの「おうい。…」の言い方が，ゆっくりと，大きくて，優しくてよかったです。

「振り返り」では，できたことやがんばりなど進歩をみんなで認め合う。反対に，いわゆる「反省会」のような，不十分なところを出し合う場にはならないよう配慮する。

2 お話の中身が分かっていることは，音読でも大切なことを話し合おう。

T 「たくさん練習した」「間違えずにすらすらと読めるようになった」という人が多くいました。音読するときに気をつけたことは，どんなことでしたか。
C 背中を伸ばして。声の大きさと読む速さもです。
C お日さまはお日さまらしく読むことです。

T では『ふきのとう』のお話を読むとき，気をつけて読んだところは，どういうところでしたか。

だれが出てくるか，人物とその人が言った言葉についてです。

人物がしたことも，どんな人かも考えました。

場所や「いつ」もみんなで話し合いました。

T このように，いつ，どこで起きた，どんなお話かが分かっていることは，音読でも大切なことです。
T お話を読むときに大切なことを，32 ページの「たいせつ」を読んで確かめましょう。

48

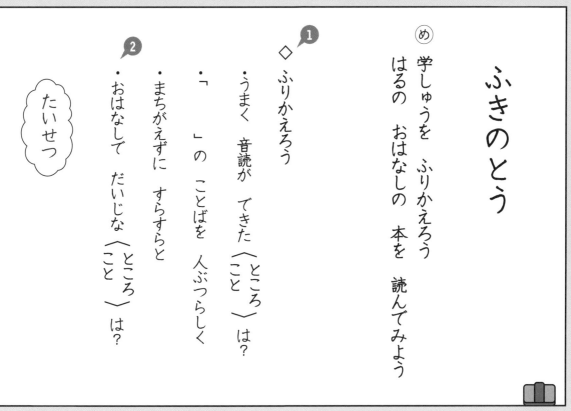

準備物
・『この本, 読もう』に出ている本
(実物を図書室から借り出しておき, 紹介する)

ICT
頑張って音読をした場面やお気に入りの場面のページをタブレットで撮影し, それを見せながら音読を披露したり, 理由を説明したりするとおもしろい。

ふきのとう

(め) 学しゅうを ふりかえろう
はるの おはなしの 本を 読んでみよう

❶ ◇ふりかえろう
・うまく 音読が できた〈ところ/こと〉は?
・「　」の ことばを 人ぶつらしく
・まちがえずに すらすらと

❷ ・おはなしで だいじな〈ところ/こと〉は?

たいせつ

がんばりを出し合い, 互いにほめ合う時間にする。(不十分なところや「反省点」は言い合わない)

3 「春」のお話が書かれた本の紹介を聞こう。

T 『ふきのとう』は, 寒い竹やぶにも春風といっしょに春がやってきたお話でした。
C おもしろいお話でした。最後の「こんにちは」がよかったです。

T 『ふきのとう』のほかにも, 春のお話が書かれた本があります。(見せて)こんな本です。1冊目は,『はるにあえたよ』です。

T 他にもあります。『この本, 読もう』のところに, 本の題名と表紙の絵が出ていますよ。
C どれもおもしろそう。図書室にあるかな。
T 図書室には, このような本が他にもあります。今度, 図書室に行ったときに探してみましょう。

4 読み聞かせを聞こう。

T 『ふきのとう』のような, よいお話かも知れません。このうちの1冊『はるにあえたよ』のお話を先生が読みます。はい, 聞く姿勢ですよ。読むときに「大切なこと」だった, いつ, だれが, どこで, のお話か, よく聞いて下さい。

「聞く姿勢」で1冊読み聞かせ, 簡単な感想 (よかったところ, おもしろいと思ったところ) の交流をしてもよい。

T 今度は, 自分で読んでみましょう。

本は　ともだち
図書館たんけん

◎ 指導目標 ◎

・読書に親しみ，いろいろな本があることを知ることができる。

◎ 指導にあたって ◎

① 教材について

　読書は，低学年のうちからぜひ身につけさせたい習慣で，学力の土台ともいえます。知識や語彙を増やし，言葉の使い方や意味をとらえる力も培われます。また，自主的な学びには欠かせない「読む速さ（速読力）」も身につきます。調べ学習などでも，まず行くのは図書館であり，活用するのが図書館の本です。

　そのため，ここでは実際に図書館へ行き，図書館の利用方法を知る学習をします。図書館へ行くと，本は適当に（でたらめに）並べてあるのではないことにまず気づくでしょう。本の並べ方，整理のしかたには決まりがあります。

　「科学」や「社会」などの分野別に分けられていることや，五十音順に並べてあることを見つけさせます。そして，自分が読みたい本をどのように探せばよいかを考え，その見つけ方を体験します。

② 個別最適な学び・協働的な学びのために

　「図書館たんけん」では，本は「どのように分けてあるのか」「並べてあるのか」，その決まりを，各自またはグループでの「たんけん」を通して見つけさせます。これは，本を「自分で探せる」「見つけられる」という自信にもなります。

　また，読書指導では，「読みたい」という意欲を育てることが大切だと言われます。それには，「おもしろかった」と思える本に多く出会うことです。その経験が，また「読みたい」という意欲につながるからです。そして，「こんな本もあったのか！」という驚きや世界の広がりも体感できるところが，図書館です。図書館は，学びを広げ深めてくれるところでもあるのです。そのため，ゆっくり見て回らせたり，読書の時間をたくさんとったりするのも意味のあることです。

　なお，読みたい本は司書の方に尋ねてもよい，ということも教えておきましょう。また，図書館の使い方などを，司書の方に説明してもらうのも新鮮な体験になります。

知識 及び 技能	読書に親しみ，いろいろな本があることを知っている。
主体的に学習に取り組む態度	積極的に図書館の配架や本の並べ方を学び，学習課題に沿って自分の読みたい本を探そうとしている。

次	時	学 習 活 動	指導上の留意点
1	1	・学習のめあて（学習課題）をとらえる。 ・図書館へ行き，調べ学習をする。 －どのように本が並んでいるのか，各自見て回り，気づいたことを話し合う。 －「本の分け方」「本の並べ方」を調べる。 －実際に，いくつかの本を探す。 ・各自，見つけたい本を探す。 ・学習を振り返り，読み聞かせを聞く。	・「本の並べ方を知る」という学習課題を伝える。 ・図書館で，本は，種類ごとに棚にまとめられていることに気づかせる。 ・教科書を参考にして，確かめさせる。 ・図書館地図（平面図）に，まとめてもよい。 ・「探す本」は，教科書も参考にさせる。 ・「探す本」は，前もって決めておかせる。 ・事前に，図書館の方と読み聞かせをしてよい場所や部屋について，相談しておく。
発展		・各自が探して見つけた読みたい本を読む。 ・（時間に応じて）先生の読み聞かせを聞く。	・図書館での読書の仕方や，基本的なマナーにも気づかせる。

◇ 学習の場所は，できれば校区や地域の図書館とし，図書館になじみをもたせられるとよいでしょう。

◇ また，せっかく行くのであれば，時間も 2 時間扱いとして，図書館での読書や読み聞かせの時間もとれるようにすると効果的でしょう。（読書は発展扱い）

◇ 諸般の事情で，地域の図書館へ行くことが難しい場合は，学校の図書室等での学習とします。

◇ 図書館へ行く場合は，事前に目的や人数等を連絡し，下見と打ち合わせをしておきましょう。

図書館たんけん

第 ① 時 （1/1）

本時の目標：図書館で本の探し方を知り，これからの読書にいかそうとすることができる。

板書例

③

さがしてみよう
① 「うらしまたろう」の 絵本
② ピーマンの そだて方が わかる 本
③ 虫の 名まえが わかる 本

※図書館で，紙かホワイトボードなどに示して探させる。

◇ 読んだ 本の ことを かいておこう

④

読んだ日 (月・日)	だいめい	書いた人	しるし
四月 十五日	はるにあえたよ	はら きょうこ	◎

POINT 多くの本がある環境で，「読みたい本がいっぱいある」といった思いにさせる。また，図書館でのマナーも教える。

---

1 （教室で）学習課題「読みたい本を探せるようになる」をとらえよう。

【図書館へ行く前に】－行く動機づけと，めあて－

T ○○図書館へ行ったことがありますか。また，読みたい本を探して，借りたことはありますか。

C 行ったことがあります。虫の図鑑を借りました。係の人に尋ねると，本のある場所を教えてくれました。

T 図書館で，読みたい本を自分でも探せるようになるといいですね。今から，図書館へ行って，読みたい本はどこにあるのか，本の探し方を勉強します。

わあ，楽しみ…。昔話の本を読みたいな。

たくさんの本があるのに，どうやって探すのかな。

T どんな本がどこにあるのか，分かるといいですね。

T 図書館へ行くまでに，図書館で借りたい，読みたい本を1冊決めておきましょう。図書館で探します。

図書館へ行く。

2 （図書館で）どこにどんな本があるのか，図書館を見て回ろう。

【図書館で】

T どこに，どのような本が並んでいるのか，見て回りましょう。（児童用の図書コーナーに限るとよい）

絵本は，ここにかためて置いてあるね。「スイミー」の本もある。

読み物は，この辺りの本棚に並んでいるよ。

虫とか魚の図鑑は，ここだ。「アゲハチョウ」という本もある。

T 見て回って，気がついたこと，見つけたことはありませんか。

C 物語の本は，あそこの棚にかためて置いてありました。絵本は，入り口近くにたくさんありました。

C 雑誌コーナーや新しい本のコーナーもありました。

C 分けて並べてあるので，探しやすそう。

種類ごとにまとめて並べてあることを話し合う。

準備物
・図書館平面図（児童配布用）※訪問する図書館の資料等をもとにつくっておく。
・読書カード

ICT　図書館のホームページを教師のタブレットで調べ，児童全体に共有しながら説明をするとよい。低学年の児童の個人的な検索は，もうすこし先がよい。

図書館たんけん（かん）

め　図書館へ　いって　本を　さがそう

①〇〇図書館に　いく

読みたい　本を　さがす
（きめて　おく）

※訪問予定の図書館の内部写真，または案内図を掲示する。

3　目的の本を探して見つけよう。

T　本の種類によって，棚ごとに分けて並べてあるようですね。どこにどんな本が並んでいるのか，分かりやすくなっています。（教科書 P34 下の解説参照）

T　また，同じ棚の中では，本の題名や作者の名前は，あいうえおの順に並べてあります。

C　分け方，並べ方にも，決まりがあるみたい。

T　本の分け方，並べ方が分かったので，次の本を見つけてみましょう。どこにあるのでしょう。
　①「うらしまたろう」の絵本
　②ピーマンの育て方が分かる本
　③虫の名前が分かる本

　①②③の探す本は，紙か小黒板に書いておき，掲示する。グループごとに探させてもよい。（図書館たんけん）

C　「うらしまたろう」は，絵本のところにありました。

C　「うらしまたろう」は物語の棚にもありました。

4　自分が読みたかった本を見つけよう。

　簡単な平面図を準備しておき，どこにどんなジャンルの本が並べてあったのかを，書きこませてもよい。

T　今度は，自分が読みたい本を探してみましょう。
　『京都の昔話の本』『…の飼い方』などと，正式な本の題名が分からない場合もある。大まかに，そのジャンルの棚を探せていればよい。助言もする。

『かぎばあさん』シリーズの本も見つけられました。『物語』の棚に，たくさんありました。

探していた『恐竜』の本が見つかりました。早く読んでみたいな。

　ここで，本を借り出す手続きを教えるのもよい。
　その後，時間に応じて読み聞かせをするのもよい。また，読み聞かせ活動をしている図書館もある。

T　読んだ本や読んでもらった本は，題名などを読書カードに書いておきましょう。

　教科書 P35 で書くことを確かめ，カードを配布し書かせる。
　※発展として，2 時目を図書館での読書としてもよい。

春が いっぱい

◎ 指導目標 ◎

・言葉には，事物の内容を表す働きがあることに気づくことができる。

・身近なことを表す語句の量を増やし，話や文章の中で使うことで，語彙を豊かにすることができる。

・経験したことなどから書くことを見つけ，必要な事柄を集めたり確かめたりして伝えたいことを明確にすることができる。

◎ 指導にあたって ◎

① 教材について

「季節の言葉」は，四季それぞれの自然に関わる言葉を知っていく学習です。その始めとして，ここでは春の言葉を見つけ，友達の見つけた言葉も知り合います。自然は，意識して，また言葉でとらえないと見えてこないものです。言葉を通して，個々の植物や虫が見えるようになり，まわりの自然にも目が向くようになるのです。

大切なことは，実物や児童の体験と結びつけて言葉をとらえさせることです。四季がはっきりしている日本では，季節に関わる言葉も豊かです。昔から伝えられてきた「春の七草」の「せり，なずな，…」などもその1つで，「なずな」という言葉と実物のナズナやそれを見たり遊んだりした体験とがつながることで，「なずな」という言葉の中身が豊かになるのです。

② 個別最適な学び・協働的な学びのために

児童は，草花の名前などは案外知らないものです。できれば実物を持ち込み，それを目の前にして，名前や生えていた場所，見た体験などを話し合うと，そのものへの関心も高まり，「ぼくも（わたしも）見つけてみよう」と積極的な姿勢も生まれます。その点，生活科での自然観察とつないで「春の言葉」をとらえさせるのは，有効な手だてとなります。また，その言葉に関わる体験を文に書いて表現し，語り合い聞き合うことは言葉を豊かにする対話となり，児童どうしをつなぐ協働的な学びとなります。そのためにも，バーチャルな画像や絵だけではなく，個々の児童の実体験に裏打ちされた「生きた言葉」として使い，知っていくことが児童の感性を豊かにする深い学びとなります。

知識及び技能	・言葉には，事物の内容を表す働きがあることに気づいている。 ・身近なことを表す語句の量を増やし，話や文章の中で使うことで，語彙を豊かにしている。
思考力，判断力，表現力等	「書くこと」において，経験したことなどから書くことを見つけ，必要な事柄を集めたり確かめたりして伝えたいことを明確にしている。
主体的に学習に取り組む態度	積極的に，言葉には事物の内容を表す働きがあることに気づき，学習課題に沿って見つけたものをカードに書こうとしている。

◎ 学習指導計画　　全2時間 ◎

次	時	学習活動	指導上の留意点
	1	・春に見られる草花や虫，生き物などを表す言葉を探し，友達と出し合う。 ・春の詩を音読する。	・春の言葉とともに，それに関わる実体験を「…ました」の文末で語らせるようにする。 ・詩の音読の形を多様に工夫して読み合う。
1	2	・春の生き物や草花を見つけたり，触れたりした体験をカードなどに書く。 ・書いたものを発表したり読み合ったりして感想を伝え合う。	・児童の実情に応じて，個別に話させるなど体験を思い起こさせる。 ・前もって，生活科の時間などに「春の草花，生き物見つけ」などの活動を行っておくと本時に生きてくる。

本時の目標：教科書の言葉や体験したことを手がかりにして春を表す言葉を見つけ合うことができる。

板書例

4

はなが さいた　　まど・みちお

はなが ・・・
は ・・・

み・・・
は・・・
はひふへ
は・・・
は・・・

は・・・
ほへふひ
は・・・
は・・・
お・・・

※詩の行頭の一文字を書き，板書を見て暗唱させる。

（したこと）
つくしとり　お花見
よもぎつみ　たんぽぽつみ
※1

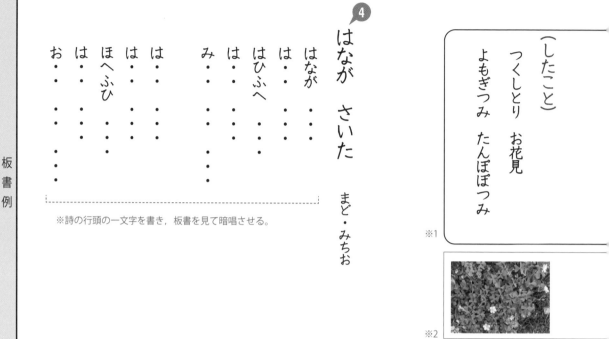

※2

※1. 児童から出てきた言葉や教科書の言葉を書く。

POINT 言葉とともに，児童の実体験も話させるようにする。また，つくし，さくら，たんぽぽなどの実物を持ち込むと，対話や

1 春の季節について話し合い，「春」という漢字を書こう。

春を表す「つくし」の実物か画像を見せながら関心をもたせる。他，持ち込むのは「さくら」「たんぽぽ」などでもよい。

T　今日，田んぼのそばでこんなもの（つくし）を見つけました。これを見つけて，「春だなあ」と思いました。知っているかな？

あ，つくし…見たことあります。

食べたこともあるよ。

T　つくしは，春の草です。つくしを見ると，また，つくしという言葉を聞くと，春という季節が思い浮かびます。さくらも春の言葉ですね。春は，季節の名前の1つです。他にどんな季節がありますか。

C　春の前は冬です。暖かくなると春になります。

C　夏とか秋も季節の名前です。

T　「はる」は，漢字ではこう書きます。

「春」の書き順を教え，空書きさせノートに書かせる。

2 「春だなあ」と思ったものや，春になって見つけたものを出し合おう。

T　先生が見つけた「つくし」のように，みなさんが見て「春だなあ」と思ったものは，何でしょうか。ノートに書きましょう。

教科書を読む前に，「冬と比べて…」「春になって…」など，児童のとらえた「春」を簡単に出し合わせる。発表の前にノート（またはカード）に書かせる。

朝，学校に来る途中，道ばたにたんぽぽが咲いているのを見て，春だなあと思いました。

昨日，公園でゆき子ちゃんとたんぽぽ摘みをして，たんぽぽの花輪を作りました。

中心は自然の事物だが，「弟の入園式」「進級」などくらしからも出てくる。また，「○○の種をまいた」など，児童の体験も自由に出し合わせる。単発の言葉ではなく，できるだけ文で語らせるようにする。

準備物
・（できれば）教科書記載の春の草花，生き物の実物。
・画像（かたばみ，てんとう虫，なずな，など）QR

ICT
できれば運動場，校庭に出て，「春だな」と感じるものを画像としてタブレットに保存したい。生活科の「春探し」の学習にも使用することができる。

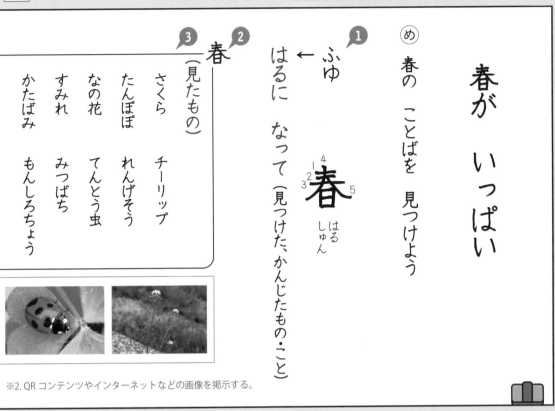

春が いっぱい

め　春の　ことばを　見つけよう

① ふゆ ←
はるに　なって（見つけた、かんじたもの・こと）

春
はる／しゅん

② ③ 春

（見たもの）

さくら　　　チューリップ
たんぽぽ　　れんげそう
なの花　　　てんとう虫
すみれ　　　みつばち
かたばみ　　もんしろちょう

※2. QR コンテンツやインターネットなどの画像を掲示する。

関心も広がり，言葉も豊かになる。

3 教科書を読み，いろんな春の言葉を知り，学びを広げよう。

T　みなさんが見つけた言葉の他にどんな言葉があるでしょうか。教科書にも春の言葉が出ています。読んでみましょう。

> すみれ，もんしろちょう，なの花，…

黒板にも教科書の言葉を書き，言葉を指しながらみんなで音読する。

T　何か，知らないものや言葉はありましたか。

T　かたばみってどれかな，挿絵を指で指してごらん。

C　ああ，これがかたばみか，黄色い花だね。
　ものと言葉が結びつくよう，画像等も活用する。

T　みなさんが見つけた言葉の他にも，「春の言葉」はいっぱいありましたね。
　春の自然調べとして生活科ともつなぐとよい。

T　○○は，生活科の時間に探しに行きましょう。

4 『はなが　さいた』の詩を読み，思ったことを自由に出し合おう。

T　春になるとどのような気持ちになるでしょうか。教科書に『はなが　さいた』という詩が出ています。まず，先生が読んでみます。みなさんも読みましょう。

範読後，自由に音読させる。その後，「2人組で」「列ごとに」「全員で」など，多様な読み方を通して，詩のリズムを感じとらせる。「はひふへ　ほほほ」「はへふひ　ははは」のおもしろさなども体感させる。

T　詩を読んで，いいなと思ったことは，どんなことでしたか。

> 春，花が咲いたらみんなうれしそう。にこにこしていることが分かります。

> 「おこるひといない」がいい。

T　「みない　ひと　いない」って分かるかな。

C　みんなが見るっていうことです。

初めの1文字を見て，みんなで暗唱する。（板書参照）
最後に児童全員で斉読する。

本時の目標　春に見つけた草花や生き物に関わる体験を思い出し、簡単な文章に書くことができる。

板書例

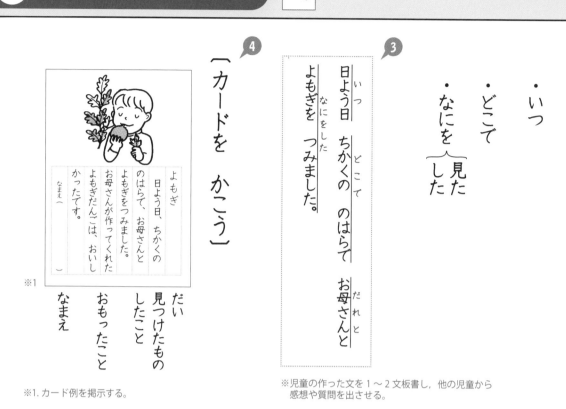

③
いつ よもぎを つみました。
日よう日 ちかくの のはらで お母さんと
（いつ）（どこで）（だれと）（なにをした）

・いつ
・どこで
・なにを ┐
　　　　 ├ 見た
・なにを ┘ した

※児童の作った文を1〜2文板書し、他の児童から感想や質問を出させる。

④
〔カードを　かこう〕

よもぎ
日よう日、ちかくの
のはらで、お母さんと
よもぎをつみました。
お母さんが作ってくれた
よもぎだんごは、おいし
かったです。
なまえ〔　　〕

だい
見つけたもの
したこと
おもったこと
なまえ

※1. カード例を掲示する。

POINT　書くには児童それぞれの体験が必要。生活科の時間にみんなで「春の草花探し」をしておくか、下校時などに呼びかけ

1 「春の草花・生き物のこと」を話し合い、めあてをとらえよう。

T　みなさんが「春だなあ」と思ったものを見た（見つけた）ときのことや、したことをお話してください。

昨日、公園でさっちゃんとタンポポの綿毛の飛ばしっこをしました。

（日記を選んでおいて、読ませるのもよい導入になる）

T　今日は、このような春の草花や生き物を見つけたことや、したことを文にも書いて読み合います。

　前時で学習したことを想起させながら、春の自然と関わった体験を話し合い、文章化することを伝え、本時のめあてとする。「知っていることや言葉」ではなく、その児童の実体験を話させ、聞き合わせ、要領をつかませる。

T　こんなものを見たよ、こんなことをしたよということを話せる人はいませんか。
C　近くのキャベツ畑にモンシロチョウがいっぱい飛んでいるのを見つけました。

2 教科書の文例を読み、書き方を話し合おう。

　発表（話す活動）から、文に書く活動にすすめる。そのために、まず教科書の見本文を読み合う。

T　教科書の、つくしを見つけたときのことを書いた文章を読んでみましょう。（児童が斉読）
T　みなさんも、こんな文章をカードに書くのです。ここでは何を書いているのかな。どんなことが分かったかな。

題（つくし）を書いています。昨日の帰り道のできごとです。

見つけたことや思ったことも書いています。

　「いつ」「どこ」「何を」とともに、思ったことも書いていることを話し合う。文章は2〜3文が目安。

T　では書いてみましょう。まずノートに書きます。後でカードにきれいに書いて見せ合いましょう。

　「思ったこと」よりも、その児童の実体験や事実が書けていることを大事にする。よい文を読みあげ例示する。

| 準備物 | ・カード用紙 QR | I C T | カードを書いたら，タブレットに写真を撮影して，教師に送信する。教師は送信された1人1人のカードの写真を児童のタブレットに共有すると全員読める。 | |

めあて

春が いっぱい

め 「春だなあ」と おもった ことを
文に 書いて はっぴょうしよう

① 「春だなあ」・・・と おもったときに
見たこと、したこと

○ たんぽぽの わたげの とばしっこ

○ キャベツばたけで
もんしろちょうを 見た

※児童の発表を板書する。

②
【文に かいてみよう】

ておく。

3 文を書き，発表しよう。友達の書いた文を聞き合おう。

T ○○さんは，スミレを見つけたことを書いていますよ。読んでもらいましょう。（○○さんが読む）

　何人か指名して見本を示し，書く要領をつかませる。できた児童には2文目を書かせてもよい。

T 書いた文を読んでもらいます。聞いた人は，尋ねたいことや思ったことがあれば，後で言ってください。

朝，家の裏の野原で，お母さんとヨモギを摘みました。家に持って帰ると，おばあちゃんがヨモギ団子を作ってくれました。

（質問）どんな味でしたか。おいしかったですか。

（感想）団子を作れるなんて初めて知りました。

　全員が発表することは時間的に難しい。指名するなど，絞って発表させ，それについて簡単に話し合わせる。
　「場所」「見つけ方」「作り方」など，質問や感想は1〜2に絞って交流させる。

4 付け足しや，直すところを考えて，カードに書いて仕上げよう。

T 最後の仕上げです。きれいな字でカードに書きましょう。文が書けた人は絵も入れるといいですね。

テントウムシの絵も入れておこう。

わたしは，もんしろちょうの絵をかこう。

　見せ合い，読み合う清書であることを意識させる。実物がない場合，絵は描きにくいので略してもよい。見て回り，個々によい言葉づかいや表現をほめる。

T 書いたカードをグループで読み合いましょう。

C （回し読みして）鈴木さんの見つけた「白いタンポポ」，わたしも見てみたい。どこにあるのかな？

　グループの代表としてみんなの前で読ませてもよい。書いたカードは，綴じて冊子にするか掲示するか，または文集の形にして読み合えるようにする。

春が いっぱい　59

日記を　書こう

◎ 指導目標 ◎

・経験したことなどから書くことを見つけ，必要な事柄を集めたり確かめたりして伝えたいことを明確にすることができる。

・言葉には，経験したことを伝える働きがあることに気づくことができる。

◎ 指導にあたって ◎

① 教材について

　　児童は，日々様々な経験をしています。本単元は，見たり聞いたりして経験した身近な出来事を思い出して書く「日記」の書き方を学習します。学校生活や家庭生活，身近な自然，季節の行事などについて目を向けさせます。また書かれた事柄を読み取り，質問や感想を交流し合うことも行います。

　　「日記」とはいえ，書く際に，自分の経験や考えを思いついたまま綴るだけではなく，あとから読んでもどんなことがあったのかがよく分かるように書くことを目指します。そのためには，「いつ，どこで」「何が（何を）どうした」などがはっきりと読み取れる文にする必要があります。これらの伝える文の要素や書き方について，文例も使いながら指導します。

　　書く力を育てるには，とりわけ続けることが肝要です。このような日常の取り組みにも，本単元での学習をいかしていくことができます。また，書き進めることが困難な児童には，まずは話を聞きとってやり「それ，いいよ」と助言するなど，個別の援助をします。

② 個別最適な学び・協働的な学びのために

　　日記や感想などは，児童に書かせたものをまとめて教師が読み，必要に応じて添削し，感想を書き加えて後になって児童に返却することが多いでしょう。ここでは，教師が読むのではなく，児童どうしで読み合い，上手に書かれているところや，様子がよく伝わるところを見つけて話し合います。書いたものに反応が返ってくる，すぐに評価されるという喜びが，次に書く意欲につながることでしょう。なお，児童どうしを知り合わせつなぐという点では，学級づくりとも関わる学習内容です。

知識及び技能	言葉には，経験したことを伝える働きがあることに気づいている。
思考力，判断力，表現力等	「書くこと」において，経験したことなどから書くことを見つけ，必要な事柄を集めたり確かめたりして伝えたいことを明確にしている。
主体的に学習に取り組む態度	進んで経験したことなどから伝えたいことを明確にし，学習の見通しをもって日記を書こうとしている。

◎ 学習指導計画　　全 4 時間 ◎

次	時	学習活動	指導上の留意点
1	1	・学習の見通しをもつ。 ・日記を書いた経験を発表し合う。 ・教科書 P38-39 の日記例から，日記の書き方をとらえる。 ・上手に書かれているところや，様子がよく伝わるところを見つけ，発表し合う。	・ゲームを通して文作りに必要な要素を再確認させる。 ・教科書 P39「たいせつ」記載のことが文例のどこに書かれているか見つけさせる。 ・内容にまとまりがあることを確認させる。
	2	・教科書巻末 P161-162「ことばのたからばこ」記載の言葉を使った文を作る。 ・日常生活の中から日記の題材になりそうな出来事をノートに書き出す。	・ゲーム形式で，できるだけたくさんの言葉を使った文作りをさせる。
	3	・題材を選び，時間の順序に沿って日記を書く。 ・読み直しをする。	・「インタビューゲーム」を通して，題材を掘り下げさせ，詳しく書くための素材をふくらませる。
	4	・友達と読み合って，よいところを伝え合う。 ・学習を振り返る。	・最初はグループで読み合わせ，その後は自由にペアになって読み合わせる。

本時の目標 学習課題を確かめ，日記にはどのようなことを書けばよいのかが分かる。

板書例

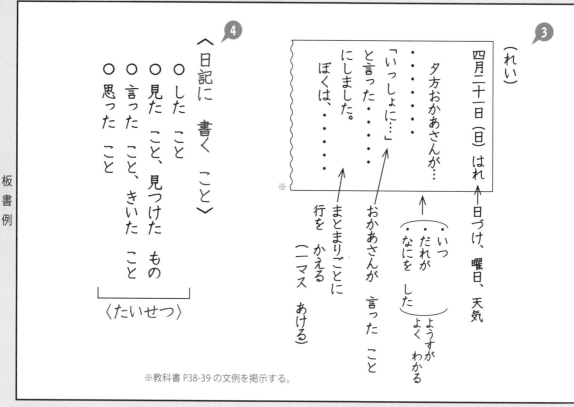

❹

〈日記に 書く こと〉

○ した こと

○ 見た こと、見つけた もの

○ 言った こと、きいた こと

○ 思った こと

〈たいせつ〉

❸

（れい）

四月二十一日（日）はれ　←日づけ、曜日、天気

夕方おかあさんが…

「いっしょに…」

と言った・・・・・

にしました。

ぼくは、・・・・・

（いつ・だれが・なにを・した ようすが よく わかる）

おかあさんが 言った こと

まとまりごとに 行を かえる（一マス あける）

※教科書 P38-39 の文例を掲示する。

POINT 「いつ，どこで，誰が，何をした」ゲームを通して，文作りに必要な要素を確かめ，実感させる。

1 ゲームを通して，文の構成について確かめよう。

Ｔ 今から，「いつ・どこで・誰が・何をした」ゲームをします。（小さい紙を配る。QR 資料参照）

【いつ】小学校に入学した日　【誰が】○○先生が

【どこで】遊園地で　【何をした】ダンスをおどった。

1 人 1 枚ずつ，紙に分担して書かせて回収する。回収した紙をランダムに「いつ，どこで，誰が，何をした」の順に読み上げる。ゲームを通して文作りに必要な要素を確認する。

Ｔ ばらばらの言葉を組み合わせると，わけの分からないおもしろい文になりました。みなさんが文を書くときは，この 4 つを組み合わせて，出来事や思ったことが正しく伝わるように，詳しく書けるとよいですね。

2 日記を書いた経験を出し合おう。学習課題を確かめよう。

Ｔ 今日から，日記を書く勉強をします。これまでに日記を書いたことはありますか。

1 年生の夏休みの楽しかったことを絵日記にかきました。

1 年生の最後に，1 年間の思い出を書きました。

Ｔ 教科書を開きましょう。まず，先生が読みます。
教科書 P38 の題名と最初の 3 行を範読する。

Ｔ 今度は，昨日したことや，見たり聞いたりしたことを思い出して「日記」に書く勉強です。

Ｔ どこかへ行ったり，特別なことをしていなくても，一日のうちであった，何か楽しかったことや心に残ったことを思い出して書けばよいのです。
教科書 P18「一言日記」に取り組んでいる場合は，その内容を紹介し合ってもよい。

準備物
・資料「いつ・どこで・誰が・何をした?」QR
・小さく切った紙 (児童数)

ICT　日常の生活の様子を写真に撮ってタブレットに保存しておく。授業で，写真を見ながら生活を振り返ることで，日記に書くことが思い浮かびやすくなる。

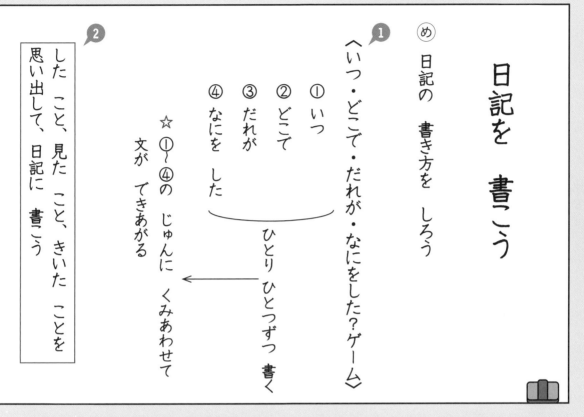

日記を 書こう

め 日記の 書き方を しろう

① 〈いつ・どこで・だれが・なにをした?ゲーム〉
①いつ
②どこで
③だれが
④なにを した

ひとり ひとつずつ 書く

☆①〜④の じゅんに くみあわせて 文が できあがる

② した こと、見た こと、きいた ことを 思い出して、日記に 書こう

3　どのような日記を書けばよいのか，教科書の文例を読んでみよう。

T　では，教科書の日記の例文を読んでみましょう。
　　まず，範読する。その後，斉読。

T　教科書の文を見ると，1行目は何が書いてありますか。日記には何が書かれていますか。

C　1行目には，日づけと曜日。それから，お天気。

C　「ぼく」がお母さんのお手伝いをして，夕ご飯のコロッケをつくったこと。

T　教科書の文の中で，上手に書かれているところや，様子がよく伝わるところを探してみましょう。隣の人と相談してもいいですよ。

最初の文に，「いつ」「誰が」「何をした」が書いてあって，様子がよく分かる。

最後に「ぼく」の気持ちがあるのがいいね。

よいと思ったところを自由に話し合わせて，発表させる。

4　「たいせつ」の内容について，例文で確かめよう。

T　教科書39ページの「たいせつ」を見ましょう。「日記に書くこと」が書かれています。

したこと
思ったこと
見たこと，見つけたもの
言ったこと，きいたこと

T　「たいせつ」で読んだことが，上の例文でも書かれているか確かめましょう。例文では「ぼく」がしたこと3つが書いてあります。どんなことでしたか。

C　お母さんのお手伝いをすることになったこと。

C　コロッケをまるめられるようになったこと。

C　味見をしたら，おいしかったこと。

　　1つずつ該当箇所を確かめていく。また，内容にまとまりのあるところや，かぎ（「　」）のところでは，改行していることもあわせて確かめ合う。

T　次の時間は，日記に書くことを考えていきます。

板書例

❹
◇ 日記に 書く ことを 見つけよう
・くわしく 書けそうな こと
・ノートに 書いて おく
　（たくさんでも よい）

◇ 日記に 書く ことを 見つけよう
・大まんぞく
・からい （カレー）
・人気の （おもちゃ）
・あかるい、元気な （おばあちゃん）
・たよりになる （子）
・しっかりもの
（でて きた ことば）

❸
○ 日記の ような 文
○ 三つの 文で

※児童の発表から，よかった表現を板書する。

POINT　教科書巻末の 「ことばのたからばこ」 を利用して文を作り，互いに読み合うことで語彙を増やし，言葉の意外な使い方に

1 「ことばのたからばこ」を確かめ，文の中で使ってみよう。

T　教科書 161，162 ページを開きましょう。考えや気持ちを伝える言葉が載っています。「人物」「ものの様子」「気持ち」の３つのことを表す言葉ですね。

教科書巻末の 「ことばのたからばこ」 を見て，1 つずつ言葉の意味を確認しながら，声に出して読む。あわせて，教科書 P161 にある QR コンテンツから「これまでに学んだ言葉」を配布し，同様に確かめ合う。

T　今迄に使ったことのある言葉を○で囲みましょう。

T　この中の言葉を使って文を作ってみましょう。まずは「人物を表す言葉」です。作ったら，隣の人に聞いてもらいましょう。

おばあちゃんが，ぼくに「元気でたくましいね」と言いました。

２つも使えていたね。

続いて 「ものの様子」 や 「気持ち」 を表す言葉を使った文を作らせ，隣どうしでお互いにどんどん発表させる。できるだけ使ったことのない言葉を使ってみるよう声かけする。

2 「ことばのたからばこ」を使った文を書こう。

T　今度は，できるだけたくさんの言葉を使って，日記のような文を作りましょう。文の長さは３つまでです。あとで，班の中で発表してもらいます。

土曜日に，おばあちゃんの家に行きました。明るくて元気なおばあちゃんに会うと，いつも楽しい気持ちになります。

ぼくは，公園から家まで弟と競走しました。弟に勝ってぼくは気分がよかったです。弟はとてもくやしそうでした。

書き進められない児童がいる場合は，傍で援助する。机間巡視しながら，うまく書けている児童に発表させ，見本としてもよい。

発表された文の中で上手に言葉を使えていた表現があれば，板書して共有する。

| 準備物 | ・教科書P161のQRコンテンツ「これまでに学んだことば」を出力したもの（児童数） |

| ICT | 教科書のQRコンテンツを児童のタブレットにも送信しておく。児童は，自分のペースで視聴しながら学習にいかすことができる。 |

日記を　書こう

め　いろいろな　ことばを　つかって
　　文を　つくろう
　　日記に　書く　ことを　見つけよう

❶
〈ことばの　たからばこ〉

かんがえや　気もちを　つたえる　ことば
○　じんぶつ
○　ものの　ようす　　をあらわす　ことば
○　気もち

❷
◇　文を　つくろう
○　「ことばの　たからばこ」の　ことばを
　　たくさん　つかって

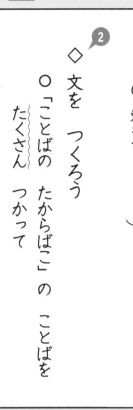

気づかせる。

---

3 作った文をグループで発表し，その中でよかった文をクラスで交流しよう。

T　では，書けた文をグループで発表しましょう。

じゃあ，ぼくから言うよ。「きのう，ぼくは，人気のおもちゃを買いに，わくわくしてお店に行きました。でも，売り切れていて買えませんでした。とても残念でした。」

 すごい！3つも使ったよ。

 詳しくてよく分かる文だね。

お互いに読み合ってよかったところを伝え合わせる。

T　班の中でよかった文を選んで，発表しましょう。
C　初めて大人と同じカレーを食べました。最初は「からい！」と思ったけれど，だんだんおいしくなってきて最後まで食べられました。大満足でした。

各班1人ずつ発表させ，発表ごとによいところを確かめ合い，発表者に拍手する。

T　いろいろな言葉を使って上手に文が作れましたね。

---

4 教科書の例文を振り返り，日記に書く題材を考え，ノートに書こう。

T　では，もう一度，教科書の日記がどんなふうに書かれていたか，読んで思い出しましょう。

教科書P38-39の日記の例文を読み，「たいせつ」についても振り返る。

T　このように詳しく日記に書くには，まず，昨日のことをよく思い出して，書くことを見つけましょう。見つけたことはノートに書いておきましょう。

思いつくものを複数メモさせておく。

学校の休み時間のことが，詳しく書けそう…。

わたしは，家のお手伝いのことを書こうかな。それとも，公園で遊んだことにしようかな。

題材は，何でもよい。クラスの友達が発表した題材をヒントにいろいろ出させたい。

T　次の時間は，今ノートに書いた日記に書きたいことの中から，詳しく書けそうなものを選んで書きましょう。

本時の目標　身近なことから題材を選んで, 日記を書くことができる。

板書例

〈日記に　書く　こと〉

（一ぎょう目）… 日づけ、曜日、天気

（二ぎょう目から）… じかんの　じゅんで

◎ 思った　こと
○ 言った　こと、きいた　こと、見つけた　もの
○ 見た　こと、
○ した　こと

→
・いつ
・どこで
・だれが
・なにを　した

③

〈見なおし　する　こと〉
・字や　ことばの　まちがい
・つかえる　かん字
・かぎ（「　」）の　書き方
・まとまりで　行を　かえる（一マスあけ）
・ていねいな　字

④

※事前に書いておいたもの（またはQRコンテンツの資料）を掲示する。

POINT　日記を書く前にインタビューゲームをすることで, 題材として取り上げた出来事を掘り下げていかせる。書くときには,

1　日記に書く題材を選ぼう。

T　前の時間は, 日記に書きたいことを考えてノートに書き出しましたね。今日は日記を書いてもらいます。

教科書 P38-39 を読み, 日記の内容や「たいせつ」の項目について再確認する。

T　後から読んでも, どんなことがあったのかがよく分かるような日記を書きましょう。

T　書きたいことがいくつもある人は, どれか 1 つを選びます。選ぶのが難しい人は, 隣の人と相談してもいいですよ。

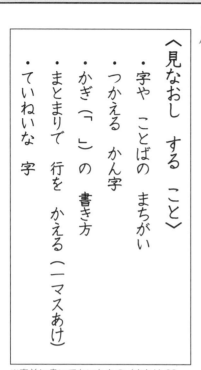

学校の休み時間のことに, 決めた！

わたしは, 迷っているんだけど…, どっちがいいかな？

ペアで, 日記に書くとおもしろいと思うもの, 取り上げるとよさそうなものなどを伝え合わせる。

T　書くことが決まったら, ○をつけましょう。

2　「インタビューゲーム」で題材を掘り下げよう。

T　では, 隣の人と, 書くことについて「インタビューゲーム」をします。ルールは簡単。インタビューする人が「それは, いつのことですか。」と聞きます。続けて「だれが」「どこで」「だれと」「何をした」など, どんどん質問し続けるゲームです。1 人 2 分間です。質問に答えられなくなったら負けです。

教師が質問者となって, 誰かと見本でやって見せるとよい。また, 質問する項目は板書しておく。

T　では, はじめます。2 分間です。はじめ！

それは, いつのことですか。

月曜日の休み時間です。

だれがいましたか。

わたしと, さきちゃんと, さとしくんです。

時間がきたら, 質問する人と答える人を交替させる。

準備物	・「見なおしすること」（黒板掲示用）**QR**	ICT	タブレットを使って，シートに日記を書くことができるが，ここでは，紙に鉛筆でしっかりと書かせる経験を積ませたい。

日記を 書こう

め 日記を 書こう

① ◇ 日記に 書く ことを えらぼう

② 〈インタビューゲーム〉 ペアで （二ふんかん）

①「いつの ことですか。」 　←
② こたえる 　←
③「だれが」「どこで」「だれと」「なにをした」 　←
④ ひとつずつ こたえる

☆ どんどん きいて こたえる

「ことばのたからばこ」を使った学習も思い出させ，活用させる。

3 「たいせつ」の内容を意識しながら 日記を書こう。

T　では，日記を書きましょう。「インタビューゲーム」で答えたことや，「たいせつ」に書いてあることを思い出しながら，ノートに書きましょう。

T　最初の１行は，書くことがあった次の日の日づけと天気を書きましょう。あとは，したことや見たことを，時間の順序通りに書くといいですよ。

4月〇〇日（土）くもり　ぼくは，ピアノの発表会に行きました…。

4月〇〇日（月）はれ　わたしは，休み時間にさくらちゃんと…。

教科書巻末の「ことばのたからばこ」も参照させる。
　書くことが苦手な児童には，机間指導で個別に口頭で言わせて書かせる。また，書く内容について困っている児童には，教師が「インタビュー」して内容を深める援助をする。

4 書いた日記を読み直そう。 感想を交流しよう。

T　書けた人は，最初から自分が書いた日記を読み直してみましょう。自分で確かめたら，隣の人と交換してお互いに読み合いみましょう。

あ，かぎかっこのあとは，次の行だよ。

漢字が使えるところがあったよ。

誤字や言葉の間違いのほかに，習った漢字を使っているか，話した言葉で正しくかぎ（「　」）を使っているか，ていねいな字で書いているかなど確かめさせる。

T　日記を書いてみて，どんなことを思いましたか。
C　最初に「インタビューゲーム」をして書きたいことがいろいろあったから，書きやすかった。
C　でも，書いているうちに，また書きたいことが出てきました。
T　次は，今日書いた日記をみんなで読み合います。書き足したい人は家で書いて来てもいいですよ。

日記を　書こう

第 **4** 時（4/4）

板書例

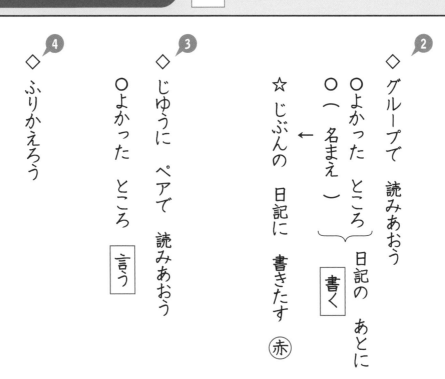

```
④                    ③                    ②
◇                    ◇                    ◇ グループで　読みあおう
　ふりかえろう        　じゆうに　ペアで　     ○よかった　ところ
                       読みあおう            ○（　名まえ　）
                      ○よかった　ところ　      ☆じぶんの　日記に　← 日記の　あとに
                        [言う]                書きたす ㊙赤      [書く]
```

POINT 日記を読み合い、評価し合うことで、自分が書いた内容をより深められるようにする。

1 読み合う前に、日記の見直しをしよう。

T　今日は、前の時間に書いた日記を読み合います。お互いに読み合って、「上手に書けているな」「ようすがよく分かるな」というところを見つけて、伝えましょう。

C　早く読んでもらいたい！

C　ちゃんと書けているか心配になってきた…。

T　では、読み合う前に、一度だけ日記を見直しましょう。書き足す人は書いてもいいですよ。

> ここを、もう少し書き足しておこうかな。

> わたしは、これで大丈夫！

見直しポイントを板書に掲示し、自分で最後に見直しさせる。見直して書き足したり、書き直したりしたい場合は、黒色で修正や追加を書き足しさせる。

2 グループで読み合って、感想を書いて伝えよう。

T　では、グループになってノートを交換して読み合いましょう。読んだ人は、その日記のよかったところを、日記の後に1行ぐらいで書きましょう。

> おつかいのお手伝い、楽しかったことがよく分かった。

> 朝ごはんのときにおこられたわけが、分かりやすかった。

感想を書いた後には、書いた人の名前も書かせ、書いた内容に責任をもたせるようにする。感想を書き出せない児童には、「ぼく（わたし）も」から書き始めさせ、共感の感想を書けるように指導する。

T　友達の日記を読んで、自分の日記に書き足しをしたくなった人は、今度は赤字で書き足しましょう。

めともだちと　日記を　読みあおう

日記を　書こう

◇　日記を　読みなおそう

①　書きたす　くろ

〈見なおし　する　こと〉
・字や　ことばの　まちがい
・つかえる　かん字
・かぎ（「　」）の　書き方
・まとまりで　行を　かえる（一マスあけ）
・ていねいな　字

※前時に使用したもの（または QR コンテンツの資料）を掲示する。

3　自由に立ち歩いてペアで読み合い，感想を伝え合おう。

T　では，今度はもっといろいろな人に読んでもらいます。どれだけたくさんの人に読んでもらえるかな。どれだけたくさん読めるかな。さあ，立ってください。

　立ち歩いて，出会った人とペアになって日記を読み合わせる。今度の交流では，よかったところを口頭で伝えさせる。

T　友達の日記のよかったところを，どれだけたくさん見つけられるかな。いっぱい見つけてほめましょう。

> すごい！この書き方はとってもいいね。こねこのようにかわいいって，本当に分かりやすいよ。

> ○○くんのは，おかあさんが熱を出したときの家族のことがよく分かってすごいよ。お父さんがおろおろして大変だった様子がおもしろいね。

配慮が必要な児童がいる場合には，教師が一緒に行動するか，他の児童と2人で行動させる。

4　感想を交流しよう。全体を振り返ろう。

T　みんなでたくさん読み合うことができましたね。どんなよい文がありましたか。

> △△さんの作文で，日曜日のことがとっても詳しく書かれていました。お家の人に言われたことや，自分の言ったことも書いてありました。

T　どんな感想を言われてうれしかったですか。
C　「楽しかったときのようすがよく分かった」と褒められてうれしかったです。
C　「ぼくも同じようなことがあって同じ気持ちになったことがあるよ」って言われたのがうれしかった。

T　「日記を書こう」全体の感想を言いましょう。
C　日記をどうやって書けばよいのかよく分かった。
C　「インタビューゲーム」は楽しくて，日記に書きたいことがいっぱい出てきた。
C　友達の日記を読んで，もっと書いてみたくなった。

ともだちは　どこかな

〔コラム〕声の　出し方に　気を　つけよう

◎ 指導目標 ◎

・共通，相違，事柄の順序など情報と情報との関係について理解することができる。

・話し手が知らせたいことや自分が聞きたいことを落とさないように集中して聞き，話の内容を捉えることができる。

・音節と文字との関係，アクセントによる語の意味の違いなどに気づくとともに，姿勢や口形，発声や発音に注意して話すことができる。

・伝えたい事柄や相手に応じて，声の大きさや速さなどを工夫することができる。

◎ 指導にあたって ◎

① 教材について

　　大事なことを落とさずに，的確に伝えるには，何をどのように話せばよいのか，また，きちんと聞き取るにはどうすればよいのかを，友達を探すという場面設定を通して学ぶことができる教材です。

　　2年生の児童にとって，大事なことを落とさずに話すことと聞くことは，大変難しいことです。そのため，日常生活の中でも，自分が伝えたい思いがうまく伝わらない，反対に相手が何を伝えたいのかが分からないということがよくあります。そこには，児童一人一人の語彙力が大きく影響しています。使うことができる語彙が豊富であれば，相手に詳しく状況を伝えることができます。また，相手の言葉を理解して，話を正しく聞き取ることもできるでしょう。この時間だけでなく，日頃から読書や書くことを通して，使える言葉，分かる言葉を児童が増やしていけるような指導を心がけましょう。

　　耳で聞いて言葉の意味を正しく捉えるためには，アクセントも重要になってきます。雨と飴，雲と蜘蛛など，同じ仮名表記でもアクセント（高低）によって意味が異なる言葉がたくさんあります。実際に声を出して聞き合いながら，分かりやすい話し方を練習することができます。ただし，地方によっては発音が異なる場合もあります。適切な発音形式で指導するようにします。

② 個別最適な学び・協働的な学びのために

　　教科書では，にしのさんが遊園地にいる多くの人の中から「ゆかさん」という女の子を見つけるという場面が設定されています。服装や持ち物などの音声の情報を手がかりにして，絵の中から探します。児童はゲーム感覚で興味をもって活動できるでしょう。そして，正しく聞き取れていないとうまく見つけられないことに気づき，内容を落とさずに聞くことの大切さも実感できるでしょう。

　　探す際には，メモをとる活動を取り入れます。メモは，短く，大事な言葉を書き留めるように指導します。

知識 及び 技能	・音節と文字との関係，アクセントによる語の意味の違いなどに気づくとともに，姿勢や口形，発声や発音に注意して話している。 ・共通，相違，事柄の順序など情報と情報との関係について理解している。
思考力，判断力，表現力等	・「話すこと・聞くこと」において，伝えたい事柄や相手に応じて，声の大きさや速さなどを工夫している。 ・「話すこと・聞くこと」において，話し手が知らせたいことや自分が聞きたいことを落とさないように集中して聞き，話の内容を捉えている。
主体的に学習に取り組む態度	自分にとって必要なことを集中して粘り強く聞き取り，これまでの学習をいかして簡潔にメモしようとしている。

◎ 学習指導計画　　全 5 時間 ◎

次	時	学習活動	指導上の留意点
1	1	・教科書 P41 の遊園地の絵の中に，どんな人がいるか確認する。 ・手がかりになりそうな言葉や事柄の予想をたてる。 ・学習課題を設定し，学習計画を立てる。	・児童が挿絵から見つけた人の特徴をイメージマップ形式にまとめていく。 ・「見とおしを　もとう」を手がかりにして，学習計画を立てる。
	2	・「にしのさんの話」の音声を聞き，「ゆかさん」を探す。 ・絵の中から子どもを選んで友達に話す。	・「にしのさんの話」を手がかりにして，相手に伝わる話し方の工夫を見つける。
2	3	・メモを取りながら教師の話を聞き，それを手がかりにメモした人物を探す。	・メモする活動を通して，大事な言葉（服装の特徴，色など）を聞き逃さないように聞くことの大切さに気づかせる。
	4	・教科書 P44 コラム「声の出し方に気をつけよう」を参考に，分かりやすい話し方を練習する。	・地方によって，アクセントが異なることにも留意して指導する。 ・アクセントが分かるように表記する。
3	5	・迷子のお知らせを考え，グループで相互に探し合いをする。探し役はメモを見せ合って協力する。 ・学習を振り返る。	・「迷子の案内文」づくりを通して，迷子のどんなところを伝えれば見つけてもらうことができるかを考えるように促す。

ともだちは　どこかな

第❶時（1/5）

本時の目標　絵を見て気づいたことを出し合い、手がかりとなる言葉を見つけることができる。

板書例

③
◇　ともだちを　さがそう

☆　手がかり　に　なる　ことば

・男の子？　女の子？
・服そう
・もちもの

④
〈聞く　ときの　ポイント〉

・人や　ものの　ようすを　あらわす
　ことばに　気を　つけよう
・聞く　ときに　だいじな　ことは
　なにかを　かんがえよう

〈学しゅうけいかく〉

① 絵を　見て　話す
② 話を　聞く　ときに
　だいじな　ことを　かんがえる
　・話す　・聞く　・メモする
③ グループで　さがしあう
④ メモを　見せあう

POINT　イメージマップのようにまとめることで，児童にとって手がかりとなる言葉（服装，持ち物など）が明確になる。また，

1　教科書の遊園地の絵を見て，どんな人がいるのかを確かめよう。

T　教科書41ページの挿絵を見ましょう。ここはどこでしょう。

C　遊園地です。いろんな乗り物があって楽しそう。

T　人もたくさんいますね。どんな人がいるかよく見たら，その中から自分が気になる人を1人決めてください。あとで，その人のことを話してもらいます。

　少し時間を確保して，各自で絵をよく見る時間とする。

T　では，隣の人と，自分が見つけた人のことをお話ししましょう。

風船を持った男の子がいるよ！コーヒーカップのところにいるよ。

どの子のことかな。この子かな？

T　今日は，どんな人がいるのか，絵から見つけたことを言葉で教えることができるようになりましょう。

　本時の学習のめあてを提示する。

2　遊園地の絵には，どんな人がいたのかを話し合おう。

T　どんな人がいたか，○○さん発表してください。

C　帽子をかぶっていて，赤と白のしま模様の服を着た女の子がいます。

　児童の発言からキーワードを分かりやすくまとめ，イメージマップのように板書していく。

T　どの人でしょうか。近くの人と話してみましょう。

　隣どうしかグループで話し合わせる。

T　どの人か分かった人は，手を挙げましょう。（指名）

C　（挿絵を映し出した画面の前に出てきて）○○さんが言ったのは，この女の子です。

T　どの言葉を手がかりにして，見つけたのですか。

帽子と赤と白のしま模様という言葉をヒントにして見つけました。

同様に，自分が見つけた人について何人かに発表させる。

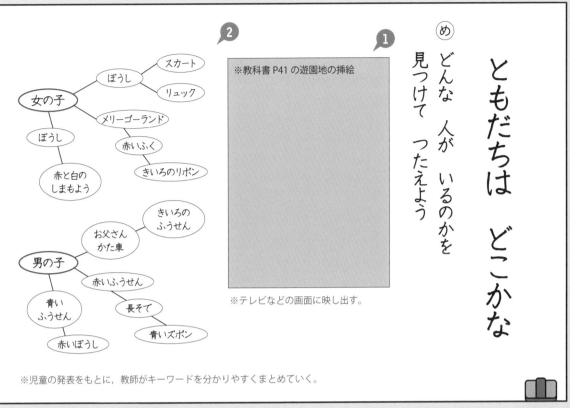

※児童の発表をもとに，教師がキーワードを分かりやすくまとめていく。

学習課題を設定するときにも活用する。

3 手がかりになりそうな言葉や事柄を話し合って，予想しよう。

教科書P40のリード文を読む。

T　音声を聞いて，絵の中からにしのさんの友達のゆかさんを探します。<u>どんな言葉が手がかりになりそう</u>ですか。グループで話し合ってみましょう。

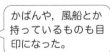

まず，女の子か男の子か，だよね。

「赤と白のしまもようの服」というのがよく分かったよね。

かばんや，風船とか持っているものも目印になった。

T　話し合ったことを発表してください。
C　男の子か，女の子かです。
C　どんな服を着ているかが分かるといいです。
C　持ち物も手がかりになります。
T　そのような手がかりとなる言葉をよく聞くと，絵の中からすぐに見つけたい人を見つけることができそうですね。

4 学習課題を確かめ，学習計画を立てよう。

教科書P42の「もくひょう」を読み，学習課題を板書する。

T　では，学習の進め方をみんなで確かめて，学習の計画を立てましょう。

教科書P40の「見とおしをもとう」を読む。

T　学習の最後には，絵の中から友達に見つけてほしい子のことを伝える活動をします。うまく伝えられるようになりましょうね。

T　では，この学習の中で<u>どんなことを頑張りたいか</u>をお隣の人とお話ししましょう。

ぼくは，しっかり聞くことを頑張りたいです。

わたしは，話すのが苦手だから，ちゃんと伝わるように話したいです。

本時の目標　大事なことを落とさずに相手に伝える話し方を理解して，話すことができる。

板書例

わかった こと
・青と 白の しまもようの ふく
・白い ぼうし
・赤い リュックサック

③ 話し方の くふう
・くわしく つたえる（色、もちもの、ふくそうなど）
・声の 大きさ
・話す はやさ
・もう 一回 話す

④ くふうした わけ
・あいてに 正しく つたえるため
・聞く 人に わかってもらうため

⇨ ゆかさんを 見つけたい

※児童の発言を板書する。

POINT　自分が分かっていることを人に説明する場面は，今後もたくさんある。相手が知らないこと，分かっていないことを説明

1 「にしのさんの話」を聞いてみよう。

T　にしのさんの話をこれから聞きます。にしのさんは友達のゆかさんを探しています。どんなことに気をつけて話を聞くといいか，前の時間にみんなで話し合いました。覚えていますか。

C　女の子を探す。あとは服そう，持ち物です。

T　では，にしのさんの話を聞きましょう。聞いたことは，ノートにメモしましょう。

音声を流す。教師が P159 の文章を音読してもよい。ここでは，あえてメモの取り方を教えない。

> 青と白のしまもようの服か。この子かな。
> あれ？何と言ったか分からなくなった…。

T　メモをしながら聞いてみてどうでしたか。
C　うまくメモが書けなかったです。
C　にしのさんの話は分かりやすかったよ。

2 にしのさんが伝えたかったことは何かを確かめよう。

T　今日は，相手に伝わる話し方について学びます。

T　みなさんは，にしのさんの話からゆかさんを見つけられましたか。にしのさんは，ゆかさんのことをどのように伝えていたのか，メモを見ながら，隣の人と確かめてみましょう。

> 青と白のしまもようのシャツって言っていたね。
> 白いぼうしだから，この子かな。

T　にしのさんは，どんなことを話していましたか。
C　青と白のしまもようの服を着ているって言っていました。
C　白いぼうしをかぶっています。
C　赤いリュックを背負っているみたいです。

教科書 P41 の挿絵を大きく写し出し，どの子がゆかさんかをみんなで確かめ合う。

め ともだちは どこかな

あいてに つたわるように 話そう

① ※教科書 P41 の遊園地の挿絵

※テレビなどの画面に映し出す。

◇ ゆかさんを さがそう
・女の子
・ふくそう
・もちもの

② 〈にしのさんの 話から〉

する経験を積む貴重な機会となる。「にしのさんの話」から工夫に気づき，その工夫を活用する。

3 にしのさんの話し方に，どんな工夫があるのか見つけよう。

T にしのさんの話し方には，聞いている人によく分かる工夫があります。どんな工夫でしょうか。グループの人と相談しましょう。

音声をもう1度聞く。教科書P159の「にしのさんの話」を見ながら，工夫を見つけさせてもよい。

持ち物とか，服のことを詳しく言っているよ。

色のことも言っているよね。

「もういちど言います」って工夫だよね。

話すとき，ゆっくりに聞こえたよ。

T どんな工夫を見つけましたか。
C ゆかさんの服装や持ち物を詳しく話しています。
C ゆっくりと，同じことを2回言っています。

話す速さや声の大きさが児童から出てこないときは，教科書P44「声の出し方に気をつけよう」の上段をさっと確かめてもよい。

4 話し方の工夫を意識して，絵の中の1人について話してみよう。

T にしのさんからたくさんの工夫を教えてもらいました。今度は，絵の中から，だれか子どもを1人選んで，その子について話してみましょう。にしのさんの工夫を使って，お話できるといいですね。

友達のとおるくんを探しています。赤い帽子を被っていて，黄色の長袖の服を着ていて…。

分かった！この男の子だね。

T うまくできた人はどのくらいいますか。うまくいかなかった人はどのくらいいますか。（挙手を求める）
T にしのさんの工夫を使って，じょうずに話せた人が多かったようですね。なぜ，にしのさんは，このような話し方の工夫をしたのでしょうか。
C 相手の人に正しく伝えたいからです。
C 聞く人にゆかさんの様子を分かってもらって，早くゆかさんを見つけてほしいからです。

本時の目標　メモの取り方と話を聞くときに大事なことを見つけ，大事なことを落とさないように話を聞くことができる。

板書例

④
ひなたさん
・八さい
・男の子
・みどり色と　白色の　チェックもようの　シャツ
・赤い　ぼうし

※児童の発言を板書する。

③
《メモを　とる》
《話を　聞く》ときに　たいせつな　こと
・みじかい　ことばで
・だいじな　ことを　書く
　（色・とくちょう）
⇒
・たいせつな　ことを　わすれないため

POINT　本時は，メモすること（聞くこと）を中心に活動するが，実際には，聞くことを通して，相手に伝わりやすい話し方も

1 先生の話をよく聞き，メモしてみよう。

T　前の時間は，どんなことを学習しましたか。
C　話すときの工夫です。
T　今日は，先生が探している「まいさん」のことを話します。みなさんは先生の話をよく聞きましょう。
C　先生，メモを書いてもいいですか。
T　みなさん，どうですか。（反応を確認する）
T　メモができる人は，メモをとりましょう。
T　では，話を始めます。「まいさんという女の子を探しています。赤いワンピースを着て，白い靴下をはいています。緑色の小さなかばんをもっています。髪の毛を１つにくくって赤いリボンをつけています。もう１度言います。…」

かばんの色は緑色と，メモしておこう。

話していることの全部は書けないから，短く書いてみよう。

2 本時のめあてを聞き，メモしたことを交流しよう。

T　今日のめあては，「だいじなことを落とさないで話を聞くことができるようになろう」です。
T　では，どんなことをメモしたのか，隣の人と交流しましょう。

「緑色の小さなかばん」は聞こえたけど，そのあとはよく分からなくて…。

「赤色のワンピース」で「白いくつした」っていうのが分かったよ。

T　どんなことを聞き取ったのか，発表しましょう。
C　女の子です。赤いワンピースを着ています。
C　白い靴下をはいています。
C　緑色の小さなかばんを持っています。
C　髪は１つにくくって，赤いリボンをつけています。
T　聞き落としていたことは，赤鉛筆でメモを書き足しましょう。書けたら，そのメモをもとに教科書P41の絵の中から「まいさん」を見つけましょう。

め　ともだちは　どこかな

だいじな ことを おとさずに 話を
聞く ことが できるように なろう

※教科書 P41 の
遊園地の挿絵

※テレビなどの画面に映し出す。

◇① 話を 聞いて
　　メモしよう

② まいさん
・女の子
・赤い ワンピース
・白い くつした
・みどり色の 小さな かばん
・かみを ひとつくくりに
・赤い リボン

※児童の発言を板書する。

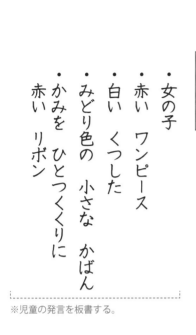

学ぶことができる。聞くことは，学びの礎といえる。最後まで話を聞く力を育てるよい機会としたい。

3 メモするときに大切なことを確かめよう。

T　メモするときにどんなことに気をつけたり，工夫したりしましたか。気づいたことを隣の人と話し合ってみましょう。

ぼくは，短く書くようにしたよ。全部書けないよ。

わたしは，大切と思う言葉だけをメモしたよ。

T　メモするときに大切なことは何ですか。メモは何のために書くのですか。
C　わたしは，短い言葉で書きました。聞いていることを全部書くなんてできないからです。
C　ぼくは，服の色や特徴を書くようにしました。
C　メモは，聞いた話の中で，大事なことを忘れないようにするために書くものだと思いました。
T　メモすることは，何かとよく似ていませんか。
C　あっ，話を聞くことと一緒だ。

4 大切なことをいかして，もっと上手にメモできるようになろう。

T　今，出てきた大切なことを使って，もっと上手に話ができるようになりましょう。では，これから，先生が，また別の友達「ひなたさん」のことを話します。みなさんは，先生の話をよく聞きましょう。

　展開1と同様に話を聞かせる。2回目なので少し難易度を上げて，内容をより詳しく説明するとよい。

T　どんなことを聞き取りましたか。

ひなたさんは8歳の男の子です。

緑と白のチェックもようの服を着ています。

赤いぼうしをかぶっています。

T　さっきよりも上手にメモができた人はどのくらいいますか。（挙手させて確かめる）みなさん，メモが上手にできるようなりましたね。
T　今日の学習を振り返りましょう。

　メモは聞くことと同じであることをもう1度おさえる。

板書例

〈音の たかさ〉③

あ／め
　↑　　↑
ひくく　たかく

あ＼め

○ ひらがなで 書くと おなじ ことば

→

［音の たかさの ちがいで くべつできる ものが ある］

（ほかにも）④

くも　　くも

はな　　はな

しろ　　しろ

はし　　はし

※（注）音の高低（アクセント）はその地方のアクセントに合わせて指導する。

※ QR コンテンツの黒板掲示用イラストを掲示し，ひらがなで同じ表記をする言葉を区別する。

POINT 声の出し方に気をつけるのも，音の高さを意識して話すことも，その目的はどちらも相手に正しく伝えるためといえる。

1 大事なことを伝えるときの声の出し方について考えよう。

T　これまで話すこと，聞くことについて学習してきました。今日は，もっとうまく相手に伝わる話し方について学習しましょう。大事なことを伝えたいとき，話す速さや声の大きさは，それぞれどうすればよいでしょうか。「にしのさんの話し方」を思い出して，隣の人と相談してみましょう。

話す速さはゆっくりの方がいいと思うよ。

声の大きさは小さい声より大きい方がうまく伝わるよね。

T　どんなことを相談しましたか。発表しましょう。
C　話す速さは，ゆっくりにします。にしのさんは，とてもゆっくり話していました。
C　声の大きさは，大きな声ではっきりと言うとよいと思います。小さい声では相手に聞こえません。

2 教科書の2人のやりとりを見て，どこをゆっくり大きく話すとよいか確かめよう。

T　教科書の 45 ページを開きましょう。男の子2人が話をしています。①と②のことを聞かれた男の子は，それぞれどの言葉をゆっくりと，大きい声で言えばよいでしょうか。グループの人と相談しましょう。

①は「どこで」って聞いているから，「ひかりこうえん」という場所の名前を言えばいいよ。

②は「なんじ」に答えて，「1時」って言う。

T　それぞれ，どの言葉をゆっくりと大きく言いますか。そう考えたわけも発表しましょう。
C　①は，「ひかりこうえん」です。なぜかと言うと，「どこ」って場所を聞かれたからです。
C　②は「1時」です。「なんじ」と時間を聞かれたからです。

　時間があれば，教科書 P159 の「にしのさんの話」を見直して，どこをゆっくり大きく言うとよいかを確かめるとよい。

準備物	・教科書P45の挿絵と吹き出し（黒板掲示用） ・黒板掲示用のイラスト（雨と飴，雲と蜘蛛など）QR

ICT	アクセントを調べるインターネットサイト（OJADオンライン日本語アクセント辞書など）を使うと，言葉の一般的なアクセントが分かる。

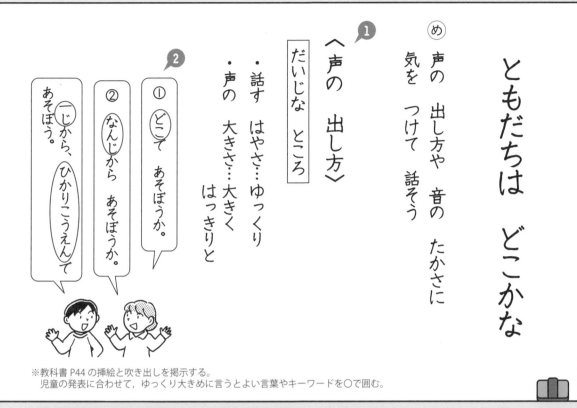

ともだちは どこかな

め　声の 出し方や 音の たかさに
気を つけて 話そう

① 〈声の 出し方〉

だいじな ところ

・話す はやさ…ゆっくり
・声の 大きさ…大きく
　　　　　　　　はっきりと

② ① どこで あそぼうか。
　② なんじから あそぼうか。
　一じから、ひかりこうえんてあそぼう。

※教科書 P44 の挿絵と吹き出しを掲示する。
　児童の発表に合わせて，ゆっくり大きめに言うとよい言葉やキーワードを〇で囲む。

相手の気持ちを考えて話すことの大切さを，授業の中で児童が感じられるようにしたい。

3　ひらがなで書くと同じ「あめ」でも，音の高さに違いがあることを知ろう。

T　話す速さと声の大きさについて，学習してきました。もう１つ，大切なことがあります。何だと思いますか。（少し間を空けて）それは，音の高さです。

T　先生が今から話す言葉をよく聞いてくださいね。「先生は，あめが好きです。」

T　おかしの「飴」と空から降る「雨」，先生はどちらの「あめ」が好きなのか分かりましたか。隣の人と相談しましょう。（もう一度言ってみせてもよい）

どっちだろう。

おかしの飴の方で聞こえたよ。

T　どちらだと思いますか。（発表，または挙手させる）

T　そうです。先生は，おかしの「飴」の方を言っていました。おかしの飴は「め」の音を高く言い，空から降る雨は「あ」の音を高く言います。

　アクセントを色チョークで印をつけて明記する。

4　ひらがな表記が同じでアクセントが違う言葉を出し合い，確かめよう。

T　「飴」と「雨」は，音の高さが違うので，言葉を聞いて分かりますが，「雲」と「蜘蛛」は，音の高さが同じです。そんなときは，前後に言葉を付け足すと意味が分かりやすくなります。

T　ひらがなで書くと同じで，音の高さが違う言葉は他にありますか。グループで相談しましょう。

花壇に咲く花と，顔の鼻は同じだね。

白色の白とお城もだね。

食べるお箸と川にかかる橋もあるよ。

結構いろいろあるんだね。

T　どんな言葉がありましたか。

　児童から出てきた言葉は板書し，声に出して音の高さの違いを確認する。地方によるアクセントの違いにも留意する。

　最後に学習を振り返り，まとめる。

本時の目標 絵の中で選んだ子どもを探せるような案内文を作成し，友達と探し合って感想を伝えることができる。

板書例

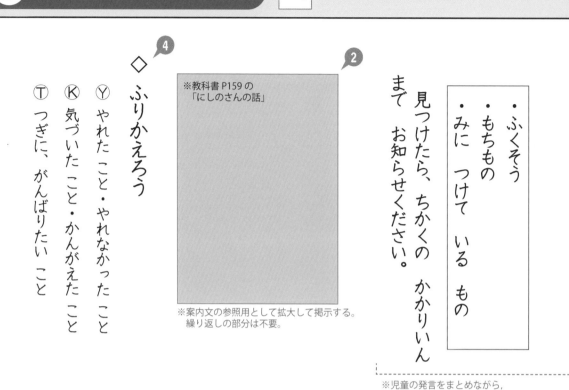

◇④

◇ ふりかえろう

Ⓨ やれた こと・やれなかった こと

Ⓚ 気づいた こと・かんがえた こと

Ⓣ つぎに、がんばりたい こと

②

※教科書 P159 の「にしのさんの話」

※案内文の参照用として拡大して掲示する。繰り返しの部分は不要。

・ふくそう
・もちもの
・みに つけて いる もの

見つけたら、ちかくの かかりいんまで お知らせください。

※児童の発言をまとめながら，

POINT 学習してきた成果を発揮して活用する時間となる。互いに工夫できているところを見つけ，ほめ合うことによって，児童の

1 迷子の案内文の書き方を確かめよう。

Ⓣ 今日は，これまで学習してきたことをいかして，教科書の挿絵から 1 人選んで，迷子の案内文を作りましょう。まず，先生が迷子の案内をしてみます。

実際に教師が迷子の案内文の見本（ほとんど内容がないもの）を読み上げる。

Ⓣ では，読みます。「迷子のお知らせをします。ヤスオカマイさんという 7 歳の女の子をお母さんが探しています。見つけたら，係員までお知らせください。」

Ⓣ もっと分かりやすくして，まいさんを見つけるためには，どうすればよいですか。

どんな服を着ているかを言った方がいいです。

持ち物を言います。

ぼうしとか身につけているものを言うと分かりやすいです。

児童の発言をまとめながら，案内文の見本となる型を板書する。

2 迷子の案内文を書いてみよう。

Ⓣ それでは，迷子の案内文をノートに書いてみましょう。早く終わった人は，もう 1 つ迷子の案内文を作ってみましょう。困ったら，先生や近くの友達に聞いてもいいですよ。

名前は，タカヤマハジメくんで，8 歳でいいかな。

もうすぐ書き終わりそうだ。もう 1 つ書いてみよう。

困っている児童がいれば，個別に質問形式で考えを引き出していくとよい。話していくと書きやすくなる場合が多い。また，教科書 P159 の「にしのさんの話」を拡大掲示し，参照させてもよい。

Ⓣ 書き終わったら，一度声に出して読んでみましょう。言葉の間違いがないか，分かりにくいところがないか，確認しましょう。

| 準備物 | ・教科書P41の挿絵（掲示用）
・教科書P159の「にしのさんの話」の文章
　（黒板掲示用） | ICT | 教科書P159の「にしのさんの話」を拡大して提示する。迷子の案内文を考えるときの参考とさせる。 |

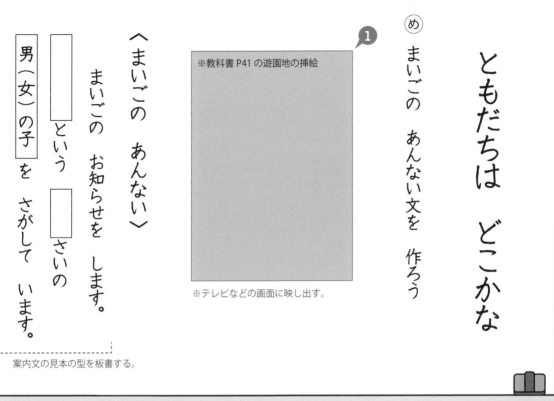

め　まいごの　あんない文を　作ろう

ともだちは　どこかな

①

※教科書 P41 の遊園地の挿絵

※テレビなどの画面に映し出す。

〈まいごの　あんない〉

まいごの　お知らせを　します。

□□□　という　□さいの

男（女）の子　を　さがして　います。

案内文の見本の型を板書する。

学習意欲を高める。教師も児童の変容に目を向け，ほめることを心がける。

3　迷子の案内文を読み合って，交流しよう。

T　それぞれ考えた迷子の案内文をグループで読み合って交流しましょう。友達の文で工夫しているところやよかったところを見つけて，伝え合いましょう。

迷子のお知らせをします。ヨコタシンイチくんという6歳の男の子を探しています。…

あ，この子のことを言っているんじゃない？詳しく伝えてくれたから，すぐ分かった。

　　グループで交流した後，何人か指名し，迷子のお知らせを紹介してもらう。

T　○○さん，迷子の案内をお願いします。

C　はい。迷子のお知らせをします。モリタリコさんという6歳の女の子を探しています。白いシャツの上に赤いセーターを着ています。スカートを履いています。髪の毛を黄色のリボンでくくっています。

　　絵の中のどの子のことなのかを全体で確かめ合う。

T　とてもよく分かる案内文が書けましたね。

4　学習を振り返ろう。

T　教科書43ページの「たいせつ」を読みましょう。

　　2つの項目について学習してきたことを確認する。「いかそう」の内容にも触れ，今後メモを取る活動を取り入れるようにする。

T　学習の振り返りをします。振り返りを進めるために，「YKT」（やれたこと・やれなかったこと，気づいたこと・考えたこと，次に頑張りたいこと）という手法を使ってみましょう。

　　3つの観点で学習を振り返らせ，ノートに書かせる。

T　書いたことを隣の人と交流しましょう。

メモを取るときに，短く大事な言葉をメモすることができたよ。

前よりも，人の話を聞くことが大切だと分かったよ。

たんぽぽの　ちえ

〔じょうほう〕じゅんじょ

全授業時間 10 時間＋発展 2 時間

◎　指導目標　◎

・共通，相違，事柄の順序など情報と情報との関係について理解することができる。

・時間的な順序を考えながら，内容の大体を捉えることができる。

・語のまとまりや言葉の響きなどに気をつけて音読することができる。

・文章の中の重要な語や文を考えて選び出すことができる。

◎　指導にあたって　◎

①　教材について

　『たんぽぽの　ちえ』は，たんぽぽの花から実（種子）ができ，綿毛となって飛んでいくまでの変化が，時間の順序に沿って書かれています。そこに見られる種子の残し方や散布の巧みさは，人の目から見ても実に合理的なもので，「ちえ」とは，その巧みさを擬人化して言い表した言葉です。そして，タンポポの変化を柱にして，そのときどきに見られる４つの「ちえ」とそのわけが説明されています。文から，たんぽぽの姿が次にどうなっていくのかを読み取り，同時にそこではどんな「ちえ」が見られるのかを，順序を表す言葉に留意して読み進めます。

　説明文では，論理的な言葉の力をつけることが大切です。それには，まず「何が」書かれているのかを考え，「何が」「どうなる」という文の主述をつかませることが基本です。また，「段落」に気づかせ，意味のまとまりがあることを意識させます。

②　個別最適な学び・協働的な学びのために

　説明のしかたには形があります。「時間の順序に即して…」もその１つです。また，「問いかけ」の文を提示し，その「答え（説明）」で説明をすすめることもよくある形です。内容とともに，このような文の役割や説明の方法にも気づかせることは，自分が説明をするときにもいかすことのできる深い学びと言えるでしょう。

　また，児童はタンポポの花や綿毛については知っていますが，ここで語られているような「ちえ」にはまず気づいていません。ですから，生活科でも実物のタンポポを取り上げ，この説明文で知った「たんぽぽのちえ」の目で見直すことも，学びを広げ深めることにつながります。教科をこえて総合的に扱うことは，発展的で主体的な学びとなるでしょう。花から綿毛ができていくことを，自分の目で確かめるだけでも，児童にとっては大きな驚きであり発見となるからです。なお，実物のタンポポを持ち込むことも，児童の好奇心や対話を引き出す上で有効です。

知識及び技能	・語のまとまりや言葉の響きなどに気をつけて音読している。 ・共通，相違，事柄の順序など情報と情報との関係について理解している。
思考力，判断力，表現力等	・「読むこと」において，時間的な順序を考えながら，内容の大体を捉えている。 ・「読むこと」において，文章の中の重要な語や文を考えて選び出している。
主体的に学習に取り組む態度	粘り強く時間的な順序を考えて内容を捉え，学習の見通しをもって読んだ文章の感想を書こうとしている。

◎ 学習指導計画　　全10時間＋発展2時間 ◎

次	時	学習活動	指導上の留意点
1	1・2	・たんぽぽと関わった体験を話し合う。 ・学習課題「順序に気をつけて読もう」をとらえる。 ・範読を聞き，全文を読み通す。 ・始めの感想を書き，発表，交流する。	・『たんぽぽのちえ』の「ちえ」とは何かを考え，話し合わせる。 ・「2，3日たつと…」などの順序を表す言葉に着目させる。
2	3	・題名と①段落を読み，たんぽぽがテーマであることをとらえる。	・全文を読み通し，段落の番号をつけさせる。
	4	・②．③段落を読み，花のあと，じくが倒れるというちえと，そのわけを読み取る。	・「2，3日たつと」「そうして」という時間の順序を表す言葉に着目させる。
	5	・④．⑤段落を読み，綿毛ができるという2つ目のちえと，そのわけを読み取る。	・「何は」「どうなる」という主述で，何についての「ちえ」かを考えさせる。
	6	・⑥．⑦段落を読み，じくが伸びて種を飛ばすという3つ目のちえと，わけを読み取る。	・「問いかけの文」と「答えの文」でわけを説明していることに気づかせる。 ・「それは…からです。」の文型に着目させる。
	7	・⑧，⑨段落を読み，天候によって綿毛の様子には違いがあることと，そのわけを読み取る。	・晴れの日と雨などの日によって綿毛の様子が違うことを，対比して読むようにする。
	8	・⑩段落を読み，ここはまとめであり，なかまをふやすという，ちえの目的を読み取る。	・「このように」という言葉から，これまでのちえをまとめていることに気づかせる。
3	9・10	・かしこい，と思った「ちえ」とそのわけを書きぬき，思ったことを書いて聞き合う。 ・教科書P55「じゅんじょ」を確かめ，学習を振り返る。	・4つの「ちえ」を振り返り，文例も参考にして，「思ったこと」の書き方を指導する。
発展	2時間	・野外で実際のたんぽぽの様子を観察し，自分が見つけたことを『たんぽぽのちえ』で知ったこととも比べながら書く。	・野外観察は，生活科の時間を使うことを想定している。綿毛など，言葉と実物とがつながるようにする。

◇　生活科での「たんぽぽの観察」などと並行して学習を進めるように計画すると，学習が深まります。

◇　「発展」の2時間は，「書く活動」ですが，生活科での野外観察ともつないだ学習活動となります。

たんぽぽの　ちえ

本時の目標
・全文を読み通し，時間の順序に書かれていることに気づく。
・学習課題をとらえ，感想を書くことができる。

板書例

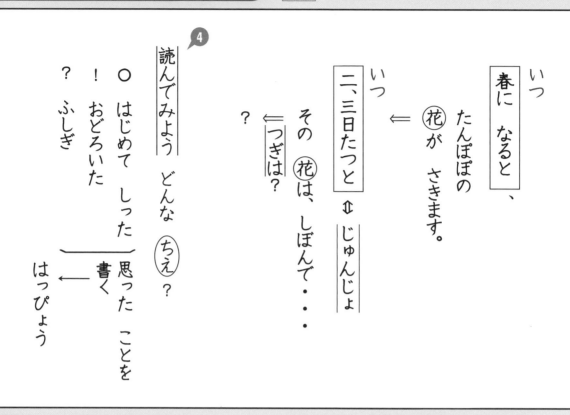

④ 読んでみよう　どんな　ちえ　？

○　はじめて　しった
！　おどろいた　　　　　　　思った　ことを　書く　→　はっぴょう
？　ふしぎ

いつ
春に　なると　、
たんぽぽの　花が　さきます。

⇐

いつ
二、三日たつと　⇕　じゅんじょ

⇐つぎは？

？

その　花は、しぼんで・・・

POINT　実物を持ち込むと，興味関心が高まり，対話も活発になる。また，生活科との合科的扱いも視野に入れてすすめる。

1 （第1時）題名を読み，たんぽぽについて話し合おう。

T　教科書 46 ページにこれから勉強していくお話が出ています。開いて題名と初めの 4 行を読みましょう。

C　『たんぽぽのちえ』

C　「春になると，たんぽぽの…花がさきます。」
　各自が一人読み。その後，指名読み。

C　タンポポのお話だね。「ちえ」って書いてある。

T　これが，たんぽぽですね。（実物か画像を見せる）こんなたんぽぽを見たり，さわったり，たんぽぽで遊んだりしたことがありますか。いつ，どこで見たのか，また，知っていることをお話してください。

学校に来る途中の道ばたに咲いていました。

花を摘んで，花輪を作りました。

実体験を具体的に語らせ，関心をもたせる。
語る文末は「…ました。」にさせる。

2 題名の「ちえ」について話し合おう。

題名にある「ちえ」の一般的な意味を考え合い，たんぽぽにある「ちえ」とはどんなことなのか，これから読んでいくめあてをもたせるようにする。

T　たんぽぽは，みなさんがよく知っている草花ですね。では，『たんぽぽのちえ』という題名を読んで，思ったことはどんなことですか。

たんぽぽは賢いのかなあ…と思いました。

たんぽぽに，「ちえ」なんてあるのかな，と思いました。

T　では，「よいちえ」や「ちえがある」の「ちえ」とは，どんなことなのでしょう。他の言葉で言えますか。

C　「よく考えること」「いい考えのこと」かな。

C　「賢いこと」かな？　あと，「工夫できること」。

T　たんぽぽにも，そんないい考えや，賢さがあるのでしょうか。つづきを読みたいですね。

| 準備物 | ・（できれば）実物のたんぽぽの花や実
・教科書P46，47の挿絵，または，たんぽぽの画像 | ICT | 実物のたんぽぽの実や花の用意が難しい場合は，実物を撮影しておいたり，ネットで画像を検索しておいたりするとよい。 |

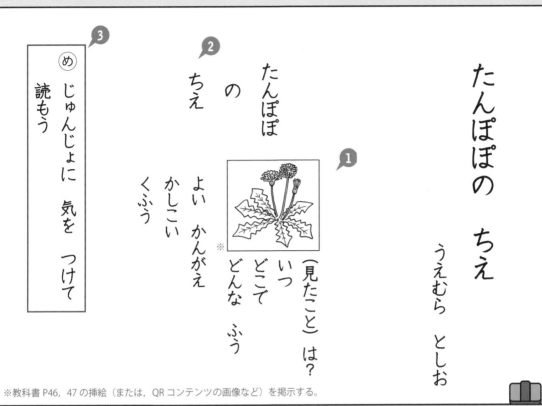

③
め じゅんじょに 気を つけて 読もう

②
たんぽぽ の ちえ
よい かんがえ
かしこい くふう

①
（見たこと）は？
いつ
どこで
どんな ふう

たんぽぽの ちえ
うえむら　としお

※教科書 P46，47 の挿絵（または，QR コンテンツの画像など）を掲示する。

3 学習課題をとらえよう。

T　では，5 行目には，何と書いてありますか。
C　「二，三日たつと…」と書いてあります。
T　この言葉から，たんぽぽは，このあと二，三日経ったらどうなるのかが書いてあることが分かりますね。
T　この「二，三日たつと…」のような言葉があると，次にどうなるのか，という順序が分かるのです。
C　次に「花はしぼんで」…黒くなります。

　「二，三日たつと」や「春になると」などの言葉から，時間の順に書かれていることを分からせ，線も引かせる。ここから，次の学習課題をとらえさせる。

T　教科書 45 ページの学習のめあて（リード文）をみんなで読み，確かめましょう。

じゅんじょに気をつけて読もう

続けて，教科書 P52 の「といをもとう」「もくひょう」も読み，学習課題を確かめる。

4 （第 2 時）全文を読み通し，初めの感想を書こう。

　まずは，全文を読み通せるようにする。ここでは，教師の範読でまず読み通し，斉読などにつなぐ。

T　では，どんな「ちえ」が書かれているのでしょうか。初めに先生が読みます。（範読）
T　次はみんなで読んでみましょう。（斉読か追い読み）
　再度，黙読させる。その際，文に○や！，？などの印をつけさせ，感想を書くときの助けとしてもよい。
T　初めて知ったこと（○）や，驚いたこと（！），分からないことや不思議に思ったこと（？）を，ノートに書いて発表しましょう。

花のじくがまた立ち上がって伸びるのがすごい，と思いました。

綿毛が花からできるなんて，初めて知りました。

ノートを見て回り，発表を促すのもよい。それぞれの感想を認め，今後につなぐ。

板書例

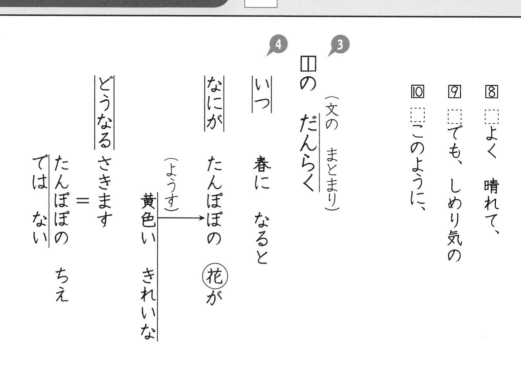

POINT 低学年では，話し合いだけでなく，1時間の中に，音読や視写の時間をつくり，多様な言語活動をさせるようにする。

1 題名の『たんぽぽのちえ』から，読んでいくめあてをとらえよう。

T 題名の『たんぽぽのちえ』とは，どんなちえなのでしょうか。また，いくつあるのかを考えて，このお話を読んでいきましょう。

「ちえ」はいくつあるのかなあ…。

種を飛ばすのも，「ちえ」かなあ。

『たんぽぽのちえ』には問いの文がなく，題名そのものが問い（の文）の役割をしている。だから，児童にもこの題名を「たんぽぽのちえとは，どんなちえなのか」という問いかけとして，とらえさせる。

T では，先生が始めから読みます。…「春になると…花がさきます。」(第1段落だけを読み，ストップ)
T ここで先生が止まったのは，どうしてか分かりますか。

ここまでが，1つの話のかたまり（段落，まとまり）になっていることを説明する。

2 全文を読み通し，段落に番号をつけよう。

教師が音読し，段落とは何かを簡単に教える。
T ①の段落のように，段落のはじめは，1字分（1マス）下げて書いてあります。このような段落は全部でいくつあるのか，番号をつけていきましょう。

1・2・3…・10まであI りました。

同じです。

読み聞かせながら，各段落で立ち止まり，1から10までの段落を書き込ませる。「まとまり」や「かたまり」でもよいし，「段落」という言葉を教えてもよい。

T みなさんも，何段落目かを考えながら，最後の⑩の段落まで読み通しましょう。
C ②の段落は，「二，三日たつと，その花は…」

2年生では，正しく読めることが学習の土台になる。そのためにも，いろいろな形で音読をとり入れる。

| 準備物 | ・（あれば）たんぽぽの花の実物
・ワークシート（視写用紙）**QR** |

| ICT | 教師の範読をタブレットに動画で録音・録画し，児童のタブレットに送信しておくと，児童のペースで聞き返すことができる。 |

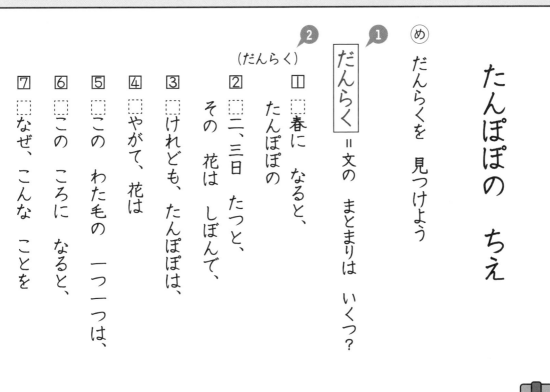

たんぽぽの ちえ

め だんらくを 見つけよう

① だんらく ＝文の まとまりは いくつ？

② （だんらく）

① 春に なると、
たんぽぽの

② 二、三日 たつと、
その 花は しぼんで、

③ けれども、たんぽぽは、

④ やがて、花は

⑤ この わたもの 一つ一つは、

⑥ この ころに なると、

⑦ なぜ、こんな ことを

---

3 第1段落には，「何が」「どうなる」と書いてあるのかを読み，話し合おう。

T では，この①の段落には何のことが書いてあるのかを考えて，読んでみましょう。（まず，1人読み）

C 「春になると，…たんぽぽの…」（斉読，指名読み）

T 今，読んだ①の段落には，何のことが書いてありましたか。

たんぽぽのことです。

いいえ，たんぽぽの，花のことです。

T たんぽぽの花がどうなる，と書いてありましたか。

C 「花が」「さきます。」と書いてあります。

T 短く言うと「たんぽぽの花がさきます。」という文になります。この文を写しましょう。

T どんな花だと書いてありましたか。

C 「黄色い，きれいな」花です。

T 「黄色い」や「きれいな」は見た目，様子を表す言葉です。

4 いつ（とき）を表す言葉を見つけて，第1段落を視写し，ちえについて考えよう。

T ①の段落で，とき（いつ）を表している言葉は何でしょうか。見つけましょう。

『春になると』と書いてあります。

いつかというと，『春』のことです。

T ここでは，「春になると」が，「いつ」のことなのかを表す言葉ですね。

T たんぽぽの花が，いつ咲くのかがこの言葉で分かりますね。では，この①の段落を写しましょう。

　視写も学習の基本として授業に取り入れる。ノートかワークシート **QR** に書かせる。

T では，ここに「ちえ」は書かれてありましたか。

C 花がさく…というのは，ちえではないと思います。

T ちえではなく，たんぽぽの様子ですね。

　第1段落は，話題の提示をしている段落であることを説明し，もう1度斉読する。

本時の目標　たんぽぽは花が咲いたあと，じくが倒れて種に栄養を送るというちえを読み取ることができる。

板書例

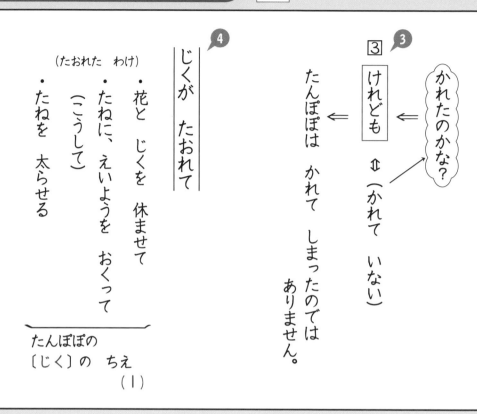

④
（たおれた　わけ）
・花と　じくを　休ませて
・たねに、えいようを　おくって（こうして）
・たねを　太らせる

じくが　たおれて

③
③ けれども ⇕（かれて　いない）

③ かれたのかな？

たんぽぽは　かれて　しまったのでは　ありません。

たんぽぽの〔じく〕の　ちえ（１）

POINT ここでも「何が」「どうなる」の文型を基本に読む。また，「休ませている」「えいよう」などの言葉は教師が説明する。

1 第2段落には何のことが書かれているのだろうか。

T ②の段落を音読しましょう。（音読）

T この②の段落にも，ときを表す言葉があります。

C 「2，3日たつと」と書いてあります。

C 「そうして」もかな？

C 「2，3日たつと」も，ときを表す言葉です。2，3日たったときのことが書いてあるのが②の段落です。では，どんなちえがあるのか読んでいきましょう。

　音読し，「ぐったりと」などは動作化も交えて説明する。

T ②の段落には何のことが書いてありましたか。

たんぽぽの花と，花のじくのことです。

【生活科ともつないで】

内容を理解するには，花から種ができること，花の中に種（実）のもとがあることを知っておく必要がある。それには，生活科の時間に実物のタンポポの花を割って観察すると，種と花のつながりが分かる。

2 たんぽぽの花と花のじくはどうなるのかを読み取ろう。

T ②の段落を読むと，たんぽぽの花は「どうなる」と書いてありますか。

しぼんでいきます。

黒っぽい色に変わっていく，と書いてあります。

　「しぼむ」「黒っぽい色」も，挿絵を指させたり，実物と対応させたりして分からせる。

T 花のじくは「どうなる」と書いてありますか。

C じくは（ぐったりと地面に）倒れてしまいます。

　この基本の文に線を引かせる。また，「じく」とはどの部分か，挿絵を押さえさせ確かにしておく。

T すると，「花はしぼんで」「じくは倒れて」…あれ？　すると，たんぽぽは枯れてしまったのかな？

C 枯れていません。次の段落に書いてあります。

　※ここでの「じく」の部分は正しくは茎と言えないが，文では「花のじく」という言葉になっている。

準備物
・（あれば）花が終わる頃のたんぽぽの実物
・教科書の挿絵または，黒板掲示用イラスト QR
・参考画像（たんぽぽの花の中，じく）QR
・ワークシート QR

ICT
教科書の写真や絵だけでは，理解が難しい。実物を撮影したり，用意したりして，タブレットで画像共有して授業を進める。

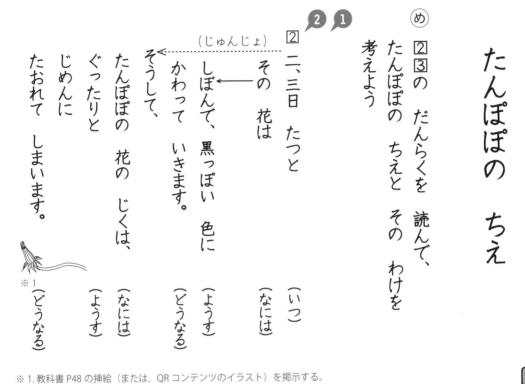

め ②③の だんらくを 読んで，たんぽぽの ちえと その わけを 考えよう

たんぽぽの ちえ

② 二、三日 たつと
（いつ）（なには）
その 花は
（なには）
しぼんで、黒っぽい 色に
（ようす）
かわって いきます。
（どうなる）
（じゅんじょ）

そうして、
たんぽぽの 花の じくは、
（なには）
ぐったりと
（ようす）
じめんに
たおれて しまいます。
（どうなる）

※1

※ 1.教科書 P48 の挿絵（または，QR コンテンツのイラスト）を掲示する。

3 第3段落を読み，たんぽぽのじくが倒れたわけを読み取ろう。

T　では，③の段落を読んで確かめましょう。（音読）

T　じくは倒れてどうなったのですか。
C　「枯れてしまったのではありません」と書いてあります。
C　枯れたのではなく「休ませて」いると書いてあります。
T　枯れたのかな，と思うけれど，枯れていないので「けれども」という言葉が使われているのです。
T　枯れたのでないなら，じくが倒れてたんぽぽがしていることは何ですか。（線を引かせてもよい）

花とじくを静かに休ませています。

種に栄養を送って，種をどんどん太らせます。

T　そうです。③の段落では，どうしてじくが倒れたのか，そのわけが書かれているのです。

4 1つ目の「たんぽぽのちえ」をまとめよう。

T　では，②と③の段落には，たんぽぽの「ちえ」は書かれていたでしょうか。あるとすれば，それはたんぽぽの「何の」「どんな」ちえでしょうか。
C　花のじくが倒れるというちえです。
T　花が咲いたあと，たんぽぽの花のじくが倒れるという「ちえ」ですね。すると，どんなよいことがあるのですか。

じくを休ませて，種に栄養を送っています。

そうして，種を太らせます。

　　板書のまとめを写し書きさせ，感想も書かせる。ワークシート QR を使ってもよい。

T　感想を交流しましょう。
C　花から種ができていくことを初めて知りました。
C　じくが倒れて枯れるのかと思ったけれど，種を太らせる「ちえ」だと分かってびっくりしました。

<table>
<tr><td>本時の目標</td><td>たんぽぽの花が咲いたあと、綿毛（種）ができる、という「ちえ」とそのわけを読み取ることができる。</td></tr>
</table>

板書例

④

花が　さいた　あと
（わけ）
・わた毛が　できて
・たねを　とばす

たんぽぽの
〔わた毛〕の　ちえ
（2）

らっかさんのように　なります。（どうなる）
たんぽぽは、
たねを（ふわふわと）
とばすのです。

たね
のように
（どちらも）ふわふわ

POINT 「何は」「どうなる」という文の骨組みを見つけさせる。

---

1 「ちえ」を見つけるという読むめあてを確かめ，音読しよう。

T　前はたんぽぽの「じくのちえ」が分かりました。この他にも「ちえ」がありそうです。④と⑤の段落を読みましょう。ここでも「ちえ」が見つかるかな。
C　今度は，どんなちえがあるかな。

T　まず，先生が読みます。（範読）
T　今度は，みんなで音読しましょう。

> やがて，花はすっかりかれて，…

斉読後，指名読みもする。

T　ここでは「何の」「どんなちえ」が書かれているのか，みんなで確かめていきましょう。

2 第4段落から，花がどう変わっていくのかを読み取ろう。

T　④の段落に「ときを表す言葉」はありますか。
C　「やがて」かな。
C　「そのあと」もです。

「やがて」も，「とき（いつ）を表す言葉」であることを教え，花がどう変わるのかを文から読み取らせる。

T　「やがて」とは，「少したって」ということです。では，やがて，「何が」「どうなる」と書かれていますか。

> 「花はすっかり枯れる」と書いてあります。

> その後，「白い綿毛が」「できてきます」とあります。

なお，「花はすっかり枯れて…」の「花」は，花びらやめしべのことで，中身の（種の）ことではない。
「そのあとに，白い綿毛ができて…」の文も，実物（またはQRの画像）と対比させるとどんな事実なのかがよく分かる。

準備物
・（あれば）綿毛になりかけのたんぽぽの実物
　（割って見せる）
・参考画像（たんぽぽの花の後，綿毛）QR
・ワークシート（第4時から使用しているもの）

ICT
QRコードにある参考画像を，ぜひ大画面で児童に見せたい。理解が深まる。

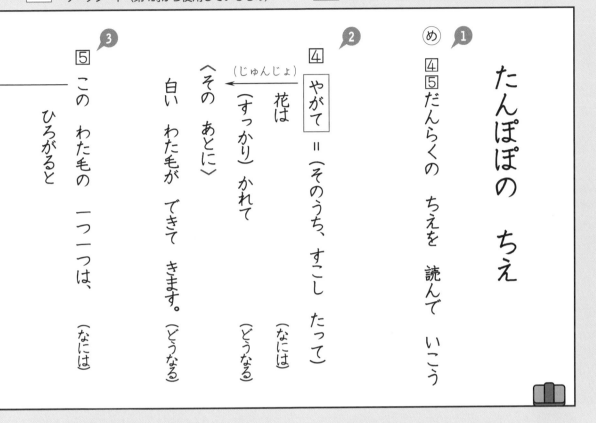

たんぽぽの ちえ

① ④⑤だんらくの ちえを 読んで いこう
め

② ④ やがて ＝（そのうち、すこし たって）
（なには）
花は
（じゅんじょ）
（すっかり）かれて
（どうなる）
〈その あとに〉
白い わた毛が できて きます。
（どうなる）

③ ⑤ この わた毛の 一つ 一つは、
（なには）
ひろがると

3　第5段落を読み，できた綿毛はどうなるのかを読み取ろう。

T　次に，⑤の段落では「何が」「どうなる」と，書かれていますか。読んで，そこに線を引きましょう。

「広がると」「落下傘のようになります」（どうなる）

「この綿毛の一つ一つは」（何が）

T　「綿毛の一つ一つは」「落下傘のようになる」ということですね。落下傘に似ているということです。
　　「落下傘のように」は比喩。しかし，落下傘を知らない児童には通じないので，図を見せて分からせる。

T　綿毛に当たるのは，落下傘ではどこでしょうか。図で，そのところを押さえましょう。（指させる）
C　落下傘の傘のところです。
T　その綿毛のついた種はどうなるのですか。
C　飛ぶ。「種をふわふわと飛ばす。」と書いてある。
C　「ふわふわ」と飛ぶ様子も，落下傘と似ています。

4　振り返り，2つ目の「たんぽぽのちえ」をまとめよう。

T　「ちえ」は分かったでしょうか。④と⑤の段落を読み返してみましょう。（ゆっくり斉読）
T　何のことが書かれていたでしょうか。2つ目のちえは見つかったでしょうか。

綿毛ができたことかな。

種を飛ばすというちえかな。

T　何のことが書かれていたかというと…？
C　綿毛ができることです。
T　できた綿毛は，どうなるのですか。
C　広がって，ついている種を飛ばします。
T　そうです。ここには「花が咲いたあとに，綿毛ができて種を飛ばす。」という綿毛のちえが書かれています。
　　2つ目のちえとわけのまとめを書かせた後，初めて知ったことや思ったことも書かせて交流する。

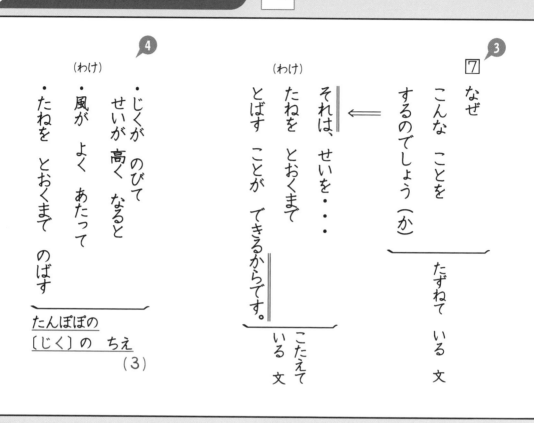

板書例

③
⑦
なぜ
こんな ことを
するのでしょう（か）

　　　　たずねて いる 文

（わけ）
それは、せいを・・・
⟸
たねを とおくまで
とばす ことが
できるからです。

　　　　こたえて いる 文

④
（わけ）
・じくが のびて
　せいが 高く なると
・風が よく あたって
・たねを とおくまで　のばす

たんぽぽの
〔じく〕の ちえ
（3）

POINT　第7段落は，問いかけの文とその答えで説明されていることに気づかせる。背が高くなると風に当たりやすくなることは，

---

1 どんな「ちえ」が書かれているかを読んでいこう。

T　⑥と⑦の段落を読みましょう。ここにも「ちえ」は出てきそうです。「何の」「どんな」ちえが書かれているでしょうか。

C　次は，どんなちえなのかなあ。

　本時のめあてをつかみ，まず音読する。音読では，まずは斉読し，その後指名読みもする。

T　何についての「ちえ」なのか，分かったでしょうか。隣の人と話し合ってみましょう。

綿毛のちえかな。

わたしは，じくのことだと思う。

　隣どうしなどで，少し話し合わせる。
　ここでの「ちえ」は，3つ目になる。じくについてのちえが書かれている。

2 第6段落から「このころ」のじくの様子を読み取ろう。

T　⑥の段落のはじめにも，いつ（とき）や順序を表す言葉があります。何でしょうか。

C　「このころになると，」です。

T　それは，どんな「ころ」でしょうか。

C　白い綿毛ができてくるころ。種を飛ばすころです。

T　では，このころ「何が」「どうなる」と書いてありますか。文に書いてみましょう。（見て回る）

「花のじくが」「また起き上がります。」

「ぐんぐん伸びる」とも書いてある。

T　じくのことが書かれていますね。まず「起き上がります。」そうして…?

C　背伸びをするように，ぐんぐん伸びていきます。

　この「背伸び」も比喩。動作化させてもよい。

T　挿絵の「伸びたじく」のところを押さえましょう。

　教科書 P49 の挿絵で理解を確かめる。

準備物
・（あれば）このころのたんぽぽの実物
　（伸びたじくを見せる）
・参考画像（たんぽぽの花と綿毛）QR
・ワークシート（第4時から使用しているもの）

ICT
文章が次第に難しくなるので，画像を共有し，教師がタブレットで説明を書き加えるなどして授業を進めたい。

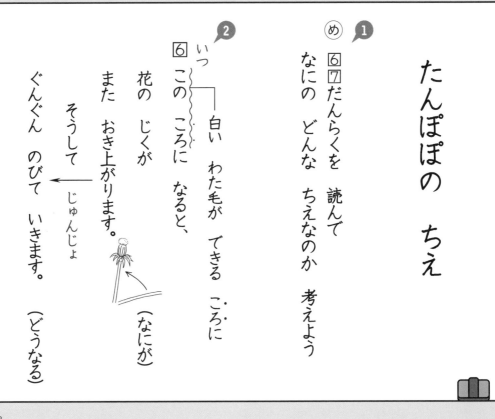

たんぽぽの　ちえ

め ①
⑥⑦だんらくを　読んで
なにの　どんな　ちえなのか　考えよう

②
⑥ いっ この ころに なると、
花の じくが
また おき上がります。
そうして じゅんじょ
ぐんぐん のびて いきます。
（どうなる）

白い わた毛が できる ころに
（なにが）

説明で補う。

3 第7段落から，じくが伸びるわけを読み取ろう。

T　じくは，「また起き上がり，伸びていく」のですね。
（ここで，長く伸びた実物のじくを見せるとよい）

T　では，じくは伸びてどうなるのでしょうか。伸びるのには，何かわけがあるのでしょうか。

次の段落に「なぜこんなことをするのでしょう。」とあるので，そのこと（わけ）が書いてありそうです。

T　では，⑦の段落を音読しましょう。（音読）

T　はじめの「なぜ，こんなことを…」という文は，尋ねている文ですね。ではその答えが書いてあるのはどの文なのか，線を引きましょう。

C　「それは，せいを…できるからです。」の文です。
「それは…からです」という書き方に気づかせる。

T　この文で答え（伸びるわけ）を書いているのですね。

C　はい，せいが高いと風に当たりやすいからです。

4 じくについての「ちえ」をまとめ，感想を話し合おう。

T　⑥と⑦の段落は，何のことが（何について）書いてある段落でしたか。

じくのこと，でした。

また，じくが起きて伸びるということ，でした。

T　それは「何の」，「どんなちえ」だと言えますか。

C　「じくの」「じくが長く伸びる」というちえです。

C　伸びるのは，風に当たりやすくするためです。

T　もう1度，みんなで読んで振り返りましょう。

T　この3つ目のじくのちえ（板書）も写しましょう。

T　このちえを知って思ったことを書いて発表しましょう。

C　じくがまた伸びるということを初めて知りました。

C　綿毛をうまく飛ばすために，じくを伸ばすのだなあと思いました。

たんぽぽの　ちえ

第 **7** 時（7/10）

本時の目標　天候によって，綿毛の様子には違いがあることと，そのわけについて読み取ることができる。

板書例

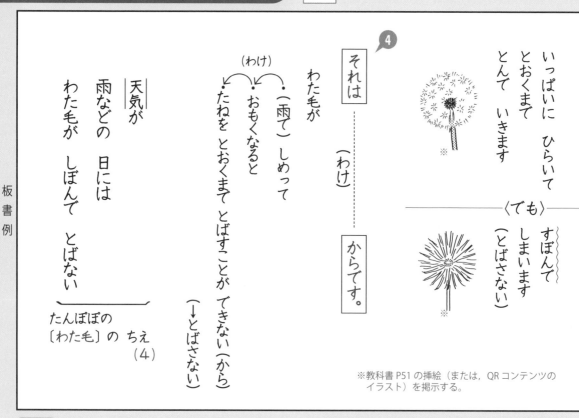

いっぱいに　ひらいて
とおくまで
とんで　いきます

〈でも〉

すぼんで
しまいます
（とばさない）

④

それは
（わけ）
からです。

わた毛が

（わけ）
・（雨で）しめって
・おもくなると
・たねを　とおくまで　とばす　ことが　できない（から）
（→とばさない）

天気が
雨などの　日には
わた毛が　しぼんで　とばない

たんぽぽの
〔わた毛〕の　ちえ
（4）

※教科書 P51 の挿絵（または，QR コンテンツのイラスト）を掲示する。

POINT　この第 8，9 段落は，これまでのような，とき，順序に沿ったちえではなく，天候の違いによる「ちえ」が書かれている

1　第 8，9 段落には「何のこと」について書いてあるの考えながら読もう。

T　今日は，⑧と⑨の段落を読んで，何のどんなちえが書かれているのか，話し合いましょう。

第 8，9 段落を斉読する。
これまで，とき（いつ）を表す言葉に沿って花から綿毛ができて飛ぶまでと，そこに見られるちえについて説明されてきた。しかし，ここでは天候による綿毛の様子の違いとそのわけが，「ちえ」として書かれている。

T　たんぽぽの，何について書かれた段落でしたか。花？じくのこと？それとも他のこと？ですか。

どちらにも，綿毛のことが書いてありました。

⑧の段落は，綿毛の落下傘のことで，⑨の段落も，同じことでした。

T　⑧の段落も⑨の段落も，綿毛の落下傘のことが書かれていました。じくや花のことではありませんね。
C　ここは，天気と綿毛のちえかな？

2　第 8 段落と第 9 段落に書いてあることの違いを考えよう。

T　⑧の段落と⑨の段落では，説明されていることに，違うところは，あったでしょうか。

天気が違います。⑧の段落は晴れ，⑨の段落は雨の日のことです。

綿毛の様子も違います。

天気によって綿毛の様子が異なることが説明されていることを，隣どうしやみんなで話し合う。

T　では，⑧の段落に書いてあるのは，どんな日のことでしたか。読んで，線を引きましょう。
C　晴れた日で，風のある日です。

T　⑨の段落は，どんな日のことが書いてありますか。
C　湿り気の多い日や雨の日です。晴れと反対かな。

第 9 段落も音読後，線を引かせ，話し合う。文頭の「でも」に着目させる。

準備物
・教科書P51の挿絵，または黒板掲示用イラスト QR（晴れの日と雨の日の違いの分かるもの）
・ワークシート QR

ICT
晴れの日と雨の日の様子を，言葉だけでは想像しにくい児童もいる。実際の空模様をタブレットで撮影しておきたい。

たんぽぽの ちえ

①【め】
⑧⑨だんらくを 読んで
たんぽぽの ちえを 考えよう

②
〔天気の ちがい〕
くらべる
⑨ ⇔ ⑧

⑧ よく 晴れて 風の ある 日には

⑨ でも，しめり気の 多い 日や
雨ふりの 日には

③
〔天気と わた毛の らっかさんの ようすは？〕

〈よく 晴れて 風の ある〉日

〈しめり気が 多い 雨ふり〉の 日

ことに留意してすすめる。

3 天気と綿毛の違いを読み，表にまとめよう。

T　⑧の段落の，晴れの日には「何は」「どうなる」と書かれていますか。もう１度読んでみましょう。

C　「綿毛の落下傘は（何が）」「いっぱいに開いて」「（種も）遠くまで飛んでいきます。」

　　挿絵を押さえさせ，綿毛の様子を確かめ合う。

T　では，⑨の段落では，何がどうなるのですか。

　　再度読ませて，教科書の挿絵を確かめながら綿毛はすぼんで飛ばないことを話し合う。また，「湿り気」「すぼむ」の意味は説明で補う。

T　天気が違うと，綿毛の様子も違うのですね。どう違うのか，表にして書いてみましょう。（板書参照）

晴れの日には…

挿絵も押さえさせ，個別に助言する。文言は，話し合いを通して板書でまとめる。ワークシート QR を使ってもよい。また，表ではなく，「綿毛の落下傘」という言葉を使った文に書かせてもよい。

4 綿毛がすぼむわけを読み，感想を話し合おう。

T　雨などの日には綿毛の落下傘はしぼみます。それはどうしてでしょうか。そのわけが書いてあるところに線を引き，発表しましょう。

綿毛は，しめると重くなるからです。

だから，種を遠くまで飛ばすことができないから（すぼむの）です。

「それは，綿毛が湿って…からです。」がわけの文です。

このとき，隣どうしなどで相談させてもよい。

T　どうしてそこが「わけ」だと考えたのですか。

C　「それは」「…からです。」と書いてあるからです。前（第７段落）にも出てきました。

　　発言がなければ，わけを述べるときは「それは，…からです。」という言い方をすることを教える。

　　この天候による綿毛のちえを，「4つ目のちえ」としてまとめ，感想を書いて発表させ，交流する。

本時の目標　最後の段落はまとめの段落であることに気づき，たんぽぽは，なかまを増やすためにちえを使っていたことを読み取ることができる。

板書例

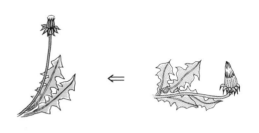

なにの　ための　ちえか

（そうして）
たんぽぽは・・・あちらこちらに
たねを　ちらして
なかまを
ふやして　いくのです。

あちら
たね
こちら

※教科書の挿絵（または，QR コンテンツのイラスト）を掲示するなどして，4 つのちえを確かめ合う。

POINT 「このように」という言葉に着目させる。第 10 段落の文は，これまでのたんぽぽのちえ，すべてを指してまとめている

1 「このように」から，第 10 段落の役割を考えよう。

T　最後の⑩の段落です。ここにも「ちえ」が書かれているでしょうか。読んでみましょう。（音読）
C　新しいちえは，書かれていないと思います。
C　綿毛のことも，じくのことも出てきません。

T　すると，⑩の段落は何のことを書いているのかな。
C　たんぽぽ，全部のことです。種をちらすこと。
T　はじめに，「このように」と書かれています。それは，「何のように」ということでしょうか。隣の人と相談してみましょう。

綿毛のことではないよね。

これまで書いてあったちえのように…ということかなあ。

T　「このように」とは，これまで説明してきたように，ということです。⑩の段落は，これまでの説明をまとめて，「このように」と書いているのです。
　　隣どうしなどで少し話し合わせた後，教師が説明で補う。

2 これまでの「ちえ」を振り返ろう。

T　「このように，たんぽぽは，いろいろなちえをはたらかせています。」と書いてあります。
T　この「いろいろなちえ」は，これ迄いくつあったでしょうか。また，「どんなちえ」だったでしょうか。

1 つ目のちえは，じくが倒れること，かな。

綿毛のちえも，ありました。

T　もう 1 度読み返して，ちえを振り返りましょう。
　　挿絵も見て，次の 4 つのちえとわけを確かめ合う。
　　1．（じく）倒れて，種に栄養を送り太らせる。
　　2．（綿毛）花のあとに綿毛ができて，種を飛ばす。
　　3．（じく）背が伸びて，種を遠くに飛ばす。
　　4．（綿毛）天気によって開いたりすぼんだりする。

T　この 4 つのちえは，何のためのちえでしょうか。
C　綿毛も，種を飛ばすためのちえなのかな？

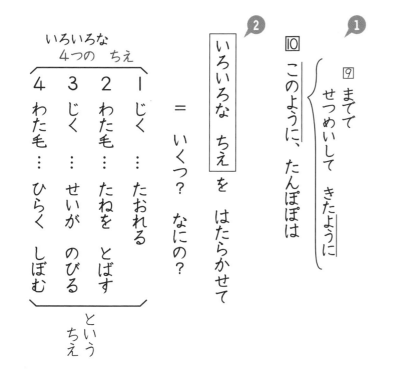

たんぽぽの ちえ

㊍ まとめの ⑩だんらくを 読もう

① ⑩このように、たんぽぽは
⑨まで
せつめいして
きたように

② いろいろな ちえ を はたらかせて
＝ いくつ？ なにの？

いろいろな
４つの ちえ

１ じく … たおれる
２ わた毛 … たねを とばす
３ じく … せいが のびる
４ わた毛 … ひらく しぼむ
という ちえ

文であることに，話し合って気づかせる。

3 『たんぽぽのちえ』は，何のためのちえなのかを読み取ろう。

T　いろいろな（４つの）ちえをはたらかせているのは，何のためでしょう。何をするためのちえなのか，それが書いてあるところに，<u>線を引きましょう。</u>

「そうして…」から，後の文かな。

わたしも，同じところに線を引いた。

T　線を引いたところを読んでください。
C　（みんな）「そうして，あちらこちらに…」
T　ちえを使い，たんぽぽがしていることは何ですか。
C　あちらこちらに，種を散らしています。
C　新しいなかまを増やしていくのだね。
T　そうですね。綿毛の種を作り，晴れた日に飛ばすのも，<u>なかまを増やすため（のちえ）だと，まとめているのですね。</u>

　教師の説明も交えて，まとめだと分からせる。

4 感想を書いて交流しよう。

　第10段落はまとめなので，新しいちえは書かれていない。ちえのもとにある「なかまを増やす」という植物本来の目的が，まとめとして説明されている。また，種を広範囲に散らすと有利な理由は，２年生には難しい。「あちらこちらに（広く）なかまを増やすため」と話しておくとよい。

T　この⑩の段落を音読して，<u>書き写しましょう。</u>
　ノートかワークシートQRに視写させる。

T　ここを読んで思ったことを書きましょう。

たんぽぽって，なかまをふやすために種を飛ばしていた…綿毛ってうまくできている…

　文末は「…と思いました」などの形で書かせる。

T　感想を発表して，聞き合いましょう。
C　綿毛のついた種なら，いろんなところや遠いところにもたんぽぽが生えるので，ちえに感心しました。

たんぽぽの　ちえ（じゅんじょ）
第 9,10 時 （9,10/10）

板書例

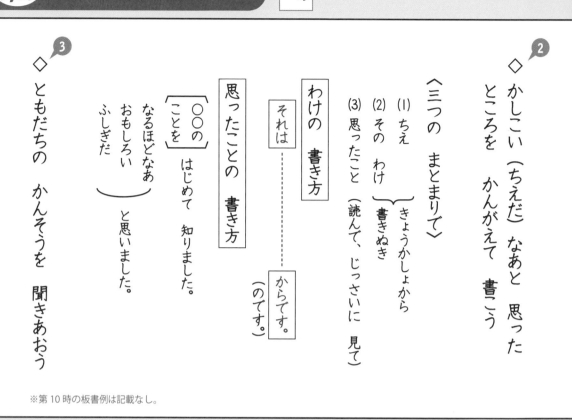

③
◇ ともだちの　かんそうを　聞きあおう

　　　ふしぎだ
　　　おもしろい
　　　なるほどなあ
　　　　　　　　　　と思いました。

思ったことの　書き方
　　○○のことを　はじめて　知りました。

わけの　書き方
　それは　──────　からです。
　　　　　　　　　　（のです。）

〈三つの　まとまりで〉
(1) ちえ
(2) その　わけ　　きょうかしょから
　　　　　　　　　書きぬき
(3) 思ったこと　（読んで，じっさいに　見て）

②
◇ かしこい　（ちえだ）　なあと　思った
　ところを　かんがえて　書こう

※第10時の板書例は記載なし。

> POINT　学習のまとめとして，書く時間が十分とれるように時間の配分を考えてすすめる。

1　（第9時）　4つの「ちえ」を振り返ろう。

T　「たんぽぽのちえ」の「ちえ」を思い出しましょう。
　　書く助走として，軽く話し合い，振り返る。

T　これまで読んできて，「かしこいなあ」と思ったのは，どんなちえでしたか。

じくが伸びて，綿毛を飛ばすちえです。

じくが伸びることを初めて知りました。

晴れた日にだけ，綿毛が開いて飛ばすところです。

挿絵や教科書 P51 の QR コードの動画など見ながらグループなどで振り返ってもよい。そして，「4つのちえ」を発表させる。出ないときは「こんなちえもあったね」と教師が補う。

T　ちえの順番はどうだったかな。
　　順番を話し合いながら，挿絵も含めて板書に整理する。そして，全員で斉読する。

2　心に残った「ちえ」とそのわけ，思ったことを書こう。

T　自分が「かしこいなあ」と思ったところ（ちえ）とそのわけを，ぬき書きします。

T　また，それについて思ったことも書きましょう。

T　教科書 53 ページ下の「文例」を読んでみましょう。書き方が書いてあります。
　　文例を音読し，教科書の「手引き」を参考とする。

おもったこと　わけ　ちえ

「ちえ」「わけ」「思ったこと」の3つに分けて，書けばいいね。

T　「それは…からです。」という文がありました。この文は，どんなときに使う文でしたか。
C　わけを言うときに使いました。
T　「からです」からも，わけの文が見つけられますね。では，この3つのまとまりで書きましょう。

準備物
・教科書の挿絵，または黒板掲示用イラスト
・ワークシート
・教科書P54「この本読もう」に出ている本など
（図書室から借りておく）

ICT
書く活動では，基本は紙媒体での記入である。タブレットへの直接記入は，まだ早いと考えられる。しかし，児童の様子を見て，少しずつ取り入れる。

たんぽぽの ちえ

め「たんぽぽの ちえ」の ちえを
　ふりかえり、まとめよう

① 〈花が さいて、しぼんで…〉

1 じくが たおれて

2 わた毛が できて

3 じくが のびて

4 晴れた 日に わた毛を

※教科書の挿絵（または，QRコンテンツのイラスト）を
掲示するなどして，ちえの順番を確かめる。

---

3 書いたことを発表し，聞き合おう。

Ｔ　思ったことを書くときに，使うとよい言葉もあります。

ノート，またはワークシート に書かせる。
文末は「…と思いました」が多いが，「初めて知りました」「おどろきました」などもある。児童の実体験とつないで思いを書かせると，その子らしさが出る。また，3つの項目に分けずに，ひと続きの文章に書かせてもよい。その方が書きやすい児童もいる。
見て回って助言し，何人かに読ませて参考にさせる。

Ｔ　では，みなさんは，どんなちえが心に残ったのでしょうか。また，どんなことを思ったのでしょうか。聞き合いましょう。

ちえは…「このころになると…」
そのわけは…，思ったことは，道ばたでよく見るたんぽぽの綿毛のじくが長いわけが分かって，なるほどと思いました。

聞き合い，感想や同じところなどを伝え合う。

4 （第10時）『じゅんじょ』を考えよう。

Ｔ　『たんぽぽのちえ』では，「ちえ」が時間の順序で説明されていたので，よく分かりましたね。この順序について教科書で調べましょう。

教科書 P55 の「じょうほう」を読み，順序には時間の他にも何かをするときの順序など，種類があることを確かめる。

Ｔ　教科書のように，したことを，順序に気をつけて書いてみましょう。「朝起きてからしたこと」「給食の準備のしかた」のどちらかで書きましょう。

朝起きたら，はじめに洗面所で顔を洗います。その次に服に着替えます。…

Ｔ　書けたら，発表しましょう。

書いた文章を読み合い交流する。その後，教科書の「ふりかえろう」や「たいせつ」を読み，説明文の読み方で大切なことをまとめる。
最後に，「この本，読もう」の本を紹介する。読み聞かせをするのもよい。

たんぽぽの ちえ

発展（2時間）

本時の目標　実物のたんぽぽを観察し，「たんぽぽのちえ」に書かれていたことと比べながら，自分の発見を書くことができる。

板書例

③
◇ はっけんカードに かこう

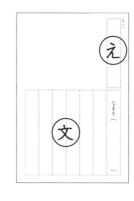

（カード）
れい
え　文
なまえ（　）

④
◇ はっぴょうしよう
　みんなが　見つけたのは？

・見つけたこと、ようす
　「○○は」
・ちえも　思い出して
　「○○を」
・文の　おわり
　「…ました。」「…でした。」

POINT　野外での活動は「生活科」の時間をあてる。野外に出て，見つけ，実物をみんなで観察することに価値がある。そこから，

---

1 （野外で）めあてを聞き，外へ出て，たんぽぽを見つけよう。

T　今日は，本物のたんぽぽを見て，たんぽぽの「ちえ」を確かめてみましょう。

T　外へ出て，たんぽぽを観察しましょう。どこに行けば見つかるかな。知っている人はいますか。

C　みなみ公園にありました。そこで，花も綿毛も採りました。

　セイヨウタンポポ（教科書の挿絵）は見られる時期も長く，花から綿毛ができる様子も観察しやすい。

　野外での指示は次の3つ。見つけたら「合格」とする。
　・「咲いている花を見つけましょう。」
　・「花が咲いた後の，倒れたじくを見つけましょう。」
　・「綿毛の，長く伸びたじくを見つけましょう。」

　綿毛を吹いて種を飛ばし，行方を目で追わせる。

2 （教室で）たんぽぽの実のつぼみと花の中の観察をしよう。

　教室に戻って，花が咲いた後の，「実のつぼみ」を観察する。「綿毛ができる」という「ちえ」を確かめる。

T　倒れたじくについている，花びらが落ちた花を調べましょう。割って中を見ましょう。何があるかな。

あ，種の赤ちゃんが並んでいる。

もう，綿毛もできている。

　隣やグループで，見つけたことを自由に話し合う。

T　観察して，見つけたことを発表しましょう。

C　『たんぽぽのちえ』で勉強した綿毛がありました。

C　落下傘になる種が，きれいに並んでいました。

C　花から落下傘の種ができることが分かりました。

T　咲いている花も割ってみて，中を見てみましょう。
　割ると綿毛のもとが見える。綿毛はがくにあたる。

準備物
・ワークシート「はっけんカード」（児童数）QR
・採ってきたたんぽぽ（花・綿毛）
・採集したたんぽぽを入れる空き瓶など

ICT お気に入りのたんぽぽを採ってくるのは，かわいそうという考えもある。そのような場合は，タブレットで写真を撮って，保存する方法を教える。

たんぽぽの　ちえ

め たんぽぽを　かんさつして　ちえを　たしかめよう

① ◇ そとへ　出て　見つけよう（三つ）
　１ さいて　いる　花
　２ たおれた　じく（みの　つぼみ）
　３ のびた　ながい　じく
　　（わた毛が　できて　いる）

② ◇ かんさつしよう
　（れい）
　花が　さいた　あと（みの　つぼみ）を
　わって　みると
　わた毛が　できて　いる

「発見」が生まれる。

3　確かめたちえを，「はっけんカード」に書こう。

T　観察をして，見つけたことや確かめた「ちえ」は，この「たんぽぽ　はっけんカード」に書きましょう。
　『たんぽぽのちえ』とは別の事実を書いてもよい。
T　種のついた綿毛の様子も，観察しましょう。

白い毛があって，口でふくと，ふわふわと飛んだよ。

飛び方が，本当にパラシュートみたい…。書いておこう。

T　「何を」「どんなこと」を見つけたのか，まず，見たものの様子を書きましょう。そして，「ちえ」を思い出したら，そのことも書きましょう。
　「かわいい」とかではなく，事実を書くように助言する。

T　題もつけましょう。文の終わりは「…ました。」や「…でした。」にして書きましょう。

4　書いたことを発表して，発見を聞き合おう。

T　お友達は，どんなことを見たのでしょうね。書いた発見を，発表して聞いてみましょう。
C　ぼくは，綿毛のことを書いたよ。
C　わたしは，ながーいじくを見つけたこと。

「たんぽぽの　長くのびたじく」

わた毛のついたたんぽぽの長いじくを見つけました。
わた毛は，まるくなってついていました。ふくと，たいいくかんのむこうまでとんでいきました。じくはわたしのひざまでありました。すごく長いな，と思いました。じくがのびるってほんとだなと，思いました。

教室で，たんぽぽの花や倒れたじくをビンなどにいけておくと，やがて綿毛になり飛ぶ様子が観察できる。

（ワークシート）光村図書 2年

たんぽぽの ちえ 〇印　なまえ（　　　　　　　　　　　　　　）

● たんぽぽは、いろいろな ちえを はたらかせて いますが、それぞれの ちえには どんな わけが ありますか。ひょうに じゅんに まとめましょう。

いつ	ちえ	わけ
二、三日 たつと		
がく		
よく はれて、かぜの ある日		

光村図書

102

［ワークシート］　第7時のたんぽぽのちえ

たんぽぽの ちえと わけ ②　　名まえ（　　　　　　　　　　）

(1) 天気が ちがうと、たんぽぽの わた毛の ようすは どのように ちがいますか。
ひょうに まとめましょう。

天気 （てんき）		
ようす （ちえ）		

(2) しめり気の 多い 日や、雨ふりの 日に、わた毛の らっかさんが すぼんで しまう
わけを 書きぬきましょう。

かんさつ名人に　なろう

全授業時間 10 時間

◎ 指導目標 ◎

・経験したことなどから書くことを見つけ，必要な事柄を集めたり確かめたりして伝えたいことを明確にすることができる。
・身近なことを表す語句の量を増やし，話や文章の中で使うことで，語彙を豊かにすることができる。

◎ 指導にあたって ◎

① **教材について**

　　身近な生き物や草花を観察し，その記録を書く学習です。目や手など，五感でとらえた事実を言葉や文で表現するのですが，これは書く力の基礎となる学びです。観察では，よく「詳しく見ましょう」「ありのままに見ましょう」などという，指導助言がなされます。しかし，このような言葉かけでは，読み手に伝わる客観的な観察文は書けません。観察に際しては，「どこを見て」「何を」書けばよいのかという視点とともに，大きさや形，数など，表現の観点を教え，気づかせることが大切です。また，「何が」「何は」といった主語が明確な文を書かせることも，基本になります。

　　一方，対象物を言葉や数を使ってとらえ直すことによって，「テントウムシのあしは６本だった」などと，それまで見えていなかった事実も見えてくるようになります。ですから，「生活科」とも関わり，自然観察の力を高める学習でもあるのです。

② **個別最適な学び・協働的な学びのために**

　　国語では「気持ちを書く」こともしますが，「事実を正しく書く」ことが，国語力をつける上ではより重要です。その際には，友達の文や教科書の文例も活用します。また，文の読み合いという対話を通して，目のつけどころや表現を見直し深めます。

　　一方，低学年の児童は，主観的な文章をよく書きます。「小さくてかわいかった」「動きがおもしろかった」など，子どもらしい，とも言えますが，自分の感情や印象が先行した文になってしまうのです。喜んでいる児童の様子は分かりますが，肝心の対象物の姿が，文からは読み取れないのです。しかし，「かわいい」などの気持ちが文に出てしまうのは，低学年では自然なことです。あまり否定はせずに，その児童が見たり触ったりしてとらえた客観的な記述をほめ，今後も見通して指導を重ねます。

知識及び技能	身近なことを表す語句の量を増やし，話や文章の中で使うことで，語彙を豊かにしている。
思考力，判断力，表現力等	「書くこと」において，経験したことなどから書くことを見つけ，必要な事柄を集めたり確かめたりして伝えたいことを明確にしている。
主体的に学習に取り組む態度	書くために必要な事柄を進んで集めたり確かめたりして伝えたいことを明確にし，これまでの学習をいかして観察記録文を書こうとしている。

◎ 学習指導計画　全10時間 ◎

次	時	学習活動	指導上の留意点
1	1	・これまで，観察したことや記録を書いたことについて話し合う。 ・学習課題と，学習の進め方をとらえる。	・児童が書いた観察記録をもとに話し合い，観察と記録の見通しをもたせる。 ・課題は「ていねいに観察して記録しよう」。
2	2	・ミニトマトを観察して，何をどう書けばよいのか，メモの書き方を考える。	・自分の観察と，教科書のメモの書き方を比べて，観察の6つの観点に気づかせる。
	3	・ナズナなど，生活科でとり上げた動植物を観察し，メモを書く。	・前時のミニトマトの観察で分かったメモの書き方をいかすようにさせる。
	4	・メモをもとに観察の記録文を書く。	・教科書のメモと記録文を比べて，日付や天気を書くことなど文章化の方法を調べる。
	5	・同じものを続けて記録するときの書き方を調べ，変化が分かることを話し合う。	・教科書のミニトマトの2つの文例を比べて，よく分かる書き方に気づかせる。
3	6・7	・観察するものを決め，観察のメモを書く。（ここでは，ザリガニを例としている）	・観察するものと，じっくり触れ合う時間をとる。動きにも目を向けさせる。 ・友達のメモとも比べ合わせる。
	8	・メモをもとに，観察の記録文を書く。	・観察の6つの観点を振り返り，書き出しを考える。個別に助言，指導もする。
	9	・書いた観察の記録文を，友達と読み合う。感想を書いたり述べ合ったりする。	・うまく観察できているところや，上手に書けているところを認め合わせる。
4	10	・これまでの学習を振り返り，観察や記録を書いて，できたことを話し合う。	・「ふりかえろう」「たいせつ」を読み，観察で大事なことをまとめる。

◇　飼育や栽培，野外観察など「生活科」との関連も考えて，時期や時間配分を計画します。
◇「かんさつ週間」として，朝の会などで「見つけたもの」を交代で発表し合うのもよいでしょう。

<table>
<tr><td>本時の目標</td><td>・これまでどんなものを観察したのか，観察した経験を話すことができる。
・学習課題と進め方が分かる。</td></tr>
</table>

板書例

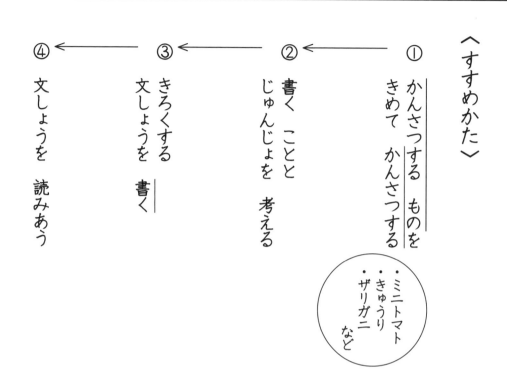

〈すすめかた〉

① かんさつする ものを
きめて　かんさつする

・ミニトマト
・きゅうり
・ザリガニ
など

② ← 書く こと と
じゅんじょを　考える

③ ← きろくする
文しょうを　書く

④ ← 文しょうを　読みあう

POINT　観察の記録文を書くイメージを具体的につかませる。そのためにも，これまでに児童が書いた観察文を準備しておき，

1 これまでどんなものを観察したのか，話し合おう。

T　観察って，どんなことをすることなのでしょう。

C　虫とかをよく見ること。「生活」でやりました。

T　では，1年生のとき，また2年生になって，観察したものはありましたか。

1年生のとき，アサガオを育てて，観察をしました。

テントウムシを見て観察カードも書きました。

バッタを飼って，草を食べる様子を観察しました。

「生活」でミニトマトを植えたとき，観察カードに書きました。芽の形がよく分かりました。

T　いろいろ観察してきました。これから，観察の上手な人「かんさつ名人」になる勉強をしていきます。

T　また，観察したことが他の人にもよく分かるように，書く勉強もします。

2 友達の書いた観察文を聞き，話し合おう。

T　○○さんは，1年生のときかたつむりを観察して見つけたことを書いています。聞いてみましょう。

『かたつむり』
・・・ガラスにのせて，下から見たら，あしはくろいせんがうごいていました。エスカレーターみたいでした。小さい口も見えました。三かくのかたちでした。その口は，もぞもぞとうごいていました。…

T　かたつむりの，どんなことが分かりましたか。

C　かたつむりにも，口があることが分かりました。

C　その口は，小さくて，形が三角って分かりました。

C　あしがエスカレーターみたいになっていることも分かりました。

T　観察して書くと，口やあしのこともよく分かるね。

　　他，いくつか児童の記録文を聞き合い，話し合う。

　　※「かたつむり」は現在では衛生上とりあげないことが多い。

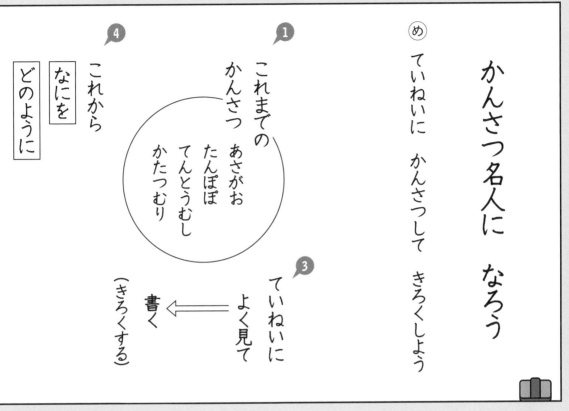

め　ていねいに　かんさつして　きろくしよう

かんさつ名人に　なろう

❶　これまでの
かんさつ
あさがお
たんぽぽ
てんとうむし
かたつむり

❸　ていねいに
よく見て
書く
（きろくする）

❹　これから
なにを
どのように

それをもとに話し合う。

3　教科書を読み，学習課題をとらえよう。

T　かたつむりのことをよく見て，ていねいに観察したから，いろんなことが分かって書けたのですね。
　ここで，教科書 P56 を開けさせる。
T　みんなで『題』（見出し）を読みましょう。
C　『かんさつ名人に　なろう』（斉唱）
T　どんなことをするのかも，書いてあります。
C　『ていねいに　かんさつして，きろくしよう』
　教科書 P56 のリード文をみんなで読む。
T　「きろく（記録）」って，分かるかな。
C　絵とか文章に書いておくことです。
T　では，どんなものを「ていねいにかんさつ」するとよいでしょうか。観察したいものはありますか。

今育てている
ミニトマト
のこと。

飼っている
ザリガニも
いいな。

4　学習の進め方を確かめよう。

T　これからどのように学習を進めていくのか，そのことも，教科書 56 ページ下に書いてあります。
T　はじめにすることは何ですか，どう書いてありますか。

①「観察するものを
決めて，観察する」
と書いてあります。

何を観察するか，
まず決めるんだね。

T　観察するものは，みんなで話し合って決めましょう。「ていねいにかんさつする」やり方も，これから勉強していきます。
C　②は「書くことと順序を考える」です。それから，記録する文章を書きます。
C　最後に書いたものを読み合うんだね。
　「進め方」を読み，確かめ合う。

板書例

③
◇ メモを 書こう

・だいを つける → ミニトマト（の花）

・いつ（月・日）、天気

・「なにが」 → 花びらが（は）
　「なにを」 → 花びらを → を 書く

④
〔かんさつで たいせつな こと〕

〈6つの かんさつ〉
1 大きさ
2 色
3 形
4 かず
5 におい
6 さわった かんじ

※紙などに書いておき，（または，QRコンテンツを利用して）今後の板書でも掲示する。

POINT　画像や実物を用意し，そこから見つけたことを言葉にさせる。さらに，教科書の文とも比べる。文例の足りない部分は

1　観察では何を見るのかを考えよう。

T　生活科でミニトマトを育てています。今，ミニトマトはどのような様子ですか。見ましたか。

C　花が咲いています。ミニトマトにも花が咲きます。

T　これは，今のトマトの写真です。今日は，<u>このトマトの花を観察して，花のどんなことを書けばいいのか</u>，書き方を勉強しましょう。

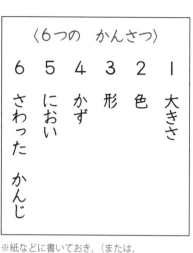

　　ここでは，画像を使った観察にしている。<u>教室で，みんなを1つのものに集中させて，「観察のしかた」と「書き方」を分からせるため</u>である。「生活科」と並行して取り上げる場合は，実際に学級園へ行き，観察してもよい。

T　ミニトマトの花を見て，いろんなことを見つけてみましょう。

　　教科書はまだ開けない方がよい。

2　見つけたことをメモに書こう。

T　それでは，しばらくこのミニトマトの花を見て，見つけたことを，<u>心の中でお話してください</u>。

C　（花は，小さい。シロツメクサの花くらい…かな。）

C　（花びらの色は，黄色。）

T　いくつかのことが，見つかったようです。文章に書く前に，こんどは見つけたことをメモに書いてみましょう。書き方は，1つのことを，1つの文で書いていくのです。（箇条書きを板書で説明）

花は小さい。

花びらは5まい…。

T　では，ひとり1文ずつ，発表しましょう。

C　花びらは，5枚でした。

C　花びらは，先がとがっていて星の形でした。

C　花のまん中に黄色いもの（めしべ）があった。
　　<u>見つけたことを話し合う</u>。グループや隣どうしで，話し合ってもよい。

めかんさつメモの　書き方を　たしかめよう

かんさつ名人に　なろう

① ［ミニトマトの　花の　かんさつ］

※ QR コンテンツのミニトマトの花の画像を掲示する。

② 花びらは
・五まい　　（かず）
・先が　とがって　／（形）
・ほしの　形

花の　中に
・黄色い　もの

補うとよい。

3 観察では，何をメモしているのか　教科書の文例を読もう。

T　教科書でも，ミニトマトの観察メモが出ています。どんなことを書いているのか，読んでみましょう。
　　教科書 P57 を開かせ，各自でメモ例を黙読後，斉読。

T　「ミニトマト」，次に「五月十七日　晴れ」と書いています。これは，何ですか。

『ミニトマト』は題です。

次の行は，日付けと天気です。これで，いつの様子なのかが分かります。

T　「黄色い花が…」の黄色いとは何のことでしょう。
C　花の色です。花の色のことを書いています。
C　「星みたい」は花の形のことです。

T　メモには，色や形のことを書いていますね。
C　どんな色とか形なのかが書いてあると，ミニトマトのことがよく分かります。大きさは書いてないです。

4 観察では，どんなことを見たり調べたり　するのかを話し合おう。

T　観察では，何を書くといいのかが，分かってきました。見たものの「色」，そして「形」です。他にも観察の仕方で，大切なことが教科書 57 ページに出ています。読んでみましょう。

大きさ，色，形，数，におい，さわった感じ。

6つ，書いてあります。

T　大きさや色，形の他に，どんなことをどのように観察するのでしょう。
C　「におい」や「さわった感じ」も，調べます。
C　数は，花びらの数とかかな。数も書きます。
　　教科書では，「何を」見ればいいのかということが6つにまとめられている。板書でも，「6つの観察ポイント」としてまとめる。
　　クラスの児童の「観察文」を教材に，観察したことを確かめ合わせてもよい。

板書例

◇〔六つのかんさつ〕を　つかって　書こう

〈6つの　かんさつ〉
1　大きさ
2　色
3　形
4　かず
5　におい
6　さわった　かんじ

※前時と同じものを掲示する。

【書き方】みじかい　ことば、文で　書く

・大きさ …　○○くらいの　大きさ
　　　　　　　ダイズくらいの　大きさ

・形 ……　○○みたいな　形
　　　　　　○○のような　形
　　　　　　ハートの　形
　　　　　　ほしみたいな　形

③ ◇メモを　読みあおう

POINT　「何を」という6つの観察ポイントを意識させる。また、虫めがねを使うという「観察の道具、やり方」を教えるのもよい。

1　「6つのかんさつ」ポイントで観察しよう。

T　前の時間に、どんなところを見て、何をメモすればよいのか（観察ポイント）を勉強しました。今日は、そのことを使って観察しましょう。

T　今日、「生活」の時間に、田んぼのそばでこんなものを見つけました。ナズナです。これを見つけて、先生は「春だなあ」と思いました。そのナズナを今日は観察してみましょう。

　準備させる。グループよりも1人ずつの方がよい。
　観察するものは、ナズナでなくてもその時期の植物や虫など、生活科でとり上げたものなら何でもよい。他に、シロツメクサ、カラスノエンドウなど、手に入れやすいもので、1人に1つは準備できるような数の多いものがよい。

　時間割上、前の時間を「生活科」として、採りに行くよう調整するとよい。

2　観察し、「観察ポイント」をもとにメモを書こう。

T　葉っぱの他に、花もついていますね。では、どんな花と言えばよいのか、読んでお家の人も「ナズナ」だと分かるようなメモを書いてみましょう。
　　各自で書かせる。隣どうしの相談や対話があってもよい。

T　前に、6つの「観察ポイント」を勉強しました。
　　観察の観点は黒板にも掲示する。教科書を読み返す。

T　この6つを考えて観察しましょう。「○○くらいの大きさ」や「○○みたい」「○○のような」という言葉も使えそうですね。書くとき使ってみましょう。

花の大きさは、綿棒の先（アリ）くらいかな。

花びらの数は、小さいけれど4枚だ。

実は、ハートのかたち…。

実の中に何か入っているよ。

| 準備物 | ・観察するものを児童に準備させておく。
（ここでは，ナズナ）
・虫めがね（使わなくてもよい）
・「6つのかんさつ」を書いた掲示物 QR |
| ICT | 友達がどのように文章を書いたの
か，書いた文章を写真などで共有す
ると学習に深みが出る。 |

かんさつ名人に　なろう

め　ていねいに　かんさつして
　　メモを　書いてみよう

※植物の画像を掲示する。
　ここではナズナだが，
　ナズナは1つの例。
　他のものでもよい。

② ナズナの　かんさつ【大きさ・色・形】

（花）
・めんぼうの　先くらい
・ごまくらいの　大きさ
・花びらは　四まい
・白色

（み）
・わってみると…
・ハートの　形♡

新しい発見もある。

3　書いたメモを読み合おう。

T　書いたメモを読み返して，「6つの観察」が使わ
　れているところに線を引きましょう。
C　「花びらは，4枚」と言うのは「数」を数えると
　いう観察だ。でも，「におい」はなかった。
C　「色」も「形」も観察したよ。線を引いておこう。
　花は，白色。実は緑色でハート形。

T　グループでメモを読み合いましょう。よい観察や
　書き方をまねしましょう。

> 実を割って，中を調
> べているのがいい。

> 「綿棒の先くら
> い」というと，
> 大きさが分か
> りやすいよ。

T　友達の観察メモを聞いて，これも書いておきたいと
　いうことがあったらメモに書き足しておきましょう。

4　メモを読み返そう。

T　観察のメモが書けました。お家の人が読んでも，
　これはナズナのことだと分かるでしょうか。もう一
　度，自分が書いたメモを読み返してみましょう。

> ハートみたいな実
> がくきの下の方にた
> くさんありました。

> 実もついていて，めんぼう
> の先くらいの大きさでした。

> 実をやぶる
> と，たねが出
> てきました。
> たねはみどり
> いろです。

> 4枚の白い花び
> らがついていま
> した。花びらの
> 中に小さなおし
> べとめしべがあ
> るみたいです。

T　「観察ポイント」を使って観察メモが書けました。
　これからも使っていきましょう。
【形・大きさを言葉で書き表す】
　「形は星形」など，何かに例える（比喩）のは科学的な書き
　方である。また，大きさや長さは，㎝を使うよりも「○○く
　らいの大きさ（長さ）」などと書く方が，読む人には想像しや
　すい。重さなども「○○くらいの重さ」などと表現させたい。

本時の目標　観察のメモをもとにした，観察記録文の書き方が分かる。

板書例

※前に使ったミニトマトの花の画像（QR コンテンツの画像など）を掲示する。

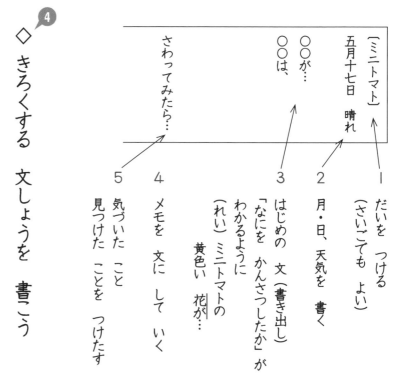

◇ きろくする 文しょうを 書こう

【ミニトマト】
五月十七日　晴れ

1　だいを　つける
　（さいごでも　よい）

2　月・日、天気を　書く

3　はじめの　文（書き出し）
　「なにを　かんさつしたか」が
　わかるように
　（れい）ミニトマトの
　　　　　黄色い　花が…

　○○は、
　○○が…

4　メモを　文に　して　いく

5　気づいた　こと
　見つけた　ことを　つけたす

　さわってみたら…

POINT　メモに書いたことを文章のかたちにする。それには何を削り，何をつけ足すかを考えさせる。よい部分をほめ，文章にさせる。

1 「観察したことを文に書く」という課題をとらえ，教科書の文例を読もう。

T　ミニトマトやナズナなどを観察して，メモに書いてきました。今度は，そのメモを文章に書き直します。記録する文章を書くのです。そのやり方を勉強しましょう。

C　どんなふうに書くといいのかなあ？

T　観察を記録した文章の例が教科書に載っています。まず，記録した文章とは，どんものなのか読んでみましょう。

　教科書 P59 の文例を読む。

T　前に読んだ 57 ページのメモと比べてみましょう。

日づけとか，曜日，天気を書くのはメモと同じです。

あとは，3 つくらいの文章で書いています。

2 メモと，記録した文章とを詳しく比べよう。

T　メモに書いてあったことは，この記録した文章には書いてありますか。

C　花の色とか，星みたいな形というところは，メモと同じです。

C　メモに書いたことをもとにして，それを文章に書き直したみたいです。

T　もとのメモと比べて，違うことは書かれていませんか。

つけ足したみたいです。

「さわってみたら，さらさらしていました。」というところは，メモにはなかったのに，記録の文章には書いています。

T　「手ざわり」のことは，メモには書いていませんでした。文章にするときに書き足したのですね。

準備物	・前に使ったミニトマトの花の画像 QR ・前に書いたミニトマトの観察メモ
ICT	前に使ったミニトマトの花の画像や,前に書いたミニトマトの観察メモは,タブレットにデータとして保存しておくと, いつでも取り出せる。

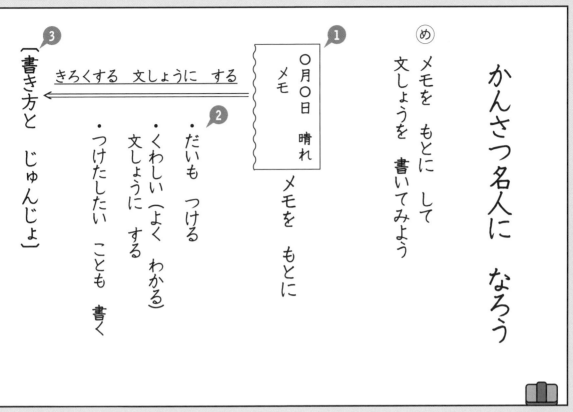

め　メモを もとに して
文しょうを 書いてみよう

かんさつ名人に　なろう

① メモ
〇月〇日　晴れ

メモを もとに

② ・だいも つける
・くわしい（よく わかる）
　文しょうに する
・つけたしたい ことも 書く

きろくする　文しょうに する　→

③【書き方と　じゅんじょ】

---

3 ミニトマトの観察メモをもとに，記録する文章を書こう。

T　みなさんもこのような観察したことを記録する文章を書いてみましょう。前に書いたミニトマトのメモをもとに，教科書の例のような文章を書いてみましょう。

　　前に使った花の画像も提示し，参考にさせる。

T　文章のはじめに書くことは，何ですか。

観察した日の，日づけと曜日です。

天気も書きます。

題もつけるといいです。

題は『ミニトマト』か，『ミニトマトの花』がいい。

　　題をつけると，「何を」や「何が」が明確になり，書くことがはっきりして書きやすくなることがある。

---

4 「何が」をはっきりさせて文章を書き，読み合おう。

T　例の文章では「黄色い花が」とか「花は」のように「何が」「何は」（主語）をきちんと書いています。みなさんも，「〇〇が…どうだ」というふうに，「何が（は）」をはっきりさせて書きましょう。

T　「〇〇みたいだ。」「〇〇のようだ」という言葉も使って，その様子を詳しく書きましょう。

五月二十日（火）晴れ……日づけ・天気
『ミニトマトの花』　……題
　ミニトマトの花がさいていました。花びらは5まいで，色は黄色でした。中に黄色いおしべとめしべが見えました。花は，はっぱとはべつのえだにかたまってならんでついていました。15こくらいありました。花の下に，実の赤ちゃんが…

何人かが書いた文章を読み，感想を言い合う。

おしべやめしべの用語も，場面に応じて教える。
（主語・述語の用語は，2学期に学習する。）

かんさつ名人に　なろう　113

かんさつ名人に なろう

板書例

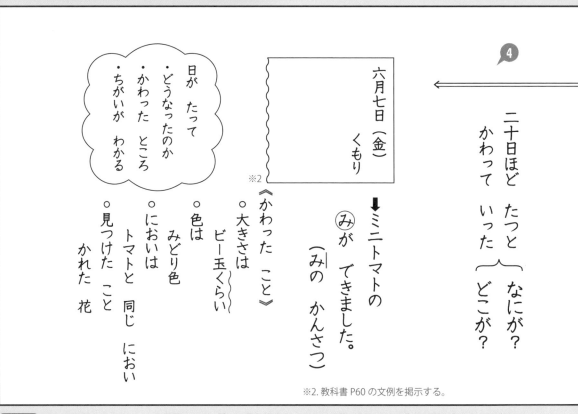

❹

二十日ほど たつと
かわって いった
｛なにが？／どこが？｝

↓

六月七日（金）くもり
↓ ミニトマトの
⦿み が できました。
（みの かんさつ）

《かわった こと》
○大きさは ビー玉くらい
○色は みどり色
○においは トマトと 同じ におい
○見つけた こと かれた 花

※2. 教科書 P60 の文例を掲示する。

日が たって
・どうなったのか
・かわった ところ
・ちがいが わかる

POINT　2つの記録を比べる，という学習になる。難しく思う児童もいるので，花と実のことを分けて話し合うようにする。

1 観察を続けてきたことを振り返り，課題を知ろう。

T　これまで何かを育てて，観察を続けてきたことはありましたか。

1年生のときに，アサガオの観察をしました。夏休みにも記録しました。

アサガオの種から芽が出て育っていく順番がよく分かりました。花が咲いて種ができることも分かりました。

この振り返りは，簡単に済ませる。

T　学級園では，ミニトマトとキュウリを育てています。続けて観察して記録していくと，変わっていく様子が分かりますね。

T　このように「変わっていく様子」を記録する書き方を勉強しましょう。

生活科で栽培しているものを教室に持ち込むか，事前に見に行っておくと効果的である。

2 観察の日が違う 2 つの文例を読み比べよう。

T　教科書に，ミニトマトを続けて観察して書いた文章があります。59 ページ（5 月 17 日）の文章と，60 ページ（6 月 7 日）の文章です。2 つの文章を読み比べてみましょう。

2 つの文章を斉読する。

T　ミニトマトの「何を」を見て書いているのか，2 つの記録の違いに気づきましたか。

5 月 17 日の文は，ミニトマトの花のこと，6 月 7 日には，実のことを書いています。

この間に，花から実になったことが分かります。

実ができる前に，花が咲いたことも分かります。

T　そうです，記録を続けると「花から実ができる」という，変わっていった様子が分かるのです。

準備物	・教科書P59, P60の2つの記録の文例 (掲示用)
ICT	続けて観察した記録を, タブレットにデータとして どんどん保存しておく。慣れていくと, 児童自ら操 作をし, 活用することができる。

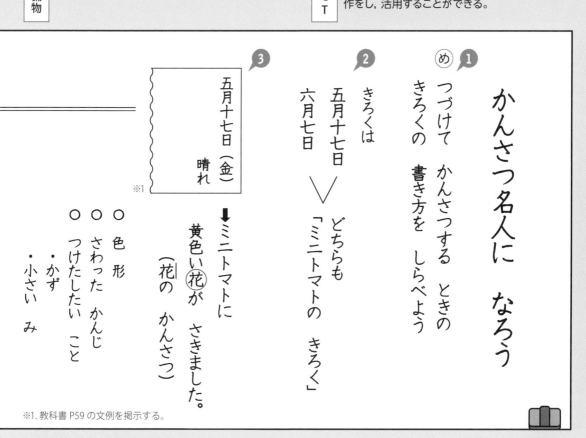

③ 五月十七日 （金） 晴れ

↓

ミニトマトに
黄色い（花）が さきました。
（花の かんつ）

○ 色
○○○ 形
○○○ さわった かんじ
つけたしたい こと
・かず
・小さい み

※1

※1. 教科書 P59 の文例を掲示する。

② きろくは
五月十七日
六月七日
どちらも
「ミニトマトの きろく」

め① つづけて かんさつする ときの
きろくの 書き方を しらべよう

かんさつ名人に なろう

---

3 ミニトマトの花のことを どう書いているのか確かめよう。

T それでは, 教科書 59 ページの記録では, 花のこ とをどう書いていたでしょうか。

C 「黄色」「そり返って」「星みたいな形」です。

C さわってみて感じたことも書いています。

T ミニトマトの花の, 色や形のことで, うまく書い ているなあと思ったところは, どこですか。

C 「星みたいな形に」という書き方で, ミニトマト の花の形がよく分かります。

C 花びらが「そり返って」いると書いているところ も見たとおりで, よく分かりました。

T この記録の文章に, つけ足したいことは？

花びらの数が, 5枚 でした。「数」も書い ておくといいです。

小さい実の赤ちゃん のことも書いておき たいです。

4 ミニトマトの実のことを どう書いているのか確かめよう。

T 5月17日から20日ほど経って, ミニトマトは 変わりました。6月7日の, ミニトマトの実のこと を書いた文章を読んでみましょう。

T 実のことで, 観察したことが書かれているところ に線を引きましょう。

T 線を引いたところは, どこでしょうか。

「いちばん大きな実は, ビー玉ぐらいです。」の ところです。

「緑色」「赤いトマト と同じにおい」のと ころです。

6つの「観察ポイント」に照らして,「におい」のことなど, よく分かる表現について話し合う。

T 観察を続けて記録を書くと, ミニトマトのどこが 変わっていったのかがよく分かりますね。

かんさつ名人に　なろう

第 **6,7** 時 （6,7/10）

<table>
<tr><td>本時の目標</td><td>観察するものを決め，6つの「観察法（観点）」を使って，観察のメモを書くことができる。</td></tr>
</table>

板書例

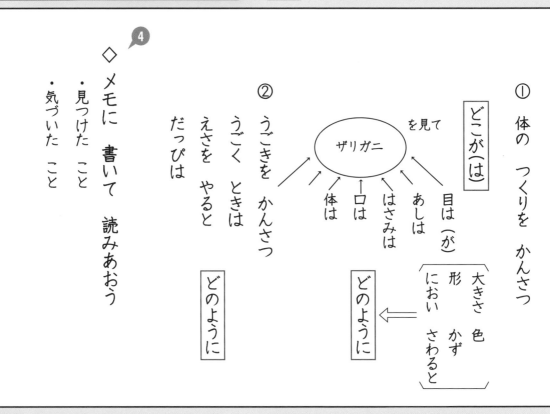

① 体の　つくりを　かんさつ

【どこが（は）】

を見て

ザリガニ

目は（が）　大きさ　色
あしは　　形　　かず
はさみは　におい
口は　　　さわると
体は

→ どのように

② うごきを　かんさつ

うごく　ときは
えさを　やると
だっぴは

→ どのように

◇④ メモに　書いて　読みあおう

・見つけた　こと
・気づいた　こと

POINT　メモを書く前に，観察するものと触れ合う時間を十分とる。また，体だけでなく動きも観察し，手なども使わせる。

1 （準備） 観察するものを決める。

【何を観察するか】

　これまで学んできた「観察の記録の書き方」を使って実際に観察し，それを文章にする。それには，まず何を観察するのかを決めなければならない。

　ひとつには，「生活科」などで，クラスで育てたり飼ったりしているものの中から選び，みんなが１つのものを観察して書く，というやり方がある。その他に，「かたつむり」や「きゅうり」「トマト」など，１人ずつ，またはグループごとに観察するものを決めて書く，というやり方もある。

　指導の面では，みんなが同じものを観察して書くという方がやりやすいだろう。ここでは，「生活科」でもよく教材とされる「ザリガニ」の観察を例にしているが，もちろん他のものをとり上げてもよい。児童が家で育てている生き物なども観察の教材にできる。また，教科書と同じ「ミニトマト」をとり上げてもよい。クラスの実態も考えて，教師が決める。

2 ザリガニとなかよくなろう。

T　これまで，ミニトマトなどで観察のやり方やメモの書き方を勉強してきました。今度は「生活科」でみんなが飼っている「ザリガニ」を観察しましょう。
　ザリガニは一例で，他の教材でもよい。

T　ザリガニの観察をします。触ってみましょう。つかめるでしょうか。

わあ，ザリガニがはねた。

あ，はさみをふり上げた。かっこいいなあ。強そう…

つかめました。

　観察の始めは，まず触れ合うこと，つまりさわることを大切にする。触れることによって親しみがわき，好きになる。好きになると，よく見よう，観察しようという興味関心が高まる。これは，ザリガニに限らない。この触れ合いがすでに「観察」だといえる。

準備物
・ザリガニ（ひとり1匹ずつ，または，グループで2，3匹用意する。見やすい飼育ケースなどに入れて観察する）
・「6つのかんさつ」を書いた掲示物 QR

ICT
ザリガニを用意することが難しい場合は，ネットで検索した画像や動画でもよい。タブレットだと，拡大ができ，考えやすい。

かんさつ名人に　なろう

め　かんさつして　かんさつメモを　書こう

◇　ザリガニを　かんさつしよう ※1

②　〔六つの　かんさつ〕を　つかって

③
ザリガニの　うごきも　かんさつ

〈6つの　かんさつ〉
1　大きさ
2　色
3　形
4　かず
5　におい
6　さわった　かんじ

※掲示する。

※1. ザリガニは1つの例。
他のものでもよい。

ザリガニなど生き物を触ったあとは，必ず石けんなどで手洗いさせる。

---

3 ザリガニの「体のつくり」と「動き」を詳しく観察して話し合おう。

T　ザリガニの体には，何がついているでしょうか。大きさや形はどうでしょう。

C　大きなひげ（触覚）が2本，頭についています。

T　動き方も見てみましょう。えさは食べるかな。

C　小さなはさみで，えさを掴んだよ。

C　お腹の下にえさを持って行った。下に口がある？

　　ザリガニのような動物（生き物）の観察では，体のつくりと，動きの両方に目を向けさせる。ミニトマトでは観察できなかった「動き」も，ここで観点とさせる。

T　「6つの観察」を思い出して，見つけたことをメモに書いていきましょう。

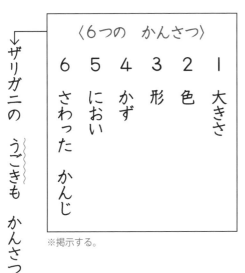

大きさ，色，形，それから数や，さわることもしたから，いろいろメモできるね。

動きをよく見て分かったこともあったよ。

---

4 観察メモを書き，友達と読み合おう。

T　○○さんは，手に持って下から見たことを書いていますよ。口を見つけたそうです。
　　見て回り，よいメモを読み上げて参考にさせる。

T　林さんは，あしの数を書いています。

C　小さなはさみのついているあしもありました。

T　メモを見て，見つけたことをグループで話し合いましょう。友達の見つけたことを知り合いましょう。

さわってみると，甲羅がとても固かった。かにの甲羅みたいだね。

カラをぬいでいるザリガニがいた。

T　さわったり，いろんな方から見たりして，観察できていました。観察を続けてメモに書きましょう。

T　次の時間，メモを文章にして書いてみましょう。

本時の目標：観察のメモをもとに，観察上の大切なことに気をつけて，観察記録文を書くことができる。

板書例

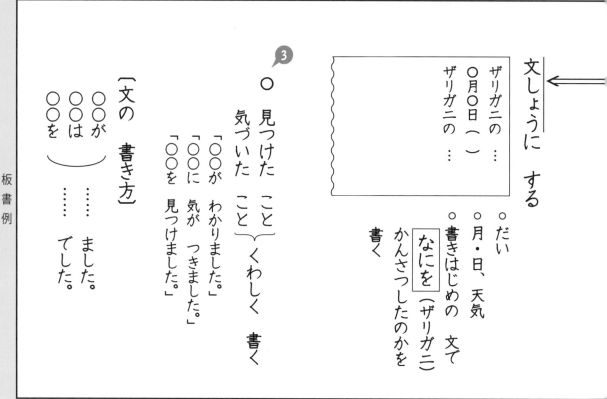

文しょうに する

ザリガニの
○月○日（　）
ザリガニの
：

○ だい
○ 月・日、天気
○ 書きはじめの　文で
　[なにを]（ザリガニ）
　かんさつしたのかを
　書く

3

○ 見つけた　こと
　気づいた　こと 〉くわしく　書く

「○○が　わかりました。」
「○○に　気が　つきました。」
「○○を　見つけました。」

〔文の　書き方〕

○○が
○○は
○○を 〉……　ました。
　　　　……　でした。

POINT 6つの「観察」のポイントを振り返りながら，目や手でとらえたことを記録文に加えさせる。動きにも目を向けさせる。

1 めあてをとらえ，書き出しを考えよう。

T　ザリガニを観察したときのメモをもとにして，観察の記録文を書きます。

T　まず書くことは，観察した日と，天気でした。

T　書き出しを考えましょう。教科書59ページの「ミニトマト」の観察の，はじめの文を読みましょう。

「ミニトマトに黄色い花がさきました。」と書いています。

観察したのは，「ミニトマトの花」です。

T　この文で，まず「何を」観察したのかが分かります。このように，はじめに「何の観察をしたのか」を書くと，読む人には分かりやすいのです。

T　ザリガニの観察なら，どう書き始めますか。

C　「ザリガニの観察をしました。」かな。これでザリガニの観察だと分かります。

2 メモを文章にしていく上で大切なことを考え，話し合おう。

T　ほかに，メモを文章にしていくときに気をつけたことを思い出しましょう。「ミニトマトの観察」では，メモをそのまま書いていましたか。

C　詳しい文章に書き直していました。

C　メモになかった「手ざわり」なんかも，書き足していました。「6つの観察」の1つでした。

T　ザリガニの観察でメモしたことの他に，つけ足したいことがある人はいますか。

ぼくはザリガニの動き方も，書いておきたいです。触ると，バックで逃げました。

脱皮のことも書いておきたいです。

とも食いもありました。

6つの観察ポイントとともに，教科書の文例も参考にして振り返らせる。

<table>
<tr><td>準備物</td><td>・前時に書いた「観察のメモ」
・観察用のザリガニ（クラスで観察したもの）
・「6つのかんさつ」を書いた掲示物 QR
・観察カード用紙 QR</td></tr>
</table>

ICT　観察のし直しや，記録の書き直しなど，タブレットに保存しておけば，効率的に学習が進む。なお，書くこととはまだ紙媒体を推奨する。

かんさつ名人に　なろう

め　① かんさつした　きろくを　文しょうに　書こう

② メモを　もとに　して　＋　つけたしたい　ことも

｛ 手ざわり　→　かたい
うごきかた
だっぴ ｝ れい

```
〈6つの　かんさつ〉
1 大きさ
2 色
3 形
4 かず
5 におい
6 さわった　かんじ
```

※掲示する。

---

3 観察メモをもとに記録文を書こう。

T　教科書60ページの「観察したことを書くときの言葉」を読みましょう。

C　「○○がわかりました」「○○に気がつきました」「○○を見つけました」

T　観察のメモを，詳しい文章に直して，記録する文章を書きましょう。書く順序も考えましょう。

はじめは，月と日。天気も。

T　まず「何を」観察したのかが分かるような「はじめの文」を考えて書きましょう。

T　文の終わりは，「ました」「でした」ですよ。

T　大きさ，色，形は入っていますか。

T　体についていたものは書けていますか。数は？
具体的な視点を個々に助言する。
書き始めると「観察のし直し」をしたくなることも出てくる。そのため，ザリガニも用意しておく。

4 表題も考えて書こう。

書く時間は児童により差がある。個別の指導も行う。早く書けた児童には2枚目を書かせるのもよい。

T　題を考えましょう。よい題を思いつきましたか。

ふつうに考えれば『ザリガニの体と動き』のような題になるが，同じような題でよい。「何を」をはっきりさせる。題を考え，つけるところに意味がある。

（題）『ザリガニの口を見つけた』
○月○日　金曜日　晴れ
　ザリガニ（アメリカザリガニ）を，かんさつしました。ザリガニの目は，まっくろでまんまるでした。手でもつと体の下に口が見えました。口のかたちはハートがわれたみたいな形で，おなかがわにありました。口のよこには，えさをつかむあしがありました。はさみみたいになっていて，にぼしをはさんで，口にもっていきました。
　（以下略）

表題の『ザリガニの口を見つけた』ことは，この児童にとって驚きの発見であり，題からも思いが読み取れる。

板書例

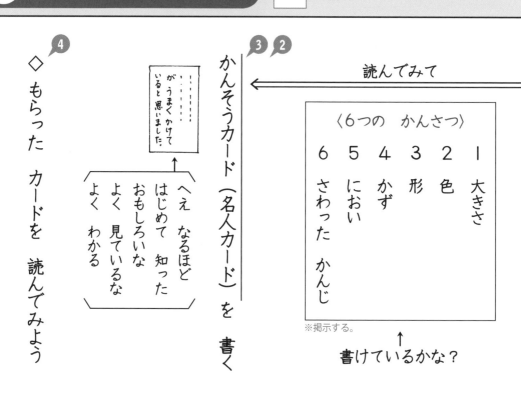

❹
◇ もらった カードを 読んでみよう

❸ ❷
かんそうカード（名人カード）を 書く

│ うまく かけて
│ いると 思いました。
│ ：：：：

へえ なるほど
はじめて 知った
おもしろいな
よく 見ているな
よく わかる

読んでみて

〈6つの かんさつ〉

6 さわった かんじ
5 におい
4 かず
3 形
2 色
1 大きさ

※掲示する。

↑
書けているかな？

POINT 「記録文」を読み，話し合うだけでもよい。「感想カード」を書くなら，「自分がもらってうれしい文」を書くつもりで書かせる。

1 教師が選出した「観察記録文」を読み合おう。

T　今日は，みんなが書いた「観察の記録文」を読み合います。上手なところを見つけましょう。

　　授業までに，前時に書いた観察記録のいくつか（4編くらい）を縮小コピーし，印刷して全員に配る。

T　友達が書いた「観察の記録」を読みましょう。「うまいなあ，名人だなあ」と思うところを見つけて，上手だなと思ったところに線を引きましょう。

T　大きさ，色，形など「6つの観察」が書けているかな。1つ目は，○○さんの「記録」です。線を引いたところを発表してください。

「色は茶色と赤色が混じったような」というのは，ザリガニの色をうまく書いていると思いました。

「つつくと後ろ向きに逃げました。」のところもザリガニらしい動きがよく分かりました。

T　色や動きがうまく書けていた，ということですね。

2 友達の記録文を読んで，「感想（名人）カード」を書こう。

T　2つ目は，△△さんの記録文です。
　　同じように読み合い，よいところを話し合う。

T　読んだ感想をカードに書いて渡せるといいですね。「へえ，なるほど」「初めて気がついた」「おもしろい」と思ったところを書きましょう。

△△さんの「あしの小さなはさみ」を見つけたところがおもしろい。

カード名は「感想カード」「名人カード」などとする。「感想（名人）カード」の文は1〜2文程度とする。書かせるなら負担にならないように配慮する。

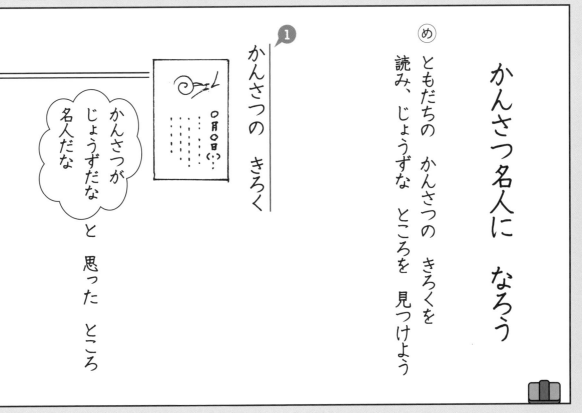

かんさつ名人に　なろう

め　ともだちの　かんさつの　きろくを
　　読み、じょうずな　ところを　見つけよう

①　かんさつの　きろく

　かんさつが
　じょうずだな
　名人だな

　と　思った　ところ

3 グループの友達の「観察記録文」を読み合い，感想をカードに書こう。

　今度は4人ぐらいのグループを作り，回し読みをする。「感想（名人）カード」は，各自3枚書くことになる。

T　グループで「観察の記録」を読み合って，カードを書きましょう。文章を読んで「上手だな」「名人だな」と思ったところを書きましょう。

どう
書こうかな

口の形までよく
見ているな。

　欠点は，できるだけ書かないようにする。誤りなど直すところを指摘するのは，教師の役目とする。

T　「大きさ」や「色」「形」「数」「動き」などは，「観察」で大事なことでした。6つありました。それが書けているところをカードに書いてあげましょう。

　書き進まない児童を見て回り，助言する。

4 観察の「感想（名人）カード」を読もう。

　観察で「うまく書けたところ」は，自分では案外分からないことがある。友達の目を通してみると，気づくことも多い。

T　もらったカードを読んでみましょう。自分の観察のどこがよく書けていたかが，分かります。

「食べる様子が
よく分かった」
と，書いてくれ
ているな。

　各自でカードを読ませるだけでなく，みんなの前でも，代表で何人かにカードを読ませてもよい。

C　「あしも小さなはさみになっていました」と書いてあったので，よく見ているなあと思いました。

　「観察の記録文」は掲示版に貼付するか，学級だよりなどに載せて，みんなが読めるようにするとよい。

板書例

「せいかつ」の べんきょうでも つかおう ④

③ たいせつ

見る
さわる
においを かいて

→ ていねいに かんさつ

2 ていねいに かんさつした ところ
・色、形、かず、におい
・下からも 見た
・うごきかた

3 まねしたい ところ
・口、たべている ようす
・色、形の 書き方
・だっぴ

※児童の発言を取り上げて板書する。

POINT いわゆる「反省会」にしない。できるようになったことを振り返り、話し合うようにする。

1 学習したことを振り返ろう。

T 「かんさつ名人」を目指して勉強してきました。よかったこと、できるようになったことを、話し合いましょう。

色や形を気をつけて見るようになりました。

さわって分かることも書くようになりました。

T 教科書 61 ページの「ふりかえろう」も読んでみましょう。
C 1つ目は「…どんな言葉を使いましたか」です。
C 2つ目は「どんなところを、ていねいに観察しましたか」です。
C 3つ目は「…まねしたいと思ったところ…」です。

「ふりかえろう」は、2年生にはやや抽象的なところもあるが、「言葉では、『綿棒くらいの大きさ』などの言葉も使えましたね。」などと、具体化してやる。

2 教科書の「ふりかえろう」を読み、できたことを書いて発表しよう。

T 「ふりかえろう」を読んで、観察できたところやできたことをノートに書きましょう。○をつけて（箇条書きで）書いてみるといいですね。
T 書いたことを発表しましょう。

○○さんの観察の記録は、ザリガニがはさみでえさを口に持っていくところが上手に書けていました。

わたしは、ザリガニの色をよく見て、工夫して書いたら、よく分かるねと言ってもらいました。

ぼくは、あしの数とか、目の色とかもよく観察して書けました。

T 動き、色、数をよく見て書いたのですね。

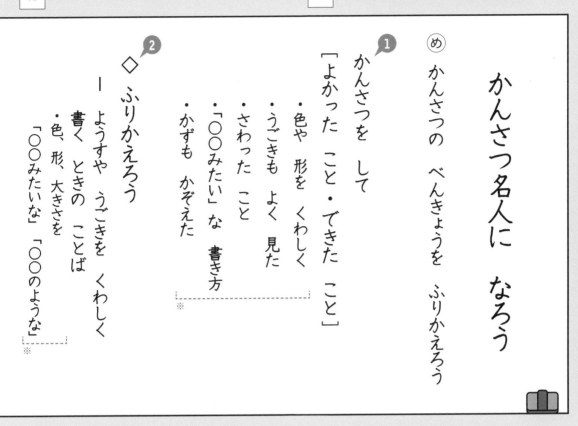

かんさつ名人に　なろう

め　かんさつの　べんきょうを　ふりかえろう

① かんさつを　して
　［よかった　こと・できた　こと］
　・色や　形を　くわしく
　・うごきも　よく　見た
　・さわった　こと
　・「○○みたい」な　書き方　※
　・かずも　かぞえた

◇ ② ふりかえろう
　—　ようすや　うごきを　くわしく
　　　書く　ときの　ことば
　　　・色、形、大きさを
　　　「○○みたいな」「○○のような」　※

---

3 教科書の「たいせつ」を読み, 観察で大事なことを振り返ろう。

T　観察したことを書くときに大事にすることは, 教科書 61 ページの「たいせつ」にも, まとめられています。読んでみましょう。
　　教師が読み, みんなで斉読する。

T　観察するときに大事なことは何でしたか。どんなことをすればよかったのでしょうか。

見たり, 手でさわったり, においをかいだり, 数を数えたり…です。

T　見る, においをかぐ, さわる, などをしましたね。見るときには何に気をつけて見ましたか。
C　大きさ, 色, 形, 長さ, 数, 動き, でした。
C　形は「○○みたいな」という言葉も使いました。

4 生活科の観察にも使っていこう。

T　目や手で観察した様子や動きを, 言葉や数で詳しく書くのが「観察の記録」でした。

T　「6つの観察」で, できたことはどれかな。形や色, 大きさ, 数を見て書くことは, みなさんよくできていましたよ。上手になりました。
C　動きも書くようにしました。

T　6つのことが, 今, 全部できなくても, 書けなくてもいいのですよ。これから, この観察のしかた, 書き方を「生活科」での (育てている野菜などの)「観察の記録」の文章を書くときに使っていきましょう。何回も書いているうちに,「かんさつ大名人」になれますよ。

教師からの評価とまとめを伝える。

いなばの　白うさぎ

◎ 指導目標 ◎

・神話の読み聞かせを聞き，我が国の伝統的な言語文化に親しむことができる。

◎ 指導にあたって ◎

① **教材について**

　　昔から伝えられてきたお話（神話もその 1 つ）を読み聞かせる単元です。昔話などの語りや読み聞かせは，児童にとって楽しみの 1 つであり文化でした。もちろん，今も低学年の児童は，読み聞かせを聞くのが大好きです。児童はお話を聞きながら，登場人物のふるまいや情景を，頭の中に思い描いています。その自由な想像の広がりは，楽しいだけでなく児童の育ちにも大切なものだといえます。

　　だれもが一度は聞いたことのある『いなばの白うさぎ』は，古事記の中の出雲神話の 1 つで，オオクニヌシはその後多くの兄たち（八十神）をも従え，国の主になる人物（神様）です。ここでのオオクニヌシは，白うさぎに対する思いやりのある行為を通して，知恵と優しさを備えた人物として描かれています。また，白うさぎが語る「わに（さめ）とのいきさつ」も，児童の興味を引くでしょう。まずは，お話を楽しませ，人物像やストーリーをとらえさせます。その後，郷土の昔話などにも広げて，聞くことや読むことの楽しさに気づかせるよう働きかけます。

　　昔話は，児童がはじめに関心を寄せるジャンルです。多くの児童が昔話の読み聞かせを入り口にして，文字の世界に入り読書の楽しさを知っていくでしょう。

② **個別最適な学び・協働的な学びのために**

　　「お話を聞く」ということは，一方的で受動的な活動ではありません。児童は，聞いた言葉をもとに，人物像や情景を頭の中に作り出しています。これは，極めて主体的な活動といえます。つまり，自分のもっている言葉や経験をもとに，耳から入ってくる言葉と対話しているのです。このような聞き取りの力は，聞く活動だけでなく，文字を通して文を読み取っていく学習でも欠かせないものとなります。

　　ここで，それぞれの児童が人物や情景を頭に思い描くもとになるのは，耳から入る言葉が全てです。ですから，児童をよく知る先生の肉声で，表情も見ながら十分な間をとって語りかけるように聞かせます。また，図書室等で読み手を囲んで座らせるなど，聞く場所や形も工夫できます。絵，文ともによい絵本も多く出ています。読み聞かせから自主的な読書に広げていくのも学びを深めることとなります。

知識 及び 技能	神話の読み聞かせを聞き，我が国の伝統的な言語文化に親しんでいる。
主体的に学習に取り組む態度	進んで神話の読み聞かせを聞き，これまでの学習をいかして感想を伝え合おうとしている。

◎ 学 習 指 導 計 画 　 全 2 時 間 ◎

次	時	学習活動	指導上の留意点
1	1	・『いなばの白うさぎ』の読み聞かせを聞く。 ・大まかな出来事と登場人物についての感想を話し合う。	・お話に入りやすくするために，出てくる古語や地名，登場人物については，読み聞かせの前に説明しておく。
	2	・昔から伝えられてきた郷土のお話の絵本を読む。	・郷土（県，地域）にも，伝えられてきた伝説や昔話があることを話し合い，興味，関心をもたせる。 ・児童にも昔話などの本を持ち寄るよう呼びかけておく。（ただし，児童の実態に配慮する）

いなばの　白うさぎ
第 1 時（1/2）

板書例

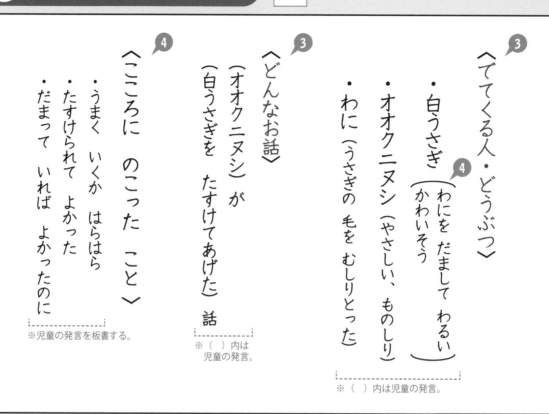

④

〈こころに　のこった　こと〉

・だまって　いれば　よかったのに
・たすけられて　よかった
・うまく　いくか　はらはら

※児童の発言を板書する。

③

（オオクニヌシ）が
（白うさぎを　たすけてあげた）話

〈どんなお話〉

※（　）内は児童の発言。

③

〈でてくる人・どうぶつ〉

・白うさぎ ┌ わにを　だまして　わるい
　　　　　└ かわいそう
・オオクニヌシ（やさしい、ものしり）
・わに（うさぎの　毛を　むしりとった）

④

※（　）内は児童の発言。

POINT　聞き慣れない地名やワニなどの言葉が出てくる。説明や板書の絵図などを用いて児童の理解を助ける。

1 どんなお話なのか，出てくる人物や場所をとらえよう。

本時のめあてとお話の場面を伝え，聞く姿勢を作る。

T　日本には，昔から伝えられてきたお話がたくさんあります。今日は，その1つ『いなばの白うさぎ』というお話を先生がお話しします。教科書62ページです。

C　知ってるよ。うさぎがわにをだますお話です。

児童の「知ってる」は，「聞いたことがある」程度のことが多い。知らないことを前提にすすめる。

T　題名の「いなば」って何か分かりますか。「いなば」というのは，今の鳥取県あたりの古い呼び名です。そこにいたのがいなばの白うさぎですね。

日本地図などを見せて，因幡（鳥取県）を示すとよい。

T　出てくる人はオオクニヌシ，そして白うさぎ。挿絵を見て指しましょう。オオクニヌシはどの人？そして，さめのことを昔はわにと言ったのです。

オオクニヌシは白うさぎの頭をなでている人だね。

「さめ」を「わに」と言うって変だな…。

2 『いなばの白うさぎ』の読み聞かせを聞いて、イメージをふくらませよう。

T　先生がこのお話を読みます。挿絵も見ながら聞きましょう。「むかし，むかし，大むかし。いずもの国に，八十人もの神様の兄弟がいました。…」

すごい数の兄弟だなあ…

いずもの国って何だろうな。

1節目でいったん立ち止まり，場所，登場人物など場面設定を押さえると，そのあと児童が聞きやすくなる。

出てくる地名と位置関係は，板書で理解を図る。いずも（出雲）の国＝今の島根県あたり，けた（気多）のみさき（ここでは海岸），おき（隠岐）の島も後で板書する。また，「赤はだか」や「がまの穂」なども説明が必要。

教師による読み聞かせがベストだが，教科書QRコンテンツの朗読（動画）を聞かせてもよい。読み聞かせの後，「教科書146ページにもこのお話が載っています。あとで読んでみましょう」と呼びかけておく。

準備物	・場所を示すことができる日本地図など QR ・参考画像（がまの穂）QR
ICT	神話に出てくる地名や地形は難しいものが多い。地図アプリや画像を活用して，児童が想像しやすくする。日本の神様を調べてもよい。

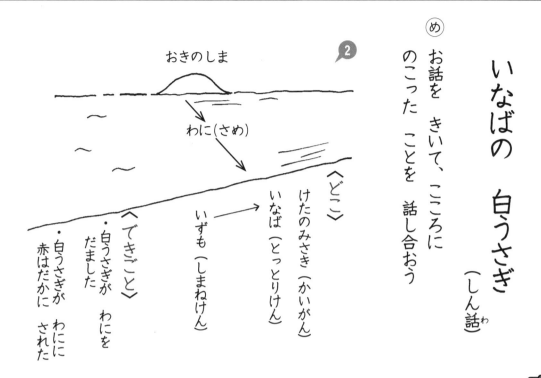

いなばの 白うさぎ （しん話）わ

め お話を きいて、こころに のこった ことを 話し合おう

おきのしま
わに（さめ）
❷

〈どこ〉
けたのみさき（かいがん）
いなば（とっとりけん）
いずも（しまねけん）

〈できごと〉
・白うさぎが わにを だました
・白うさぎが わにに 赤はだかに された

---

3 人物のしたことや、おおまかなできごとについて話し合おう。

読み聞かせのあと，どんなお話だったのかを確かめ合う。
T お話に出てきたのは，だれでしたか。
C オオクニヌシと白うさぎと，わに（さめ）でした。
T 白うさぎは，だれにどんなことをしましたか。
C わにをだまして並ばせました。
C わにの上をぴょんぴょん跳んで海を渡ろうとした。
T 白うさぎは，うまく海を渡れたのですか。白うさぎは，そのあとどうなりましたか。
C 失敗して，怒ったわにに毛をむしり取られました。
C でも，オオクニヌシという神様に助けられました。

T すると，『いなばの白うさぎ』は，だれがだれにどんなことをしたお話だったといえるでしょうか。

白うさぎはわにに毛をむしられたけれど…オオクニヌシというやさしい神様が来て白うさぎを助けたお話でした。

4 人物についてどう思ったのかなど、心に残ったことを話し合おう。

T 白うさぎのしたことや白うさぎの様子を聞いて，どう思いましたか。
C わにをだましたのは悪い。でもうまく考えたな。
C 赤はだかにされた白うさぎは，かわいそうでした。
T オオクニヌシを見てどんな神様だと思いましたか。
C 兄さんの神様たちと反対で，やさしい神様です。
C 傷の治し方を知っている物知りなえらい神様です。
T お話を聞いて，どんなところが心に残りましたか。

うさぎがわにをだましたのは悪いけれど…うまくいくのか，はらはらしました。

やさしいオオクニヌシに助けられたところでよかったなあと思いました。

うさぎは渡り終えるまで黙っていればよかったのに。

どんな感想や思いも認めていくようにする。感想をうまく言えない児童にも配慮する。

いなばの　白うさぎ

本時の目標　昔話は，日本の各地にあることが分かり，自分たちの地域に伝わるお話を知る。

板書例

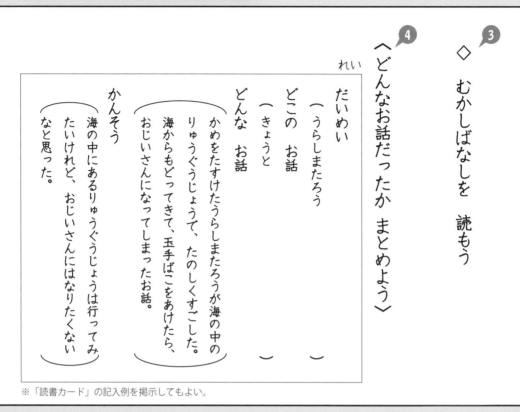

③ ◇ むかしばなしを　読もう

④ 〈どんなお話だったか　まとめよう〉

れい

だいめい
（　うらしまたろう　　　）

どこの　お話
（　きょうと　　　　　）

どんな　お話
かめをたすけたうらしまたろうが海の中の
りゅうぐうじょうて、たのしくすごした。
海からもどってきて、玉手ばこをあけたら、
おじいさんになってしまったお話。

かんそう
海の中にあるりゅうぐうじょうは行ってみ
たいけれど、おじいさんにはなりたくない
など思った。

※「読書カード」の記入例を掲示してもよい。

POINT　自分が住む都道府県内や地域に伝わっている昔話（絵本など）をいくつか準備しておく。

1 日本の各地に伝わるお話を見てみよう。

本時のめあてとお話の場面を伝え，聞く姿勢を作る。

T 『いなばの白うさぎ』は，因幡（今の鳥取県）に伝わるお話でした。この他にも日本には，<u>いろいろなところにこのような昔のお話が伝わっています。</u>

T 教科書にも出ています。64 ページを見てみましょう。知っているお話はありますか。

> 『ぶんぶくちゃがま』を読んだことがあります。

> 『一休さん』『ももたろう』は，知っています。

> 『ももたろう』は，どこに伝わったお話なのかな？

それぞれのお話はどこの地域の話なのか，日本地図を示しながら簡単に説明する。自分たちの地域，県にはどんな話があるのか，興味をもたせる。

C 私たちの町や県にも伝わるお話はあるのかな。

2 わたしたちの町に伝わるお話を聞こう。

T わたしたちの地域（県）に伝わるお話には，○○や□□があります。

「都道府県の昔話一覧」QR 参照。

T わたしたちの暮らす京都には，『うしわかまる』のお話があります。これから，先生が読んでいきます。

多くの地域には「○○県，町の昔話」の本があるので，これらの中から 1 つか 2 つ選んで読み聞かせる。

> 橋の上で牛若丸と弁慶が戦うお話だね。

T よかったところは，どんなところでしたか。
C 小さな牛若丸なのに，弁慶に勝つところ。
C 牛若丸がとても身軽なところがすごかった。

| 準備物 | ・日本地図 QR　　　　　　・都道府県の昔話一覧 QR
・地域の昔話や神話，伝説の本や絵本など何冊か。
　昔話の本を児童に持ち寄らせるのもよい。
・読書カード用紙 QR |

| ICT | 全国の神話をネットで検索してもよい。低学年は，教師の支援が必要である。支援をしながらネットで検索する経験を積ませたい。 |

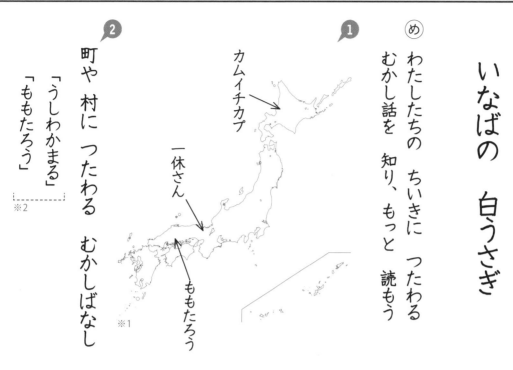

❷

町や　村に　つたわる　むかしばなし

「うしわかまる」
「ももたろう」
※2

❶

め

いなばの　白うさぎ

わたしたちの　ちいきに　つたわる
むかし話を　知り、もっと　読もう

カムイチカプ

一休さん

ももたろう
※1

※2. 自分たちの地域に伝わる昔話の題名を板書する。　　※1. QR コンテンツの日本地図を掲示する。

---

3 各地に伝わる昔話を読んでみよう。

T　このような昔話の本を，今度は自分で読んでみましょう。

『大工と鬼六』がおもしろそう。

わたしは『かにむかし』を読もうかな。

T　持ってきた本があれば，それを読みましょう。友達と交換して読んでもいいですよ。

図書室へ行ってもよいが，本の数も限られている。家から持ってくるように，前もって学級通信等で呼びかけておくのも１つの手だてになる。（ただし，児童の実態に配慮する）
長い難しい内容でなく，児童が楽しく読めるような簡単なストーリーのものがよい。児童に応じて薦める本があってもよい。

4 読んだお話のことを読書カードに書いておこう。

T　読んだ本のことを，カードに書いておきましょう。

読書カードを作っているクラスは多い。それに日付や題名を書かせておくと，「読んだ」という励みになる。
あらすじ欄や感想欄があれば，「よかったところ」など，負担にならない程度に書かせてもよい。

『いっすんぼうし』を読んだ。大阪のお話で小さな子が鬼をやっつけて，打ち出の小づちで大きくなったお話。おもしろかったな。

T　○○さんは京都の『浦島太郎』を読んだのですね。
C　とても不思議なお話でした。

時間があれば，読んだ本の題名やどこのお話なのかを児童どうしでも紹介し合う。「よかったところ」を簡単に交流するのもよい。

同じ　ぶぶんを　もつ　かん字

◎　指導目標　◎

・第 2 学年までに配当されている漢字を読むことができるとともに，文や文章の中で使うことができる。

◎　指導にあたって　◎

①　教材について

　2 年生は，この時期までにかなりの数の漢字を学習しています。一方，形も様々で複雑に見える漢字も，よく見るといくつかの基本的な形でできているものがあることに気づき始めています。偏や旁（つくり）など，部首はその代表です。そこで，この時期をとらえて，そのような漢字を構成している部分（要素）に着目させ形をとらえさせます。これは漢字を習得していく上でも，大切な見方です。本単元では，その始めとして，まず「森」や「村」「本」など，比較的分かりやすい「同じ部分をもつ漢字」を調べ，共通している部分（ここでは「木」）があることに気づかせます。そして，次に「漢字の部分に着目する目」を使って既習の漢字を調べ，その形を見直させるようにします。

②　個別最適な学び・協働的な学びのために

　ここで，主体的に個別で取り組ませたい活動は，教科書の「森」や「村」などの漢字から，同じ部分を見つけ出すところです。友達の見方とも照らし合わせ，対話を通して「木」という共通部分を確かめ合います。そのほか，様々な漢字の中からその同じ部分を見つけ,「同じ部分をもつ漢字」として仲間分けする，という活動もできます。また，既習の漢字から同じ部分をもつ漢字を探し出すという活動も，児童は主体的に取り組めるでしょう。その際，「この漢字もそうだね。」とみんなで話し合い，対話を通して学びを広げ深めることができます。ほかに，ゲーム的要素を入れるなど展開は工夫できます。ただ，どんな活動であっても押さえておくべきことは「漢字の部分」に着目する，という見方，考え方です。

　2 年生は漢字に興味をもち，読み書きできる漢字が増えていくことに，喜びをもつ児童が多くなる時期です。この学習を通して，漢字の形や組み立てなど，文字そのものへの興味，関心ももたせることができます。

知識 及び 技能	第 2 学年までに配当されている漢字を読み，文や文章の中で使っている。
主体的に学習に取り組む態度	積極的に第 2 学年までに配当されている漢字の読み書きに取り組み，学習課題に沿って，同じ部分をもつ漢字を見つけようとしている。

◎ 学習指導計画　全 2 時間 ◎

次	時	学習活動	指導上の留意点
1	1	・教科書 P65 の挿絵と漢字をもとに，「同じ部分がある」という観点で漢字を仲間分けしたり，いくつかの漢字から同じ部分を見つけたりする。 ・漢字には同じ部分があることに目をつけて，教科書 P66 の例文の漢字を読んだり書いたりする。	・新出漢字は，まず読み方を指導しておく。 ・児童に応じて，他に適切な例文があれば準備しておく。
	2	・巻末付録などの既習漢字一覧から，同じ部分をもつ漢字を探し出し，「漢字発見カード」にまとめる。 ・「漢字発見大会」をする。	・巻末の「習った漢字」「習う漢字」ページを活用させる。 ・同じ部分をもつ「漢字発見」は，グループで活動させる。

同じ ぶぶんを もつ かん字

第 ❶ 時 （1/2）

本時の目標: 漢字には同じ部分を含む字があることに気づき，その部分に注意して読んだり書いたりすることができる。

板書例

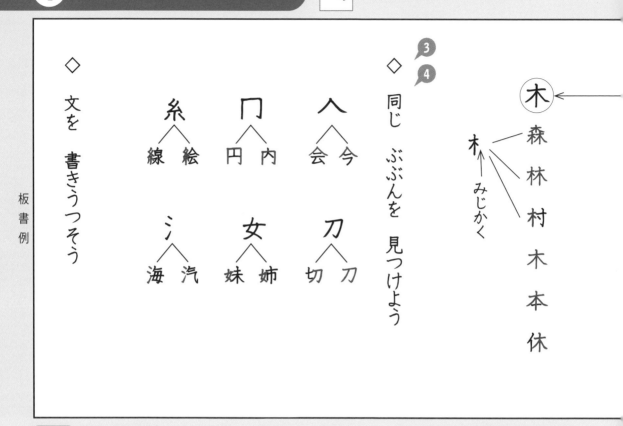

◇ 文を 書きうつそう

糸
　└絵
　└線

冂
　└内
　└円

人
　└今
　└会

氵
　└汽
　└海

女
　└姉
　└妹

刀
　└刀
　└切

◇ 同じ ぶぶんを 見つけよう

❸
❹

木

森 林 村 木 本 休

木 ← みじかく

POINT 漢字の「同じ部分見つけ」は，「大発見」などと評価し，興味をもたせる。また，時間配分は，展開4の書く活動に半分

---

1 漢字を見て，同じところを見つけよう。

T　3つの漢字があります。まず読んでみましょう。
　「石」「名」「右」の漢字を提示し，みんなで読む。

T　この3つの漢字は，なかまです。漢字（の形）を見て，同じところはないか，考えてみましょう。

え，同じようなところ？あるかなあ。

あ，どの漢字にも「口」が入っている。

T　漢字のどこに口があるのかな。赤チョークでなぞりに来てください。
　黒板に書き込みに来させる。

T　このなかま（グループ）に名前をつけるとしたら？

C　「口グループ」かな。

C　「口のなかま」かなあ…。

T　こんな「口グループ」に入る漢字は他にないかな？

C　「言う」の「言」もそうです，「口」があります。

2 教科書 P65 の 6 つの漢字を見て，同じ部分を見つけよう。

T　教科書に6つの漢字が出ています。読みましょう。

T　「木」「森」「村」「林」「休」「本」，この6つの漢字にも同じ部分があります。どこが同じなのか，見つけてみましょう。まず，ノートにこの6つの漢字を書きましょう。

見つけた！どの漢字も「木」が入っています。

ぼくも…「木」を見つけた。

T　どこに「木」があるのか，ノートの漢字の「木」のところを赤でなぞりましょう。

T　「何グループ」の漢字と言ったらいいでしょうか。

C　「木グループ」です。全部「木」が入っています。

T　いちばん「木」が多いのは？…そう「森」ですね。

C　木のそばにいる人（イ）だから「休」なのか。

C　松下さんの「松」も木で，「木」が入っているね。
　同様に「本」も木の根元を示しているなど，話し合う。

132

準備物　・「石」「名」「右」の漢字カード QR（板書してもよい）

ICT　第2学年までに配当されている漢字を1文字ずつフラッシュカードにして作成する。この時間だけなく，毎時間繰り返すことで，定着を図る。

め　同じ　ぶぶんを　もつ　かん字を　見つけよう

同じ　ぶぶんを　もつ　かん字

①（同じところは？）

石　名　右

どの　かん字にも　同じ　ぶぶん ＝「口」同じ　ぶぶん

ほかに…言

② 同じ　ぶぶん

の時間を当てる。

3　教科書 P66 の 6 つの問題の文を読もう。

T　漢字の中に「木」があるとき，「木」の形が変わる漢字があります。分かりますか。

C　「村」と「林」。左の木がちょっと小さいです。

T　「林」や「村」が「木木」「木寸」とならないように気をつけて書きましょう。

　　板書して違いを見せた後，ノートに書かせ，黒板にも正しい字形を書かせる。

T　同じ部分をもつ漢字は，他にもあります。先生が読みますから，後について読みましょう。読み仮名もつけましょう。

「今，おかあさんは会社にいる。」たしかに，「今」と「会」は形が似ているなあ。

　　教科書 P66 の 6 つの文をゆっくり範読して，読み仮名もつけさせる。読みながら，漢字の同じ部分にも気づいてくる。

T　漢字の同じ部分を鉛筆でなぞりましょう。

4　文中の漢字の同じ文を見つけよう。 教科書の文を書き写そう。

　　時間配分では，半分の時間をこの活動に当てる。

T　1つ目の，「今」と会社の「会」には，同じ部分はありましたか。見つかりましたか。

見つけた！「今」と「会」は上の部分が同じです。

他の文の漢字にも同じ部分があるね。

「今」のラを「云」に変えると，「会」になるよ。

T　「切」には切る「刀」が入っていますね。
　　同じ部分を確かめ合わせ，漢字に興味をもたせたい。

T　今度は，教科書の文を書き写して，漢字の同じ部分を赤鉛筆でなぞりましょう。

　　6 つの文を視写させ，同じ部分を意識して書かせる。

同じ　ぶぶんを　もつ　かん字
第 ❷ 時 （2/2）

本時の目標　既習の漢字から，「同じ部分をもつ漢字」を見つけ，漢字をなかま分けすることができる。

板書例

◇しらべよう
〈ならった／ならう〉かん字　から

④

◇はっぴょうしょう
（おもて）　（うら）

口	…	足 石 右 名 言 話
日	…	百 早 晴
大	…	犬 太
田	…	男 町 細
子	…	字 学
目	…	見 貝

ゆうしょう　5はん　□こ

※児童にカードを貼らせていき，たくさん発見した班を優勝とする。

POINT　グループで「同じ部分をもつ漢字」を見つける活動に，十分な時間をとる。

1　前時の学習を振り返り，本時のめあてと漢字を探す場所を知ろう。

T　前の時間に，同じ部分をもつ漢字をいくつか見つけました。どんな漢字でしたか。

C　森，林，村，本…みんな「木」がついていました。

T　「木」のなかまの他にも，同じ部分をもつ漢字は，ありそうです。今日は，グループで同じ部分をもつ漢字をできるだけたくさん探していきましょう。

「口」のつく漢字は，「石・右・名」の他にもたくさんありそう。

おもしろそう，早くやりたいな。

T　巻末付録の「ならった漢字」「ならう漢字」のページを見てみましょう。そのページを開けましたか。今日はこれらの漢字の中から，「線」「絵」の「糸」のように「同じ部分をもつ漢字」を探します。「漢字発見大会」です。グループで，できるだけたくさん見つけましょう。

2　漢字の調べ方，書き方を確かめよう。

T　見つけた漢字は，この「漢字発見カード」に書いていきます。（見本を見せる）

T　「森」と「村」なら，表にはどちらも同じ「木」と書きます。そして，裏には「森」「村」と書いていくのです。

木のカードはいっぱいできるね。

森も村も表は木だ。

学と字ならカードの表は子になるね。

各グループに「漢字発見カード」を30枚ずつ配る。
また，教師が（口，日，大，田，子，木，言，糸，目）などの共通部分を書いたカードを準備しておく。他に「へん」「つくり」「かんむり」などの部首が出てくれば，そのときに書く。

T　同じ部分をもつ漢字は2つとは限りません。「木」のように5つも6つもあるかもしれませんよ。

準備物
- 「漢字発見カード」（12㎝×10㎝程度）（各グループに30枚程度）・ペン
- 共通部分カード（黒板掲示用）QR
- 「同じ部分をもつ漢字」資料 QR

ICT　特別に支援が必要な児童には，展開4で板書にまとめたような内容の資料を作成し，児童に送信。タブレットを使って，同じ部分をなぞらせてもよい。

同じ　ぶぶんを　もつ　かん字

め　同じ　ぶぶんを　もつ　かん字を　見つけて、なかまに　わけよう

① （同じ　ぶぶん）

（木）　かん字　林・森・村・本…

（糸）　線・絵…

かん字はっ見大会

② ③
◇「かん字はっ見カード」に　書こう
（おもて）　（うら）
木 ： 森
木 ： 村
木 ： 木

3　グループで調べて「カード」に書いていこう。

T　まず、「これまでならったかん字」のページを見て，探してみましょう。見つかるかな。

C　「足」という字に「口」が入っています。

T　カードに書いておきましょう。表は「口」，裏は「足」と書くのでしたね。（やり方を確認する）

T　次のページ「この本でならうかん字」（本単元までの既習漢字）も見て探しましょう。

T　グループで漢字を探して教え合ってカードに書いていきましょう。時間は10分です。何枚書けるかな。

見つけた！ 目 と 見 です。

百 早 は 日 の なかまだね。

晴 も 日 の なかまだ！

見て回り，グループごとに指導助言をする。

4　調べて見つけた漢字を発表して確かめ合おう。

T　はい，時間です。いくつの漢字が見つかったのか，グループごとに発表しましょう。

C　ぼくたちは全部で○○個の漢字を見つけました。

T　では，どんな漢字を見つけたのか，カードを黒板に貼って発表してください。

田 ： 男
田 ： 町

男 町 という漢字を見つけました。同じ部分は 田 です。

他のグループも発表させ，同じ漢字カードは重ねて貼らせる。間違った漢字はみんなで訂正する。

T　いちばん多くの漢字を見つけて「漢字カード」を○枚書いたのは，5班でした。（拍手）

T　気づいたこと，思ったことも発表しましょう。

C　「見」に「目」が入っていて，なるほどと思った。

このような漢字の意味にも気づいた発言をほめるとよい。

お話を　読み，すきな　ところを　つたえよう

スイミー

◎　指導目標　◎

・場面の様子に着目して，登場人物の行動を具体的に想像することができる。
・身近なことを表す語句の量を増やし，話や文章の中で使うことで，語彙を豊かにすることができる。
・場面の様子や登場人物の行動など，内容の大体を捉えることができる。

◎　指導にあたって　◎

① **教材について**

　『スイミー』は，子どもが大きくなっても，覚えている物語の1つです。「みんな赤いのに，一ぴきだけは…まっ黒」なスイミーが，「ぼくが目になろう」と言って，なかまと力を合わせて大きな魚を追い出します。その姿に，児童はわくわくしながらも，「かしこさ」を読み取ります。絵本の表紙にも「ちいさなかしこいさかなのはなし」とあります。スイミーの行動からは，知恵とともに勇気や意思の力，協力といった「かしこさ」があることに気づくでしょう。

　この物語は5つの場面で構成されています。場面の移り変わりに沿って，出来事とその時々のスイミーの姿を読み，人物像を捉えていきます。そして，最後に，この物語の好きな場面とそのわけを書き，友達とも伝え合います。

　なお，この物語は，簡潔でテンポのよい文章で展開していきます。ですから，声に出して読むと，読む心地よさやリズムを感じとることができます。音読は，児童も好む活動です。2年生の国語力の基礎として，視写などとともに，いろんな学習場面で音読を取り入れます。音読は，読み取ったこと（理解）の表現活動でもあるからです。

② **個別最適な学び・協働的な学びのために**

　「ミサイルみたいに　つっこんで…」という言葉（比喩）からは，おそってきたまぐろの「スピード」とともに，「恐ろしさ」も読み取れます。そして，児童も，それぞれの頭の中にその情景を作り出し，思い浮かべます。このように，「読む」ということ自体，受け身ではなく，主体的で創造的な活動だといえます。

　一方，その場面を見て，自分はどう思ったのかを語り合う協働的な学びも大切にします。同じ場面を読んでも，そこから受ける印象は人それぞれです。そして，それを交流することで「読み」にも広がりが生まれます。

　また，「スイミーは…さびしかった」「…かなしかった」といった表現もあります。その際，ただ「さびしかったんだな」と読むだけでなく，その背景も考えます。「さびしさ」「かなしさ」にもいろいろあります。そして，このときは，どんなことがあって「さびしかった」のか，何があって「かなしかった」のかを話し合うことも，読みを深める協働的な学びといえます。ただ，その際には，自分の思いや想像を述べるだけでなく，文章に書かれていることをもとにして話し合う姿勢が大切になります。それから，このお話を読みすすめる上で，「みんなで協力すると，1つのことが成し遂げられる」などといった教訓話には，短絡させない方がよいでしょう。

　そして，場面それぞれの情景やできごと，人物の動きなど，物語の基本的な事柄や流れをきちんと読み取った上で，「好きな場面」「心ひかれたところ」などを書いて交流します。

◎ 評価規準 ◎

知識 及び 技能	身近なことを表す語句の量を増やし，話や文章の中で使うことで，語彙を豊かにしている。
思考力，判断力，表現力等	・「読むこと」において，場面の様子や登場人物の行動など内容の大体を捉えている。 ・「読むこと」において，場面の様子に着目して，登場人物の行動を具体的に想像している。
主体的に学習に取り組む態度	粘り強く場面の様子に着目して登場人物の行動を想像し，学習課題に沿って自分の好きな場面を伝え合おうとしている。

◎ 学習指導計画　　全 9 時間 ◎

次	時	学習活動	指導上の留意点
1	1	・「スイミー」の話を想像し，学習課題を捉える。 ・先生の範読を聞き，自分で最後まで読み通す。	・読むことへの期待感をもたせ，学習課題は，「お話を読み，すきなところをつたえよう」とする。
	2	・全文を読み通し，「すきだな」と思ったところを書いて，発表し合う。	・読んだ文章から，「スイミーとはどんな魚か」についても話し合い，書くことにつなぐ。
2	3	・通読し，「スイミー」の話を 5 つの場面に分ける。 ・①の場面を読み，スイミーらしさと魚たちの平和なくらしの様子を捉える。	・「場面」とは，「いつ」や「どこ」の「できごと」などが 1 つのまとまりになっているところと捉え，「スイミー」の場面の分け方を考えさせる。
	4	・②場面を読み，「ある日」まぐろがつっこんで来たとき，赤い魚たちとスイミーはどうなったのか，その様子を読み取る。	・赤い魚はみんな飲み込まれ，スイミーだけが逃げて助かったことを話し合う。 ・助かったスイミーの悲しさにも目を向けさせる。
	5	・③場面を読み，なかまを亡くしたスイミーが，海のすばらしいものと出合い，元気を取りもどしていった姿を読み取る。	・「にじ色のゼリーのようなくらげ」などの比喩表現のおもしろさにも気づかせ，美しい海の中の情景を想像させる。
	6	・④場面を読み，赤い魚たちに「出てこいよ」と呼びかけ，考えるスイミーの姿を読み取る。	・スイミーは「何を」うんと考えたのかを考えさせる。 ・「大きな魚のふり」とは何かを説明でも補う。
	7	・⑤場面を読み，スイミーが「ぼくが目になろう」と言って大きな魚の目になり，なかまとともにまぐろを追い出した姿を読み取る。	・スイミーが，目になったわけを話し合う。 ・大きな魚みたいになって泳いだ朝の海や昼の海の情景と，魚たちの心情も想像させる。
3	8	・スイミーのしたことや出来事を振り返り，「好きな場面とそのわけ」を書きまとめ，発表し合う。	・場面ごとの，おもな出来事を振り返っておく。 ・「すきな場面」の発表のあと，感想を伝え合う。
	9	・学習を振り返り，まとめをする。 ・「この本　読もう」に出ている　レオ＝レオニの絵本の紹介を聞く。	・この学習をして「よかったこと」「できたこと」を出し合って，まとめる。 ・できれば，どれか 1 冊を読み聞かせる。

スイミー
第①時 （1/9）

板書例

③ め
スイミーの　お話を
聞いてみよう　読んでみよう

◇
○ 先生の　音読を　聞いてみよう
○ スイミーは→どんな　魚？
　　　　　　↓
　　　する　ことは？
○ どんな　できごとが？

◇
読んでみよう

④
〈こころに　のこった　ところ〉
（かんそう）
・「ぼくが、目に　なろう。」
・大きな　魚を　おい出した。
・一ぴきだけ　まっ黒、はやい

※児童の発表を板書する。

POINT　新しい物語との出会いの時間になる。題名から主人公や内容を想像させたり，話し合ったりして「読みたい」という意欲，

---

1 題名と，とびらの文を読んで話し合い，お話への興味と関心を高めよう。

T　（「スイミー」の絵本を見せながら）今日から，このお話を勉強していきます。同じお話が教科書にも出ています。開けましょう。

T　題名の『スイミー』って，何でしょう。

スイスイ泳ぐから，『スイミー』なのかな。

魚の名前です。分かるよ。名前が『スイミー』だね。はじめの文に「魚の『スイミー』って書いてある。

教科書 P67 のとびらのリード文と挿し絵を見る。

T　スイミーはどれかな。絵を押さえてごらん。

T　黒い色ですね。では，文も読んでみましょう。

C　「魚の『スイミー』は，きょうだいたちと…ところが，ある日　たいへんなことがおこります。」

C　へえ，スイミーには兄弟がいるんだね。

2 学習課題をとらえ，作者（レオ＝レオニ）を確かめよう。

T　このお話で，どんな勉強をしていくのかが，とびらに書いてあります。みんなで読んでみましょう。

C　「お話を読み，好きなところをつたえよう」

T　読んでみると，きっと「ここがいいな」などと「好き」になるところが出てくると思いますよ。

教科書 P78 を開かせ，「といをもとう」「もくひょう」を斉読し，学習の見通しをもたせる。

T　では，はじめのページ（P68）を開けましょう。

T　スイミーを書いた人はだれでしょう。挿絵を描いた人はだれでしょう。どんな名前の人ですか。

お話を書いた人は，レオ＝レオニ。

「さく・絵」だから，絵を描いた人も，レオ＝レオニです。

T　「やく（訳）」というのは，外国語の文章を日本語に直した人です。谷川俊太郎という人が訳しました。

| ICT | 物語文や説明文の場合は，教師の範読をタブレットに録音しておく。それを児童のタブレットに送信しておくと，自分のペースで聞き返すことができる。 |

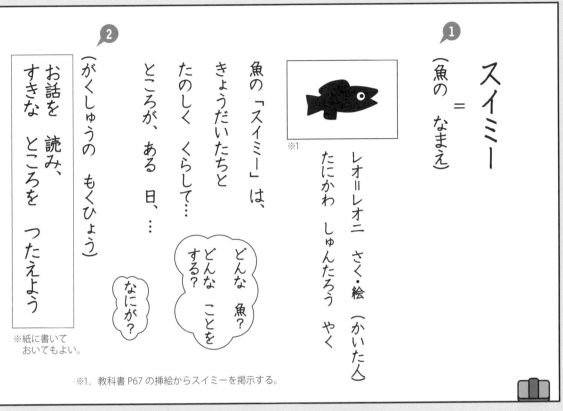

❶

スイミー
＝
（魚の　なまえ）

レオ＝レオニ　さく・絵　（かいた人）
たにかわ　しゅんたろう　やく

※1

❷

（がくしゅうの　もくひょう）

魚の　「スイミー」は、
きょうだいたちと
たのしく　くらして…
ところが、ある　日、…

どんな　魚？

どんな　ことを
する？

なにが？

お話を　読み、
すきな　ところを
つたえよう

※紙に書いて
おいてもよい。

※1．教科書 P67 の挿絵からスイミーを掲示する。

関心をもたせて範読に入る。「学習課題」は，2年生には難しくならないよう簡潔に伝える。

3 教師の音読（範読）を聞き，全文を，みんなで，また1人で読み通そう。

T　これが，もとの絵本です。
　　絵本の表紙と中身を少し見せる。

C・（表紙の副題に）「小さなかしこい魚のはなし」って書いてある。「賢い」って，スイミーのことかなあ。
　　範読を聞かせる前に，新出漢字の読み方を教え，読めるようにしておく。（小黒板などを利用）

T　まず，先生が読みます。どんなお話かな。スイミーはどんな魚で，何をするのでしょうね。（範読）

T　こんどは，みんなで声を出して読みましょう。
　　教師と児童全員で音読する。（斉読）

広い海のどこかに，小さな魚の
きょうだいたちが，…

T　今度は1人で読んでみましょう。（1人読み）
　　そろえなくてよい。まず，正しく読むことをめあてにして，児童それぞれが自分の速さ，ペースで読む。

4 心に残ったところを話し合おう。

T　心に残ったところは，どんなところでしたか。
　　作品との出会いとして，「読んで思ったことを書きましょう」でもよいが，まず「心に残っているところはどこかな？」「いいなあと思ったところは？」のように「どこが」にしぼって感想を話し合うと「ぼくと同じだ。」などと，共感も広がる。

「ぼくが　目になろう」のところがよかったです。それは，1ぴきだけ真っ黒なスイミーにしかできないからです。

「みんなはおよぎ，大きな魚をおい出した。」のところが心に残りました。それは，…。

　　どんな感想も認めるようにする。発表が終われば，拍手と教師からのほめ言葉がひと言あるとよい。

T　発表を聞くと，大きな魚を追い出したところが気に入った人が多かったようです。また，いろんな感想があることも分かりましたね。次の時間には，このような思ったことを文にして書いてみましょう。

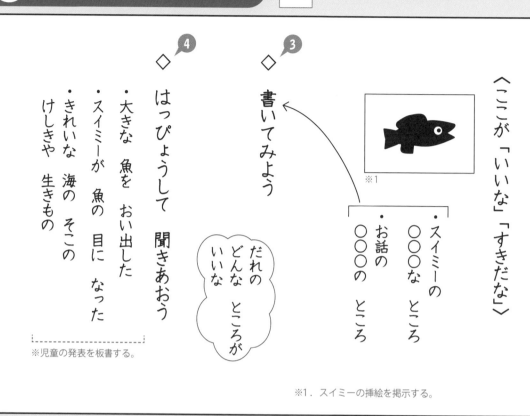

スイミー
第 2 時（2/9）

本時の目標 全文を読み通し，スイミーの様子や出来事を簡単に振り返り，この物語で「好きだな」と思ったところを書き，友達と伝え合うことができる。

板書例

〈ここが「いいな」「すきだな」〉

・スイミーの ○○○な ところ
・お話の ○○○の ところ

※1

③ ◇ 書いてみよう

だれの どんな ところが いいな

④ ◇ はっぴょうして 聞きあおう
・大きな 魚を おい出した
・スイミーが 魚の 目に なった
・きれいな 海の そこの けしきや 生きもの

※児童の発表を板書する。

※1．スイミーの挿絵を掲示する。

POINT 新しい物語と出会って 2 時目，まずは全文を間違えずに読めるようになっておくことが大切。そのため，いろいろな形での

1 全文を読み通し，話の内容を振り返ろう。

T　前の時間，読んで思ったことを発表し合いました。今日は，「いいな」「好きだな」と思ったところを文に書きます。まず，初めから終わりまで読み通しましょう。読めるかな。（初めは，1 人読み）

音読の前に，新出漢字の読みを振り返っておく。通読した後も，読めない言葉や漢字はなかったか再度確かめさせ，あれば読み仮名をつけさせるのもよい。（不要になれば消せる）

T　今度は，先生といっしょにみんなで声もそろえて読み通しましょう。はい，読む姿勢ですよ。

2 回目は斉読で，みんなで読む緊張感をもたせる。また「背筋を伸ばす」ことなど音読のやり方も教えておき，斉読のときに「読む姿勢は」と呼びかけ意識させる。

「広い海のどこかに，小さな魚のきょうだいたちが，…

2 出来事を確かめながら，スイミーについて分かることを話し合おう。

T　とびらの文（P67）にあった，ある日，おきた「たいへんなこと」って，何なのか分かりましたか。
C　まぐろが赤い魚達を飲み込んだことです。
C　でも，スイミーだけが逃げて助かりました。

T　では，みなさんは，スイミーのことをどう思ったのでしょうか。スイミーことは好きですか。
C　はーい，好き。スイミーはすごい。
T　スイミーってどんな魚だと分かりましたか。
C　1 匹だけまっ黒な魚です。どうしてかなと思った。
C　大きな魚を追い出す方法を考えた，賢い魚です。
T　では，スイミーのどんなところが好きなのですか。

1 匹だけ真っ黒というのがいい。泳ぐのがいちばん速いところもいいです。

小さいのに，赤い魚といっしょに大きな魚を追い出したところがかっこいい。すごい。

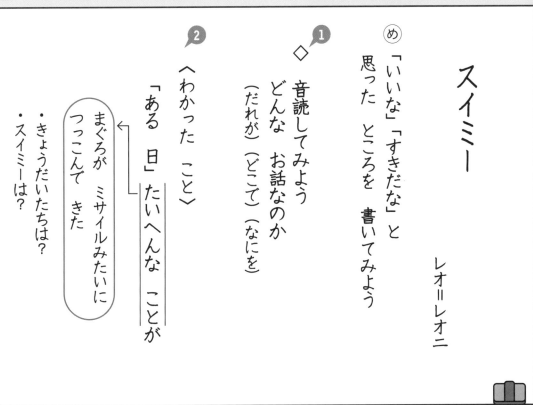

スイミー

レオ゠レオニ

め 「いいな」「すきだな」と
思った ところを 書いてみよう

◇ 音読してみよう
　① どんな お話なのか
　　（だれが）（どこで）（なにを）

② 〈わかった こと〉
　「ある 日」たいへんな ことが
　　　まぐろが ミサイルみたいに
　　　つっこんで きた
　・きょうだいたちは？
　・スイミーは？

音読を取り入れる。また，それが初めの感想（好きなところ）を書くための助走にもなる。

3 「好きだな」と思ったところを書こう。

　　すきなところを書いて伝え合う。初めの感想なので，断片
　的にもなりやすいが，まず知り合うことがねらいとなる。
Ｔ　みなさん，スイミーのことが好きになったようで
　すが，「こんなところが好き」という，好きになっ
　たところは人によって違うようです。
Ｔ　そこで，今度は，スイミーやそのほかのことでも，
　好きだな，いいなと思ったところを中心に，お話す
　るように文に書いてみましょう。（その部分を書き写す
　のも可とする）そして，どんなところを「いいな」と思っ
　たのか教え合いましょう。

Ｔ　「わたし（ぼく）は，○○のところが好きです。（い
　いなと思いました。）」と，書き始めるのもいいですね。

> わたしは，スイミーが海の底で
> クラゲやこんぶの林など，きれい
> なものをいっぱい見つけるところ
> が好きです。わたしもそんなもの
> を見てみたいと思いました。

4 書いたものを発表し，好きなところを知り合おう。

Ｔ　「好きだな」「いいな」と思ったところが，１つだ
　けでない人は，２つ目も書いてみましょう。

　　多くの児童が書き終えたころ，交流に入る。やり方はいろ
　いろあるが，クラスの実情にあわせる。

Ｔ　まず，グループで１人ずつ発表しましょう。それ
　を聞き合いましょう。

> ぼくは，「ぼくが目になろう」といって，大き
> な魚の目になるところが好きです。スイミー
> は真っ黒だからいい考えだなと思いました。

> わたしもその
> ところが，スイ
> ミーらしくて好
> きです。いいな
> と思ったよ。

Ｔ　グループから１人ずつ，みんなの前でも読んでも
　らいましょう。どこが好きなのか，知り合いましょう。

　　グループから１人，書いたものを発表。聞き合い，多くの
　児童が「好き」「いい」という場面を最後に斉読するとよい。

スイミー
第 3 時（3/9）

板書例

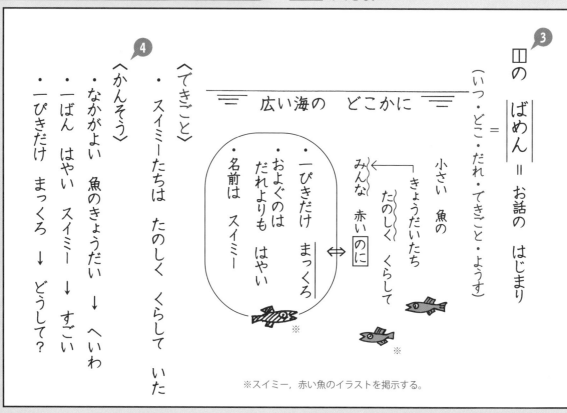

3

□の　|ばめん| ＝　お話の　はじまり

（いつ・どこ・だれ・できごと・ようす）

小さい　魚の
きょうだいたち
たのしく　くらして
みんな　赤い|のに|

・一ぴきだけ　まっくろ
・およぐのは
　だれよりも　はやい
・名前は　スイミー

━━ 広い海の　どこかに ━━

※スイミー，赤い魚のイラストを掲示する。

4

〈できごと〉
・スイミーたちは　たのしく　くらして　いた

〈かんそう〉
・なかがよい　魚のきょうだい　→　へいわ
・一ばん　はやい　スイミー　→　すごい
・一ぴきだけ　まっくろ　→　どうして？

POINT　ここで「場面」とは何かを教える。その点『スイミー』は，場面の移り変わりが明確で「場面」の意味もとらえやすいお話。

1　おもな出来事を振り返り，話のまとまりごとに読み直そう。

T　この前は，みなさんの「好きだな」と思ったところを話し合いました。どんなところでしたか。

C　スイミーは海の底で，クラゲやイセエビを見て，元気を取り戻しました。

C　スイミーは，大きな魚を追い出す方法を考えました。

T　いろんな出来事がありましたね。今日は，話し合いで出てきたところや，出来事の順番がよく分かるように，はじめから読み直してみましょう。

T　今日は，順番が分かりやすいように，お話のまとまり（場面）ごとに番号をつけていきます。

T　先生といっしょに読んでいきます。そして，1つ目のまとまりが終わり，次のまとまりに変わるところで立ち止まりますよ。

　　話の流れをとらえ，物語の構成を考える上でも，場面分けをして「場面」という見方ができるようにさせる。これができると読む上でも都合がよい。

2　「場面」の意味が分かり，全文を音読して「5つの場面」があることを話し合おう。

T　「広い海のどこかに，…名前はスイミー。」ここまでが1つ目のまとまり①です。

T　「ある日，おそろしいまぐろが…つっこんできた。」ここから2つ目のまとまりで，②になります。どこが変わったのですか。（「場面」に気づかせる）

> ②は「ある日」だから，①と日にちが違います。

> まぐろが出てきて，みんな飲み込まれます。①にはない出来事が起こって，話が変わっています。

T　①のように，とき（日）や出来事などがひとまとまりになっているところを「場面」と言います。②は，まぐろが出てくる1つの「場面」です。

　　斉読しながら立ち止まり，場面の番号をつけさせていく。
　　（5つの場面分けは板書参照）

| 準備物 | ・黒板掲示用イラスト
（スイミーと，赤い魚の兄弟たち複数）
・「できごと」をまとめるワークシート **QR** |

| ICT | 「場面」の理解を深めるために，教科書の絵をタブレットに撮影し，場面ごとに全体提示をすると，児童の理解の支援になる。 |

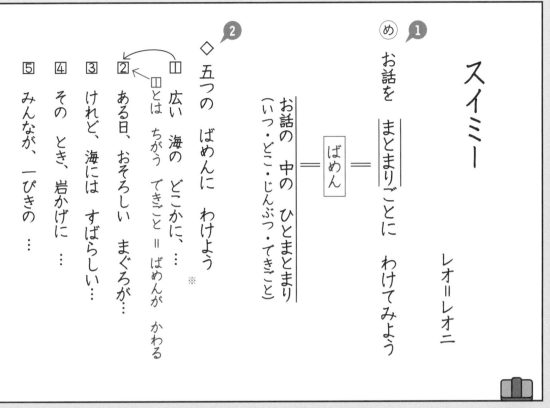

スイミー

レオ＝レオニ

め ❶ お話を ｜まとまりごとに｜ ｜わけてみよう｜

お話の 中の ひとまとまり
＝｜ばめん｜＝
（いつ・どこ・じんぶつ・てきごと）

❷ ◇ 五つの ばめんに わけよう

① 広い 海の どこかに，…
② ある日，おそろしい まぐろが…
③ けれど，海には すばらしい…
④ その とき，岩かげに …
⑤ みんなが，一ぴきの …

②とは ちがう てきごと ＝ ばめんが かわる
※

まずは教師が「場面」を分けてみせ，なぜそこで場面が分かれるのか，そのわけに気づかせる。

---

3 お話のはじまりの①の場面を読み，スイミーと魚たちの様子を読み取ろう。

T　まず，お話のはじまりの①の場面を読んで，どんなことが書かれているのかを考えましょう。（斉読）
　斉読後，列ごとや指名読みなど，①場面を音読する。

T　この場面の「場所」はどこでしょうか。
C　はい，「広い海のどこか」と書いてあります。
T　だれ（人物）のことが書いてありましたか。
C　スイミーのことと，兄弟の魚のことです。
T　魚の兄弟たちのことで分かったことはどんなこと？

 広い海のどこかにいます。楽しくくらしていました。

 小さな魚です。スイミーの兄弟です。

「みんな赤いのに…」と書いてあったので，兄弟は赤い魚です。

「できごと」を板書にまとめ，児童にはワークシート **QR** を配って書き残しておかせる。

---

4 スイミーはどんな魚なのかを読み，思ったことを話し合おう。

T　では，スイミーはどんな魚だと書いてあるでしょうか。他の兄弟たちとは違うところはどこでしょう。

 他の兄弟は赤いのに，スイミーだけは，真っ黒。どうしてかな？

泳ぐのはだれよりも速いって，すごいなあ。

T　この「一ぴきだけは…」の「一ぴき」というのが，スイミーだったのですね。こんなスイミーを見てどう思ったのか，魚の兄弟たちのくらしの様子を見てどう思ったのか，書いて発表しましょう。
　感想を書き，発表し合う。からす貝のことは説明する。
C　スイミーたち兄弟が仲よくくらしているのがいいと思いました。

T　みんなで①の場面を読み直しましょう。（斉読）

本時の目標　ある日，赤い魚たちが，まぐろに飲み込まれてしまったという出来事の様子と，逃げたけれどひとりぼっちになってしまったスイミーの姿を読み取ることができる。

板書例

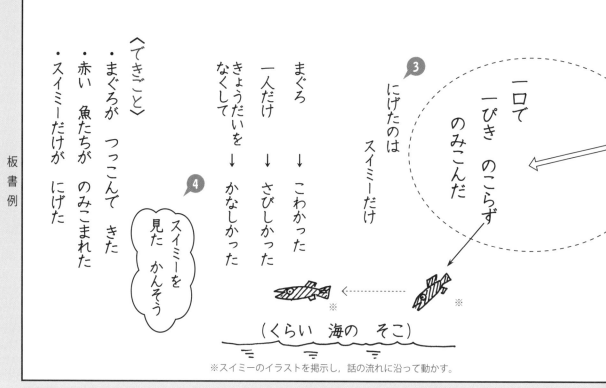

③
一口で
一ぴき のこらず
のみこんだ

にげたのは
スイミーだけ

まぐろ　　　→　こわかった
一人だけ　　→　さびしかった
きょうだいを →　かなしかった
なくして

〈できごと〉
・まぐろが　つっこんで　きた
・赤い　魚たちが　のみこまれた
・スイミーだけが　にげた

④
スイミーを
見た　かんそう

（くらい　海の　そこ）

※スイミーのイラストを掲示し，話の流れに沿って動かす。

POINT　人物や出来事の様子を話し合うときには，そう考えるもととなった文にもどることを大切にする。思いを述べ合うだけで

1　②の場面を読み，「ある日」の出来事を話し合おう。

T　①の場面を思い出しながら，終わりまで読み通しましょう。（各自1人読み）
T　①の場面では，何のどんな様子が分かりますか。
C　魚たちみんなが「楽しく」くらしていたことです。
T　②の場面でもそうだったのでしょうか。「ある日」から読んでみましょう。（②の場面を音読）
C　②の場面では，全然「楽しく」なくなりました。
T　「ある日」に起こったことは，どんなことでしたか。

まぐろが，おそってきました。

魚たちが食べられました。

スイミーは逃げた。

T　まぐろってどんな魚か知っていますか。
　　まぐろの図を提示し，姿形を説明する。泳ぎの速いクロマグロなら体長約3mになる。その大きさを実感させる。

2　まぐろがつっこんできたときの様子を読もう。

T　まぐろは何をしにきたのですか。
C　「お腹をすかせて」いて魚を食べにきました。
T　そのときのまぐろの様子はどう書いてありますか。

「すごいはやさ」でした。

「ミサイルみたいにつっこんできた」

「一口で…一ぴきのこらずのみこんだ」

書かれている文をもとにした発言をさせる。

T　「ミサイル」ってどんなものかな？（あれば画像）
C　攻撃してくる恐いもの，よけられないものです。
T　そんな「ミサイルみたい」にまぐろがつっこんできた場面を，①の場面と比べてどう思いましたか。
C　あっという間にみんな食べられるなんて，恐いな。
C　①の場面とは大違い。「楽しく」がみんな一度になくなった。ショックです。

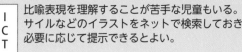

準備物	・（あれば）まぐろや，ミサイルの図 　（インターネットや図鑑などから） ・スイミーの図（黒板掲示用） ・ワークシート（第3時から使用しているもの）

ICT	比喩表現を理解することが苦手な児童もいる。ミサイルなどのイラストをネットで検索しておき，必要に応じて提示できるとよい。

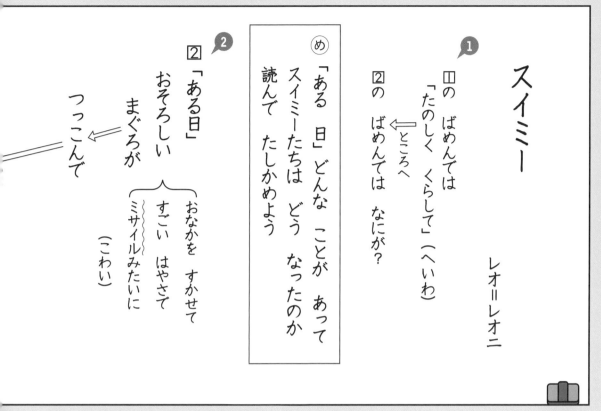

スイミー　　　　レオ＝レオニ

① 1の ばめんでは
「たのしく くらして」（へいわ）
←ところへ
2の ばめんては なにが？

め 「ある 日」どんな ことが あって
スイミーたちは どう なったのか
読んで たしかめよう

② 2 「ある日」
おそろしい
まぐろが
つっこんで →

おなかを すかせて
すごい はやさで
ミサイルみたいに （こわい）

なく，「こう書いてあるから…」と，文の表現を根拠にして話し合えるようにしていく。

3 1人になったスイミーの様子を読み取ろう。

T　魚の兄弟たちは，みんな食べられたのでしょうか。
C　スイミーだけは，逃げて助かりました。
T　そこを読んでみましょう。（指名読みと，斉読）
T　スイミーだけが逃げられたのは，どうしてだと思いますか。（児童の自由な想像になる。答えはない）
C　たまたまだと思う。運がよかったからかなあ。
C　「泳ぐのはだれよりも速かった」からだと思う。
T　そして，逃げたスイミーはどうしましたか。
C　「くらい海の底を」泳いだ。（「暗い」「底」に着目）

T　スイミーの気持ちは「こわかった」「さびしかった」「とてもかなしかった」と書かれています。どんなことが，恐かった，寂しかったのですか，また，とても悲しかったのですか。

魚を飲みこんだまぐろがこわかった。

兄弟がいなくなり，ひとりぼっちになったからさびしい。

4 感想を話し合い，出来事をまとめよう。

T　逃げたときのスイミーはどれかな。挿絵の中から見つけて押さえましょう。
C　この底の方へ泳いでいる魚です。
T　逃げたスイミーを見て，どう思いましたか。

スイミーは助かったけれど，喜んでいないと思います。

飲み込まれた赤い魚がかわいそうだけれど，1人ぼっちになったスイミーもかわいそうです。

T　この「ある日」の，2の場面での出来事を3つ書きましょう。1つは「まぐろがつっこんできた」ことです。あと2つは何でしょうか。

書いて話し合う。次の2つを話し合い，出来事としてワークシート（第3時から使用しているもの）に書き残していく。
○　赤い魚たちはみんな飲み込まれてしまったこと。
○　スイミーだけが，逃げて助かったこと。

最後に3つの出来事を確かめながら，2の場面を音読する。

<table>
<tr><td>本時の目標</td><td>海の中で「すばらしいもの」「おもしろいもの」を見て，だんだん元気を取りもどしていったスイミーの姿を読み取ることができる。</td></tr>
</table>

板書例

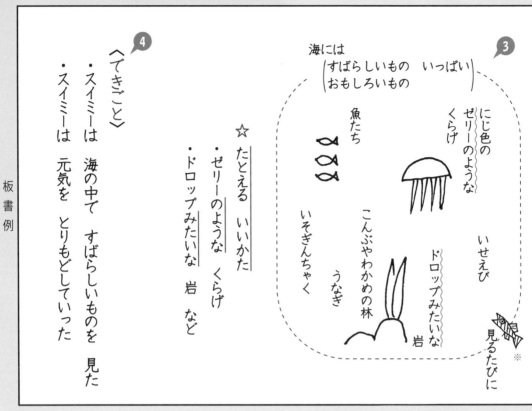

〈4〉

〈てきごと〉
・スイミーは　海の中で　すばらしいものを　見た
・スイミーは　元気を　とりもどしていった

☆たとえる　いいかた
・ゼリーのような　くらげ
・ドロップみたいな　岩　など

〈3〉

海には
（すばらしいもの　いっぱい
おもしろいもの）

にじ色の
ゼリーのような
くらげ

魚たち

こんぶやわかめの林

いせえび

いそぎんちゃく

うなぎ

ドロップみたいな
岩

見るたびに
※

POINT　スイミーが元気を取りもどすもととなった，生き物たちの姿と景色が，比喩も使って楽しく表現されている。「ゼリーのような」

1　③の場面を読む前に，これまでの①と②の場面を振り返ろう。

T　①②の場面を読んできて，どんな出来事があったのか，振り返りましょう。（①②場面を音読）
C　みんなまぐろに食べられてスイミーだけが逃げた。
T　今，スイミーはどこにいて，どうしていますか。また，スイミーの気持ちはどう書いてありますか。

「暗い海の底」を泳いでいます。たった1人です。

こわくて，さびしくて，とても悲しい気持ちでいます。

T　では，スイミーは，ずうっとそのような気持ちだったのでしょうか。ずっと，こわくて，さびしくて，悲しい気持ちのままだったのでしょうか。
C　違います。このあと，また元気になります。

T　どうなのか，続きの③の場面を読んでみましょう。

2　スイミーは，どうなったのか，海の底の③の場面を読み取ろう。

③場面を範読後，斉読。グループや1人でも音読。③場面の始まりが，なぜ「けれど」なのか，そのわけを話し合う。

T　海の底で，スイミーはどうなったのでしょうか。気持ちは変わったのでしょうか。スイミーの様子や気持ちが書かれているところに線を引きましょう。

「スイミーはだんだん元気をとりもどした。」と書いてある。また，元気になったということです。

スイミーは，もともと泳ぎも速くて元気な魚だった。

T　では，スイミーに元気を取りもどさせたもの，元気づけたものは何ですか。線を引きましょう。
C　「すばらしいもの」や「おもしろいもの」を「見るたびに」また，元気になっていきました。
C　そんなものが「海には…いっぱいあった」と書いてあります。

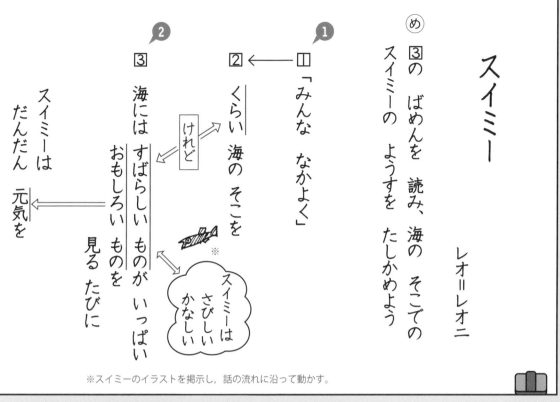

※スイミーのイラストを掲示し，話の流れに沿って動かす。

「やしの木みたいな」などの言い回しを「へえ，おもしろいな」と思えるように話し合う。

---

3 海にある「すばらしいもの」「おもしろいもの」とはどんなものかを読み取ろう。

T スイミーが見た「すばらしいもの」「おもしろいもの」とは，どんなもののことなのでしょうか。

にじ色のゼリーのようなくらげ。

水中ブルドーザーみたいないせえび。

見たこともない魚たち。

ドロップみたいな岩から生えているこんぶやわかめの林。

　『スイミー』の絵本はカラフルで，教科書にはない挿絵も見せることができる。海の生物については図鑑も見せたい。話に出てきた海の生き物を指させ，比喩にも着目させる。

T くらげは，「何のような」と書いてありますか。
C 「にじ色のゼリーのような」くらげです。
T 「ゼリー」は知っていますね。給食にも出ますね。
C ぷるぷるしたところが，くらげと似ているのかな。

---

4 海の中での出来事と，それについての感想を話し合おう。

T 「こんぶやわかめの林」って，絵ではどれですか。
C （挿し絵を押さえて）ほんと，海の中の林みたい。
T スイミーは，こんな生き物たちを見て，元気を取りもどしたのですね。

　美しいものを見て，「癒やされて」いった姿を話し合う。

T この③の，海の底の場面での出来事を，2つにまとめて書いてみましょう。

スイミーは，海の底で「すばらしいもの」をいっぱい見たこと。

もう1つは，スイミーが元気を取りもどしたこと，です。

　2つの新しい出来事を発表。「『すばらしいもの』を見て，スイミーは元気を…」と，1文にまとめてもよい。

T こんなスイミーを見て，どう思いましたか。

　書くなどして感想を交流し，最後に③の場面を斉読する。

本時の目標：おびえている赤い魚たちを見つけたスイミーは，岩かげから出る方法を考え，それを赤い魚たちに教えた様子を読み取ることができる。

板書例

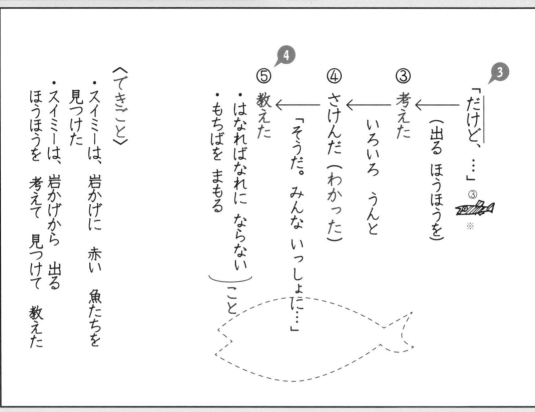

③「だけど、…」 （出る ほうほうを） ③※

③ 考えた ← いろいろ うんと

④ さけんだ（わかった）
「そうだ。みんな いっしょに…」

⑤ 教えた
・はなればなれに ならない
・もちばを まもる ｝ こと

〈できごと〉
・スイミーは、岩かげに 赤い 魚たちを 見つけた
・スイミーは、岩かげから 出る ほうほうを 考えて 見つけて 教えた

POINT スイミーらしさが出ている1つ目の山場になる。みんなに呼びかけ，あきらめず，実行するというスイミーの姿をとらえ

1 ④の場面を読み，「そのとき」スイミーが見つけたものについて話し合おう。

はじめに③までの場面を音読し，出来事を振り返る。

T 今日は，元気を取りもどしたスイミーは何をするのか，④の場面を読んでいきます。（範読の後，音読）

T はじめに「そのとき，」とありました。「どんなとき」だと言えばよいでしょうか。

スイミーが海の底を泳いでいたときです。

くらげやいせえびなんかを見て，元気を取りもどしたときです。

T では，「そのとき」どんなことがあったのか，次の4行を読みましょう。だれが何をしたのかな。

C 「スイミーは」岩かげに，小さな魚の兄弟たちを「見つけ」ました。（「岩かげ」の意味を説明する）

C 赤い魚は一匹残らず食べられたのではなかったの？

　本文の「スイミーと　そっくり」とは，スイミーの（兄弟たち）とそっくり」という意味だと説明する。

2 スイミーが，赤い魚たちに言ったことと赤い魚たちの様子を読み取ろう。

スイミーの行動を，文をもとに読み進めてとらえていく。

T 赤い魚の兄弟たちを見つけて，スイミーは何と言いましたか。また，赤い魚はどう答えましたか。

スイミーは，「出てこいよ。みんなで遊ぼう。おもしろいものがいっぱいだよ。」と言いました。

でも赤い魚たちは，「だめだよ。…」と言った。

T スイミーが「出てこいよ」と言ったのは，どんな気持ちで言ったのか，考えてみましょう。

C 自分（スイミー）が見たくらげやいせえびなんかを，赤い魚にも見せてやりたいと思ったからかな？

C 赤い魚たちも元気になってほしいと思った。

T それで，赤い魚たちは出てきましたか。

C 「だめだよ」と，出てきませんでした。

C 「大きな魚に食べられてしまう」と思っています。きっとこわいからです。（ここまでの文章を音読）

準備物
・スイミーや赤い魚たちの挿絵（黒板掲示用）
・ワークシート（第3時から使用しているもの）

ＩＣＴ
一番考えさせたい，盛り上がる場面である。学習前の音読と学習後の音読を録音し，みんなで視聴する。なぜ音読が変化したのか，その理由を話し合わせる。

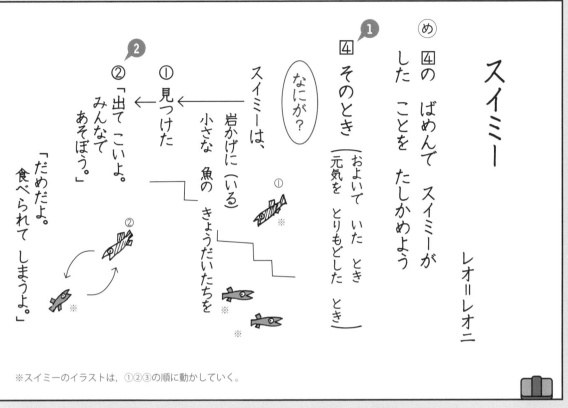

スイミー　　レオ＝レオ二

め　④の　ばめんで　スイミーが　した　ことを　たしかめよう

④　のばめんで　スイミーが　した　ことを　たしかめよう

① ④　そのとき（およいで　いた　とき／元気を　とりもどした　とき）

なにが？

スイミーは、岩かげに（いる）小さな　魚の　きょうだいたちを

① 見つけた

② 「出て　こいよ。みんなで　あそぼう。」

「だめだよ。食べられて　しまうよ。」

※スイミーのイラストは，①②③の順に動かしていく。

させたい。そのため，どんなことをしたのかを，文に即して読み取り，話し合う。（2時間扱いにしてもよい）

---

3 「だめだよ」と言われて，スイミーが考えたことを読み取ろう。

Ｔ　「だめだよ」と言われてスイミーはあきらめた？
Ｃ　「だけど…」と言って，あきらめませんでした。
Ｃ　「何とか，考えなくちゃ」と考え続けました。
Ｔ　その場面を音読しましょう。（P76 L9まで，音読）

Ｔ　では，スイミーは何をしたのか，したことが書いてあるところに線を引きましょう。

いろいろ考えた。うんと考えた。

「さけんだ」もそうかな。そして，赤い魚たちに「教えた」。

Ｔ　スイミーは「何を」いろいろ，うんと考えたの？
Ｃ　どうしたら岩かげから出られるのか，その方法です。

Ｔ　では，スイミーが「さけんだ」方法とは，どんな方法ですか。どう書いてありますか，読みましょう。
Ｃ　「そうだ。みんないっしょ…大きな魚のふりをして」
　　「大きな魚のふり」は，挿絵や板書も使って説明する。

4 ④の場面での出来事をまとめ，スイミーを見て思ったことを話し合おう。

Ｔ　スイミーが「教えた」ことはどんなことなのか，書いてあるところを，みんなで読みましょう。
Ｃ　「けっして　はなればなれに　ならないこと。みんな　もちばを　まもること」（斉読）
Ｔ　2つのことですね。では，離ればなれになったり，持ち場を守らなかったりすると，どうなるのかな？
Ｃ　大きな魚の形ができません。
　　再度，板書も使って，まとまりが大切なことを話し合う。
Ｔ　④の場面の出来事を，2つの文でワークシートに書きましょう。

スイミーは，岩かげにいる赤い魚を見つけて，「出てこいよ」と言った。

スイミーは，岩かげから出る方法を考えて，大きな魚のふりをする方法を，みんなに教えた。

Ｔ　このようなスイミーを見て，どう思いましたか。ノートに書いて発表しましょう。
　　感想を交流して，まとめの音読をする。

本時の目標：「ぼくが目になろう」と言って，みんなで大きな魚を追い出したスイミーたちの姿を読み取ることができる。

板書例

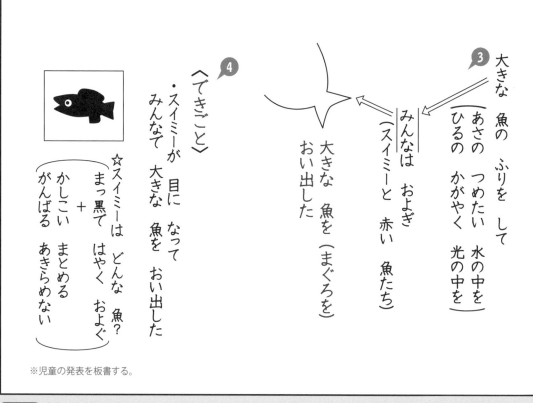

③
大きな 魚の ふりを して
（あさの つめたい 水の中を
　ひるの かがやく 光の中を）
みんなは およぎ
（スイミーと 赤い 魚たち）
大きな 魚を （まぐろを）
おい出した

④
〈できごと〉
・スイミーが みんなで
　大きな 魚を おい出した

☆スイミーは どんな 魚？
　まっ黒で はやく およぐ
　＋
　かしこい まとめる
　がんばる あきらめない

※児童の発表を板書する。

POINT 「ぼくが 目になろう」は，この話の山場。みんなで大きな魚をつくり，まぐろを追い出したスイミーたちの喜びを，海の

1 ⑤の場面を読み，大きな魚を追い出せたことを読み取ろう。

まず，④場面までを音読し，出来事を振り返る。

T　今日は「スイミーは教えた。」そして，どうなったのか，続きの⑤の場面を読みましょう。（音読）

T　読んで分かったことはどんなことですか。
C　みんなが，大きな1匹の魚みたいになって，大きな魚を追い出しました。作戦大成功です。
C　まぐろも，びっくりして逃げていったと思います。
T　スイミーたちは，すぐに「みんなが1匹の大きな魚みたいに，泳げるようになった」のでしょうか。

かたまって，同じ速さで泳ぐのは難しそうです。

だから，だいぶ練習したと思います。

スイミーが教え役で，何回も何回も教えたと思います。

想像したことを自由に出し合い，イメージをふくらませる。

2 「ぼくが，目になろう」を読み，スイミーについて話し合おう。

T　「みんなが，…泳げるようになったとき」スイミーが言ったのはどんな言葉ですか。みんなで…ハイ！
C　「ぼくが，目になろう。」
T　そう言ったのには，何かわけがありますか。
C　目になれるのは，黒いスイミーだけだから。
C　スイミーは，自分だけが真っ黒なことを知っていたから，「ぼくが…」と言ったと思います。
C　他の赤い魚では，目にはなれないからです。

T　そんなスイミーを見て，どう思いましたか。

自分が目になるって，うまいこと考えたなあ。

スイミーがいなかったら大きな魚はできなかったから，スイミーがいてよかった。

いい考えで，まとめるリーダーみたいです。

自分だけが他とは違うこと（黒いこと）をいかした，スイミーの願いとその姿，知恵などについて話し合う。

準備物
・スイミーの挿絵（黒板掲示用）
　※「ぼくが目になろう」のときに，スイミーを目のところに動かす。
・ワークシート（第3時から使用しているもの）

ICT
スイミーたちが大きな魚になったイラストを用意することが難しい場合は，タブレットに教科書の挿絵を保存し，拡大するなどして他の魚と比較してもよい。

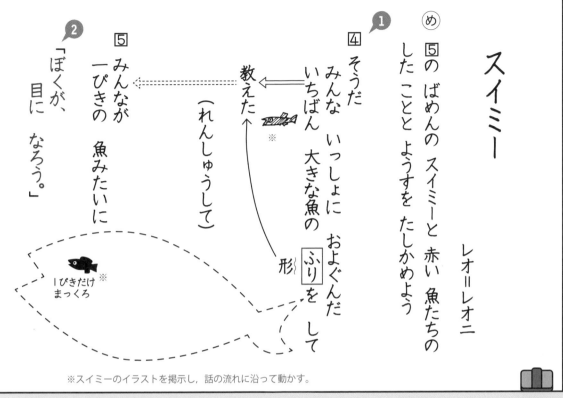

スイミー
レオ＝レオニ

め　⑤のばめんのスイミーと赤い魚たちのしたこととようすをたしかめよう

①

④　そうだ　みんな　いっしょに　およぐんだ　いちばん　大きな魚の　形〈ふり〉を　して　教えた

⑤　みんなが　一ぴきの　魚みたいに

②　「ぼくが，目になろう。」

（れんしゅうして）

1ぴきだけ　まっくろ　※

※スイミーのイラストを掲示し，話の流れに沿って動かす。

情景とともに想像させる。そんなスイミーの姿を「すごいなあ」だけでなく「すごい」の中身を考えさせたい。

3　「あさのつめたい水の中…」の情景と魚たちの姿を読もう。

T　「あさの…」からの，最後の文を読みましょう。
C　「あさの…大きな魚をおい出した。」（斉読）
T　スイミーたちが泳いでいるのは，どんなところですか。

「あさのつめたい水の中」です。

「ひるのかがやく光の中」です。

スイミーや魚たちの心情と重なる，明るく安心の情景。児童の好きな文でもある。指名読みもさせる。挿絵の，目になったスイミーも押さえさせる。

T　この場面を読んで，どんな感じがしましたか。
C　明るくて，みんな気持ちよさそうです。
C　大きな魚を追い出せてよかった。静かで平和です。
T　まぐろにおそわれた後は，どうでしたか。
C　「暗い」海の底にスイミー1匹だけだった。でも，今は，みんながいます。
　②の場面と対比してとらえさせる。

4　出来事をまとめ，スイミーについて考え，話し合おう。

T　「あさの…」の文を書き写しましょう。
　よい文は，音読とともに写し書き（視写）もさせる。
T　この⑤の場面での，できごとは何か，ワークシートに書いてみましょう。

スイミーが目になって，大きな魚の形になって，みんなで大きな魚を追い出した。

T　スイミーは，「1匹だけまっ黒で，泳ぎの速い」魚でした（①場面）。けれども，この⑤の場面でのスイミーを見て，どんな魚だと思いましたか，書いて話し合ってみましょう。
C　他の魚とは違う。まぐろを追い出す勇気がある魚。
C　どうしたらよいのか，考えたり教えたりできる魚。

他にも，見通す力，指導力，組織力など，知恵とともにリーダー性も感じ取るだろう。「スイミーは○○」を考えてもよい。

最後に初めから音読し，これまでの出来事を振り返る。

<table>
<tr><td>本時の目標</td><td>「スイミー」を読んできて，自分の考える「好きな場面とそのわけ」をノートに書き，それをみんなと伝え合うことができる。</td></tr>
</table>

板書例

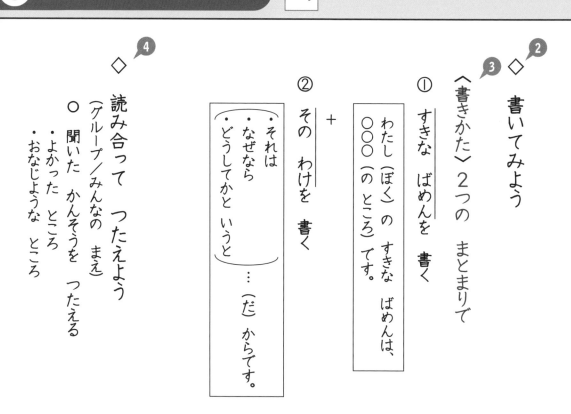

◇ **4**

○ 聞いた かんそうを つたえる
・よかった ところ
・おなじような ところ

読み合って つたえよう
（グループ／みんなの まえ）

②

その わけを 書く

＋

・それは
・なぜなら
・どうしてかと いうと
　　　　… （だ） からです。

◇ **2**

書いてみよう **3**

① すきな ばめんを 書く

わたし（ぼく）の すきな ばめんは，
○○○（の ところ）です。

〈書きかた〉 2つの まとまりで

POINT 本時の課題のように，「○○と，そのわけ」の書き方には一般的な型があり，それを「文の書き方」として教えるのもよい

1 学習課題「好きな場面とそのわけを書く」というめあてを確かめよう。

T 『スイミー』の勉強の初めに「好きだな」と思ったところを書いて発表し合いました。今日は『スイミー』を詳しく読んできて，好きな場面とそのわけを，もう一度書いてみましょう。

学習課題を振り返るため，とびらの「好きなところを伝えよう」やP78の「問い」「目標」などを読む。

C ぼくの好きなところは，もう決まっています。

T 書く前に，『スイミー』は，どんなお話でどんな出来事があったのか，出来事の移り変わりを場面ごとに思い出してみましょう。

まず，みんなで音読して，あったことを振り返りましょう。（斉読）

T これまで，場面ごとに書いてきた「できごと」の紙を並べてみましょう。①の場面では「…たのしく くらしていた。」でしたね。

残りの場面も同様にすすめ，黒板に掲示していく。または，各場面に「短い題」を簡潔につけ合ってもよい。

2 今思う，好きなところを話し合い，書き方を教科書の例文で確かめよう。

T ぼく，わたしの「好きな場面」はあったでしょうか。また，前に書いた「好きだな」と思ったところと同じでしょうか。何人かに発表してもらいましょう。

> わたしは，前と同じ⑤の場面の「ぼくが，目になろう」のところが好きです。でも，今はそのあとの「あさの冷たい水の中を …」のところも平和な感じがして「いいなあ」と思っています。

T では「好きな場面」の書き方の例を見てみましょう。教科書79ページ「話し方の例」の文を読みましょう。どんなことを書いているのでしょう。

C 「わたしは『5』の場面が好きです。…」（斉読）

T 書いた人の「好きな場面」はどこですか。

C ⑤の場面。スイミーが目になったところです。

T では，そのあとの「そのようすを…」で始まる文では，何を書いているのでしょうか。

C 「好きなわけ」を書いています。

準備物　・場面ごとの出来事を書いたワークシート
　　　　（これまでに書きまとめてきたもの）

ICT　自分の好きな場面を音読し，教科書の挿絵の画像と共に，録音する。それを全体で共有し，音読コンテストをしても盛り上がる。

スイミー　　レオ＝レオニ

め　できごとを　ふりかえり、すきな　ばめんと
　その　わけを　書いて　つたえあおう

❶
〈これまでの　できごと〉ふりかえり

① ・スイミーたちは　たのしく　くらして　いた

② ・まぐろが　つっこんで　きた
　・赤い　魚たちは　のみこまれた
　・スイミーだけが　にげた

③ ・スイミーは、海の中で　すばらしいものを見て、元気を　とりもどしていった

④ ・スイミーは、岩かげに　赤い　魚たちを見つけた
　・スイミーは、岩かげから　出る　ほうほうを　考えて　見つけて　教えた

⑤ ・スイミーが　目に　なって　みんなで大きな　魚を　おい出した

※各場面の出来事を書き残している場合は，その紙を貼付。ない場合は板書する。

だろう。今後も「わけを書く」機会は多い。書く技術としても役立つ。

3 「好きな場面」の書き方を知り，書いてみよう。

Ｔ　このように「好きな場面とそのわけ」の書き方は，
　① 好きな場面はどこか「わたしの好きな場面は…」
　② その場面が好きなわけ「それは…からです。」
　の，2つのまとまりで書くとよいのです。また，②
　のわけを書くときは，「それは…からです。」「なぜ
　なら…」「どうしてかというと」などの言葉を使う
　のもいいですね。（型として教えてもよい）

Ｔ　このような書き方で「スイミーのこんなところが好
　き」「好きな場面」について書いてみましょう。2つ
　の場面がある人は，2つ書きましょう。

えーと，好きなところは③
の場面で，スイミーが海の
底で元気になるところ…。
それは，…。

本時のねらいである書く時間を確保する。「考えて書く」活動では，どんどん書き進められる児童がいる一方，そうでない児童もいる。そのような児童への援助，手立ては欠かせない。

4 書いたものを読み合おう。好きな場面を聞き合い，交流しよう。

Ｔ　では，「好きな場面」を書いたものを読み合います。
　聞いた人は，「なるほど」「そうか」などと思ったと
　ころを，発表者に教えてあげましょう。

書いたものの読み合いや交流の形はクラスや児童に応じていろいろある。ここでは，4人グループでまず読み合い，その後，全体の場でも話し合う形にしている。

ぼくの好きな場面は，④の場面で，スイミー
がなかまを岩かげから出す方法をうんと考え
てさけんだところです。それは，…からです。

山本さんの書い
たのを聞くと，
スイミーのよい
ところがとても
よく分かったよ。

Ｔ　グループから1人ずつ出て読んでもらいましょう。
　みんなの前で代表者が読む。指名するのもよい。

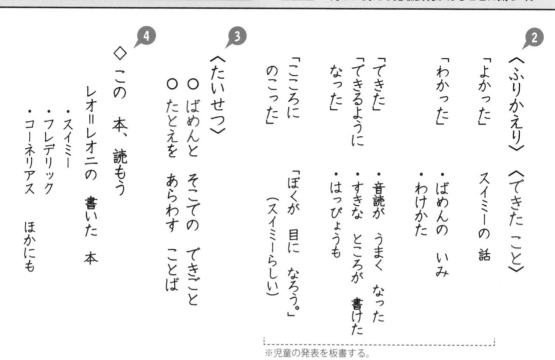

スイミー
第 9 時 （9/9）

本時の目標
・『スイミー』の学習を振り返り，よかったこと，できたことを確かめ合うことができる。
・「○○のような」「○○みたいな」などの，何かに例える比喩表現があることに気づく。

板書例

2
〈ふりかえり〉 〈できた こと〉
スイミーの話

「よかった」
・よかった

「わかった」
・ばめんの いみ
・わけかた

「できた」
「できるように なった」
・音読が うまく なった
・すきな ところが 書けた
・はっぴょうも

「こころに のこった」
「ぼくが 目に なろう。」
（スイミーらしい）

※児童の発表を板書する。

3
〈たいせつ〉
○ たとえを あらわす ことば
○ ばめんと そこでの できごと

4
◇ この 本，読もう
レオ＝レオニの 書いた 本
・スイミー
・フレデリック
・コーネリアス　ほかにも

POINT　振り返りは「反省会」にはならないように，できたこと，よかったことをみんなの場で認め合う。しかし「よかったところ」

---

1 「○○のような」「○○みたいな」という表現があったことに気づき，話し合おう。

T　発表を聞くと『スイミー』には，みんなの好きな，よい場面がいっぱいあったことが分かりました。

T　他にも『スイミー』には，おもしろいところがあります。「にじ色のゼリーのようなくらげ」のようなおもしろい言い方もありました。

C　くらげが，食べるゼリーに似ていたからです。

T　他にも，「○○のような□□」という言い方は，なかったでしょうか。見つけてみましょう。

「水中ブルドーザーみたいないせえび」もそうかな。

「ドロップみたいな岩」も「ミサイルみたいにつっこんで」もそうです。

T　そう「○○みたいな…」や「○○のような…」のような言い方もあるのです。こんな言い方が，他にもできませんか。作ってみましょう。

C　「飛行機みたいなトンボ」「ロケットのような…」

T　うまく使えていますね。いいですよ。

2 分かったこと，できるようになったことを振り返ろう。

T　『スイミー』を勉強して，よかったなと思うこと，できるようになったことは，どんなことでしたか。
　　時間に応じて，まず，ノートに書かせてもよい。

『スイミー』の話がとてもおもしろかった。最後が特によかったです。だから，みんなと『スイミー』の勉強ができてよかったです。

「好きな場面」とそのわけを書くことができました。「場面」の意味も分かりました。

みんなの前で「好きな場面」を発表することができてよかったです。拍手ももらえてうれしかったです。

T　それに，みんなの音読がとってもうまくなりました。○○さんは，毎日音読を続けたそうです。

　　まとめ，振り返りは，低学年ではいろいろ出る。「こんなことができた」「よかった」と思えたことを出し合う。教師は児童が気づかないよさや達成点，頑張りに気づかせたい。

準備物　・教科書P80「この本，読もう」に出ている絵本（紹介用）（図書室から借り出しておく）

ICT　今までの学習の様子や板書を写真に撮り，タブレットに保存しておく。授業を進めながら，適時それらを提示すると，効果的な振り返りができる。

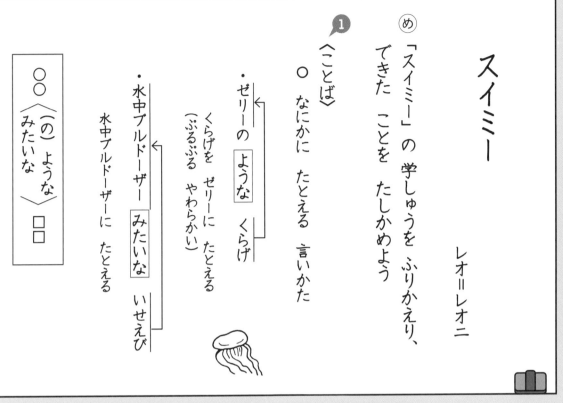

スイミー

レオ＝レオニ

め 「スイミー」の 学しゅうを ふりかえり、できた ことを たしかめよう

〈ことば〉

○ なにかに たとえる 言いかた

・ゼリーの ように くらげ
　くらげを ゼリーに たとえる
　（ぷるぷる　やわらかい）

・水中ブルドーザー みたいな いせえび
　水中ブルドーザーに たとえる

〈みたいな〉
○○ 〈のような〉 □□

には，児童は案外気づかない。そこを「ここがいい」と指摘し，気づかせるのが先生の役目となる。

3　教科書の「ふりかえろう」「たいせつ」も読み，できたことを確かめよう。

T　教科書の「ふりかえろう」を読み，何を勉強したのかを思い出して，できたことを確かめましょう。心に残ったところはどんなところでしょうか。

C　スイミーの「ぼくが，目になろう」の言葉です。最後の朝の海を泳ぐところも，心に残りました。

C　「好きな場面と，そのわけ」を書くことができてよかったです。

　　このような，学習課題に対してのまとめも必要。それが達成できたことを出し合い，みんなで認め合う。ただ，教科書の「ふりかえろう」の３つの文は，２年生には分かりにくいところがあり，言い換えも必要。また，その時々の学習で確かめている内容もあるので，くどくならないようにする。

T　80ページの「たいせつ」にも，場面のことや，例える言い方（比喩）のことが出ています。読んで，もう一度確かめてみましょう。（斉読）

C　お話には「場面」があることが分かりました。場面ごとに読んでいくと，話がよく分かります。

4　レオ＝レオニの絵本を見ながら，本の紹介を聞こう。

T　ところで，『スイミー』を書いた人，作者は何という人でしたか。

C　レオ＝レオニという人でした。挿絵も作者が描いています。きれいな絵でした。

T　レオ＝レオニという人は，オランダの作家で，『スイミー』の他にも，おもしろい本をたくさん書いています。絵も上手な人です。

　　レオ＝レオニの書いた本を何冊か見せて，紹介する。

『フレデリック』って，表紙のねずみの名前かな？

フレデリック　コーネリアス

T　レオ＝レオニの書いた絵本は，「この本，読もう」にも出ていて，図書室や町の図書館にもあります。

C　読んでみたいな。

　　１冊でも読み聞かせができると，興味と読む意欲は高まる。

かん字の　ひろば　①

◎ 指導目標 ◎

・第 1 学年に配当されている漢字を書き，文や文章の中で使うことができる。
・助詞の「は」「へ」「を」の使い方，句読点の打ち方を理解して，文や文章の中で使うことができる。
・語と語との続き方に注意することができる。

◎ 指導にあたって ◎

①　教材について

　　漢字の学習は，「当該学年の新出漢字の指導だけで精一杯，前学年の復習まで手が回らない」というの
が現場の本音でしょう。しかし，実際にクラスの児童に目を向ければ，習った漢字が定着していないため
に国語に限らず，読みがたどたどしい，平仮名ばかりの文を書いている，という児童もいるのではないの
でしょうか。「かん字のひろば」はこのような実情をふまえ，既習漢字の復習と定着の時間が中心にある
ことを念頭に置いて進めることが基本です。

　　「かん字のひろば」は，前学年(ここでは 1 学年)の配当漢字を振り返り，与えられた条件で使うことによっ
て漢字の力をつけようとするものです。「かん字のひろば①」は，ある「想像上の島」を題材にしています。
まず，絵の中の「夕日」や「貝」など島に関わる漢字を振り返り，読み書きを確かにします。次に，それ
らの漢字を使った文作りを通して，漢字を文の中で使いこなす学習活動に広げます。

　　文を書くときには，末尾に句点（。）をつけることは表記上の基本ですが，低学年では抜け落ちもあり
ます。ここでも，文作りの中であらためてそのことを指導し，定着を図ります。

②　個別最適な学び・協働的な学びのために

　　前年度に学んだ漢字を使って文を作ることは，簡単なようで，いざ書こうとすると児童の中での定着が
図られていない場合は，難しく感じることでしょう。まずはそれぞれの漢字の読み方と書き方を確認し，
その中で挿絵と文字を対応させ，話し合いをさせながら自分の書く文章に対する想像がふくらむような活
動を目指します。書いた文章を友達と交換して読み合わせる協働的な活動を通して，児童の意欲を高め，
より漢字や言葉の決まりの定着を図ります。

知識 及び 技能	・助詞の「は」「へ」「を」の使い方，句読点の打ち方を理解して，文や文章の中で使っている。 ・第1学年に配当されている漢字を書き，文や文章の中で使っている。
思考力，判断力，表現力等	「書くこと」において，語と語の続き方に注意している。
主体的に学習に取り組む態度	進んで第1学年に配当されている漢字を使い，これまでの学習をいかして絵を説明する文を書こうとしている。

◎ 学習指導計画　　全2時間 ◎

次	時	学習活動	指導上の留意点
1	1	・教科書 P81 の絵の中の，1年生で習った漢字を読む。 ・教科書の絵を見て，海に囲まれた島の様子を想像し，話し合う。 ・教科書の漢字をノートに書く。	・ゲームで楽しく読み方を確かめ合わせる。 ・絵にかいてあるものだけでなく，絵から想像したことも話し合わせ，次時の文作りの素地とする。
	2	・提示された漢字を使い，句点にも気をつけて，自分が考えた島の様子を表す文を作る。 ・書いた文を友達と読み合い，よかったところを発表し合う。	・文作りが早くできた児童に発表させて見本を示すことで，文作りの要領がどの児童にも理解できるよう配慮する。 ・同じ漢字を使っていても，異なる文ができることに気づかせる。

かん字の　ひろば　①

第 1 時（1/2）

本時の目標　絵にかかれた島の様子について話し合い，1年生で習った漢字を正しく読み書きすることができる。

板書例

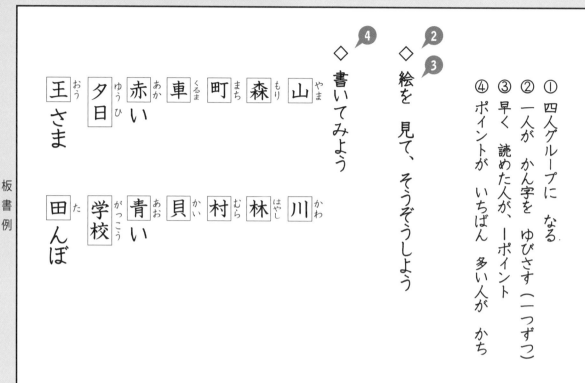

◇　書いてみよう

山 やま	森 もり	町 まち	車 くるま	赤い あか	夕日 ゆうひ	王さま おう
川 かわ	林 はやし	村 むら	貝 かい	青い あお	学校 がっこう	田んぼ た

◇　絵を　見て、そうぞうしよう

① 四人グループに　なる
② 一人が　かん字を　ゆびさす（一つずつ）
③ 早く　読めた人が、一ポイント
④ ポイントが　いちばん　多い人が　かち

POINT 復習のための取り組みである。ゲーム形式を取り入れながらしっかりと読み書きをさせたい。

1 指さし早読みゲームで，漢字の読みの習熟を楽しく確かめよう。

T　教科書81ページを見ましょう。1年生で習った漢字がでています。読み方を覚えているかな。

T　今から「指さし早読みゲーム」をします。指さした漢字を早く読めた人にポイントが入ります。

以下①〜④のゲーム方法を知らせる。
① 4人1組になる。
② グループの中で，1人が教科書の漢字を指さす。
③ 早く読めたら1ポイント獲得。
④ いちばんポイントが多い人が勝ち。

「がっこう」！

正解！1ポイント。

1年生の漢字だから楽勝だよ。

まず，ゲームで楽しく読み合い，読み方を確かめる。
　クラスの実態によっては，教科書の漢字を1つずつ指で押さえさせながら声に出して読み上げ，クラス全体で丁寧に進めるのもよい。

2 教科書の絵を見て，気がついたことを話し合おう。

T　絵の中に何があるかな。絵をよく見てみましょう。

王様がいる国みたいです。

島の中にいろんな場所があります。

絵を見て気づいたことを発表させる。
T　どんな王様なのかな。
C　笑顔で楽しそうです。
C　お城に住んでいると思います。

いろいろな想像をさせて，次時の文作りへつなげる。ただし，絵をよく見ることから始めるという点は，外さない。

T　他には何がかいてありますか。
C　学校があります。
C　森と林の間に町があります。

準備物
・漢字カード QR
・教科書P81の挿絵（黒板掲示用）または，黒板掲示用イラスト QR

ICT　第1学年までに配当されている漢字の熟語を1つずつフラッシュカードにして作成する。この時間だけでなく，毎時時間繰り返すことで，定着を図る。

かん字の ひろば ①

め 一年生の かん字を ふくしゅうしよう

◇ 絵の 中の かん字を 読もう ①

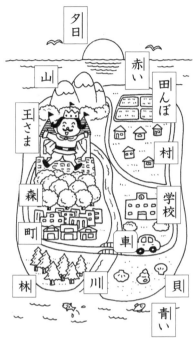

夕日／山／赤い／田んぼ／王さま／村／森／学校／町／車／林／川／貝／青い

〈ゆびさし早読みゲーム〉

※〈漢字カードの使い方〉まず，教科書の挿絵（または，QRコンテンツのイラスト）の上に漢字カードを貼り，読み方を確かめる。次に，カードを黒板の左に移し，板書として使う。

3 挿絵の島の様子から想像したことをグループで話し合おう。

T　絵を見ながら，想像したことを発表しましょう。

C　王様はとても面白い人で，町や村によく車で遊びに行っていそう。

C　川から船で海まで出たりしているかもね。

　想像をふくらませて考えたことをどんどん発表させる。慣れてきたら，4人組で思いついたことを出し合い，さらに想像をふくらませる。

ここの島の周りには魚がいっぱいいるんだよ。

きれいな青い海だからかな。

王様もお城からきれいな夕日を見ているのかな。

山がじゃまで夕日が見られないかもね。

　グループで出し合ったことを全体で発表し，互いに拍手で認め合う。

T　みんな，いろいろと想像できましたね。

4 教科書の漢字をノートに書こう。

T　次の時間に，この漢字を使って，文を書いてもらいます。漢字も正しく書けるように練習しておきましょう。

間違えないように書けるかな。

正しい書き順で書くのも大切だよね。

　机間巡視などで漢字が苦手な児童がどの程度取り組めているかを把握して，必要であれば個別指導をする。

　漢字が苦手な児童は，教科書を見ても自分では間違いが分からない場合もある。児童の実態に合わせて，教師が言った言葉をノートに書かせたり，1つの言葉を3回ずつ写させたりなど，やり方はいろいろと工夫できる。

T　2年生になって新しい漢字をたくさん勉強してきましたが，1年生の漢字も忘れずに，読んで書けるようにしましょう。

かん字の　ひろば　①

第 **2** 時（2/2）

板書例

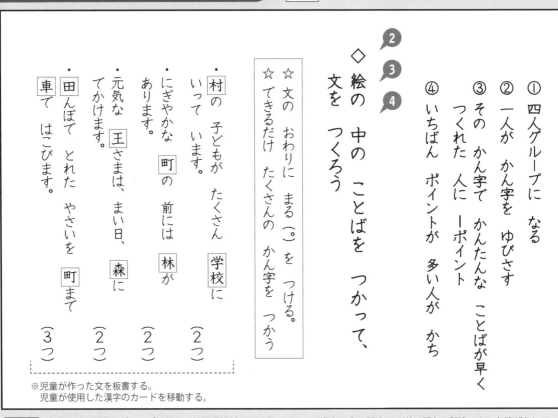

① 四人グループに　なる
② 一人が　かん字を　ゆびさす
③ その　かん字で　かんたんな　ことばが　早く
　　つくれた　人に　―ポイント
④ いちばん　ポイントが　多い人が　かち

◇ 絵の　中の　ことばを　つかって，
　文を　つくろう

☆ 文の　おわりに　まる（。）を　つける。
☆ できるだけ　たくさんの　かん字を　つかう

・ 村の　子どもが　たくさん
　いって　います。

・ にぎやかな　町の　前には　林が
　あります。

・ 元気な　王さまは、まい日、森に
　でかけます。

・ 田んぼで　とれた　やさいを　町まで
　車で　はこびます。

　　　　　　学校に　　2つ
　　　　　　　　　　　2つ
　　　　　　　　　　　2つ
　　　　　　　　　　　3つ

※児童が作った文を板書する。
　児童が使用した漢字のカードを移動する。

POINT 文章を読む活動はグループで行い，机間巡視だけでは見つけにくい漢字の書き間違いや送り仮名の間違いを，友達どうしで

1 絵の中の漢字を使って，簡単な言葉を作るゲームをしよう。

T　教科書の漢字は，もう読めますか。みんなで確認しましょう。

　順に全員で読む，列指名で読ませる，などいろいろ変化をつけて何度か読ませる。

T　絵にある漢字を使って簡単な言葉を作りましょう。例えば，「元気な王様」，「きれいな夕日」などです。ゲームでたくさん見つけましょう。

大きな貝，とかどうかな。
にぎやかな町！

　短時間内で簡単な言葉を作るゲームをして，本時のめあてである文づくりの前段階とする。

　ここでは教師がまず例を挙げて，どのような言葉を考えればよいのか簡単に見本を示す。前時に絵から想像したことを思い出させて，言葉を考えさせる。

2 教科書の例文を読んで，文の作り方を確かめよう。

T　教科書の例文をみんなで読みましょう。

C　しまから見える夕日は，赤くて，とてもきれいです。（斉読）

T　この文には「夕日」と「赤」の2つの言葉が使われていますね。このように教科書の漢字を入れた文を作りましょう。

T　考えられた人，言ってみてください。

　挙手した児童を指名する。

王さまは，山のぼりが大すきです。きょうも山から森や林を見てきました。

T　よくできました。4つも漢字が使えていましたね。みんなも分かったかな。

　全員が理解するまで何人か指名してもよい。

　ここで丁寧にやっておくと，よりスムーズに文作りに進むことができる。本時の導入で考えた「にぎやかな町」などの言葉を使うとよいということも伝える。

準備物
・漢字カード
・教科書P81の挿絵（黒板掲示用）または，黒板掲示用イラスト QR

ICT
作成した文を，タブレットで撮影し，教師に送信する。全体で共有しながら，みんなで作成した文章を音読していくと学力の定着にもなる。

かん字の ひろば ①

め 一年生の かん字を つかって 文を つくろう

❶ ◇ 絵の 中の かん字を つかって ことばを つくろう

〈ゆびさしかんたんことばづくりゲーム〉

夕日
山
赤い
田んぼ
玉さま
村
森
学校
町
車
林
川
貝
青い

※〈漢字カードの使い方〉まず，教科書の挿絵（または，QRコンテンツのイラスト）の上に漢字カードを貼っておく。
　児童が文作りに使用したカードを移動させると，使用していない残りの漢字がすぐに分かる。

見つけ合わせる。

---

3 絵の中の漢字を使った文を作り，ノートに書こう。

T　では作ってみましょう。文の最後に「まる（。）」を書くのを忘れないようにしましょう。

よ〜し，やるぞ！

全部の漢字が使えるかな。

T　使った漢字は，○で囲んでおくと分かりやすいですよ。教科書の漢字が全部使えたらすごいですね。考えた文は，箇条書きでノートに書きましょう。

　文の始まりは中点（・）で始めることや箇条書きという言葉についても教えておくと，様々な場面で活用できる。繰り返し使う授業の用語は，丁寧に教えることで，2年生でもほとんどの児童が理解できる。

　遅い児童もいるので15分は時間を取りたい。早い児童には2回目を考えさせたり，黒板に書かせたりして時間調整をする。

4 書いた文を発表したり，読み合ったりして，自分が作った文を比べよう。

T　できた文を読み合いましょう。聞いた人は拍手を忘れないようにしましょう。

「村の子どもがたくさん学校にいっています。」と書いたよ。

「村」と「学校」を使ったんだね。

すごい！うまいね。

　グループで発表し合った後、ノートを回したり，黒板を全面使って8人程度ずつ前に出て書かせたり，と様々な方法で発表させる。同じ漢字でも，人によって違う使い方をしていることに気づかせたい。

　使った漢字の個数を聞いてチャンピオンを決めるのもよい。ノートの最後にその個数を書かせると，後でチェックするときに分かりやすくなる。

T　友達の作った文を聞いて，よかったところや思ったことを発表しましょう。

メモを　とる　とき

全授業時間 3 時間

◎ 指導目標 ◎

・経験したことなどから書くことを見つけ，必要な事柄を集めたり確かめたりして伝えたいことを明確にすることができる。
・言葉には，事物の内容を表す働きがあることに気づくことができる。

◎ 指導にあたって ◎

① 教材について

　2年生になると，「生活科」での見学も多くなります。その際，お話を聞いてノートにメモしますが，2年生の児童は「聞いた文章」一言一句をそのまま書こうとします。そして，結局「もう一度，言ってください」となってしまうのです。これではメモとは言えないのですが，ここに，メモのよさを2年生に気づかせる難しさもあります。

　本単元では，そのようなメモを取ることの意味と，取り方を教えます。メモを取るのは，聞いたことを忘れないためであり，メモしながら聞く人が多いのは，集中して聞くことができるからです。何より，速く書けて目にも入りやすい，という利点があります。メモの事例を調べ，そのようなメモの効用に気づかせるとともに，メモの書き方や工夫についても，実際にメモを書いて確かめます。

　高度なメモもありますが，2年生では持ち物メモのように，まずは，大切な事柄を選び，文章ではなく短い言葉（単語でも）を基本にして書く，ということを目あてにしたいと思います。そこから，また「簡単な見出しをつける」など，メモの工夫をする児童も出てくるでしょう。

② 個別最適な学び・協働的な学びのために

　2年生なら，おつかいなどでメモを書いたり，メモを持って買い物をしたりした経験もしています。こんな日常の場面でもメモを使っていかすことが大切です。他にも伝言や，新聞，テレビからの情報を集めるときにもメモは有効です。このような実際的な場面で「メモしておこう」と考え，使えることが個別最適な学びです。

　また「朝の会」などで，児童が，「見つけたもの」をお話する時間を設けているクラスもあります。こんなときメモを取らせることは，「整理して話す」という深い学び方につながります。これは，メモを通した対話でもあり，メモを見てきちんと話すということ自体，主体的な言語活動です。習慣化すると大きな力になります。

知識 及び 技能	言葉には，事物の内容を表す働きがあることに気づいている。
思考力，判断力，表現力等	「書くこと」において，経験したことなどから書くことを見つけ，必要な事柄を集めたり確かめたりして，伝えたいことを明確にしている。
主体的に学習に取り組む態度	積極的に必要な事柄を集め，これまでの学習をいかして知らせたいことをメモに取ろうとしている。

次	時	学習活動	指導上の留意点
1	1	・メモを書いてきた経験を話しあい，メモの役割やよさについて話し合う。 ・学習の見通しをもつ。 ・教科書の例をもとに，メモの書き方や工夫していることを調べ，話し合う。	・「生活科」での見学やお家での買い物，伝言の場面などを振り返らせる。 ・よいメモを書く学習であることを伝える。 ・日づけなどを書き，事柄を短い言葉（単語でも）で書いていることに気づかせる。
2	2	・学校のことで，家の人に知らせたいものを決めて，そのことをメモに取る。	・「何を」知らせたいのかを話し合わせ，知らせるのにふさわしいものを考えさせる。
	3	・書いたメモを，自分で見返す。 ・メモを友達と読み合い，よいところを伝え合う。 ・学習の振り返りをする。	・日づけなど，メモの基本とともに抜け落ちや，書き足しはないか，確かめさせる。 ・回し読みをして，うまくメモが取れているところを教え合わせる。 ・学習のまとめとして，メモを書くときに気をつけたことを話し合わせる。

◇ 本単元は，教科書の事例のような，見学を伴う学習に合わせて計画を立てることもできます。

◇ 「朝の会」などでの「発表」（知らせたいこと）に使うメモを書かせてもよいでしょう。あるいは，図工や遠足などの持ち物メモや，明日の準備物メモも実際的でよいでしょう。

本時の目標　これまでメモを書いた経験や教科書の事例などから，メモの役割や書き方が分かる。

板書例

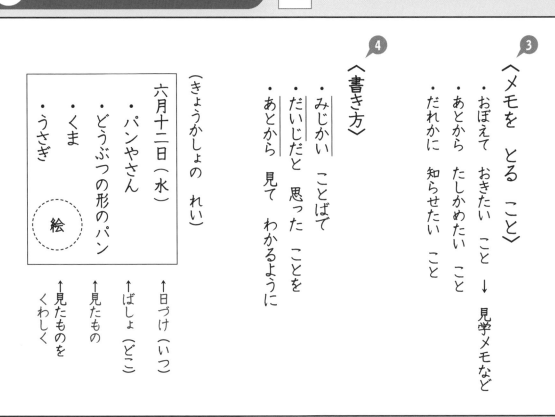

〈メモを　とる　こと〉
・おぼえて　おきたい　こと　↓
・あとから　たしかめたい　こと　　見学メモなど
・だれかに　知らせたい　こと

④
〈書き方〉
・みじかい　ことばで
・だいじだと　思った　ことを
・あとから　見て　わかるように

（きょうかしょの　れい）

六月十二日（水）　　　　←日づけ（いつ）
・パンやさん　　　　　　←ばしょ（どこ）
・どうぶつの形のパン　　←見たもの
・くま　　　　　　　　　←見たものを
・うさぎ　　　　　　　　　くわしく

絵

POINT　児童がメモを取った経験と，教科書に書いてあるメモの取り方とをつないで考えさせる。

1 メモを取った経験や場面を思い出し，話し合おう。

T　メモって，知っていますか。また，これまでに書いたことはありますか。

C　生活科で町探検に行ったとき，お店で聞いたお話をメモしておきました。見つけたこともあります。

C　お話なんかを短く簡単に書くことがメモです。

T　では，どんなときにメモに取ったのかお話してください。

お母さんに買い物を頼まれたとき，買ってくるものを小さい紙にメモしました。

生活科でザリガニの観察をしたとき，見つけたことをメモしました。

T　反対に，メモを取るとき，困ったことや難しく思ったことは，なかったでしょうか。

C　メモが長くなって，お話が全部書けませんでした。

C　後で見ると分からないところがありました。

2 学習のめあてを聞き，メモの役割について話し合おう。

T　これまでも，メモを取ったり使ったりしてきました。また，うまく書けなかったこともあったのですね。これから，メモについてメモのよいところや，よいメモの取り方を勉強していきます。（学習課題）

T　学校では，生活科での見学のときに，よくメモをしましたね。メモは役に立ちましたか。

見学で見たものも，メモを見るとあとで思い出せました。

「ザリガニの観察」では，メモを見ながら，発見を発表できました。

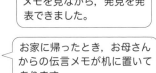

お家に帰ったとき，お母さんからの伝言メモが机に置いてあります。

メモの役割，使い道について経験をもとに話し合う。

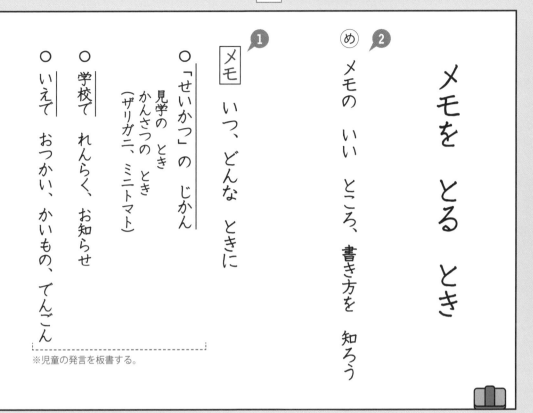

メモを とる とき

め メモの いい ところ，書き方を 知ろう

1 メモ いつ、どんな ときに

○「せいかつ」の じかん
見学の とき
かんさつの とき
（ザリガニ、ミニトマト）

○ 学校で れんらく、お知らせ

○ いえで おつかい、かいもの、でんごん

※児童の発言を板書する。

---

3 教科書の説明を読み，メモの書き方や工夫について確かめよう。

T　はじめに，これまでも書いてきたメモとはどんなものなのか，教科書で確かめておきましょう。（P82）

T　先生が読みます。さあメモとは，何でしょう。

　　ゆっくり範読し，その後音読，黙読して線を引く。

T　どんなことを，メモに取ると書いてありますか。

C　覚えておきたいことがあるときです。

C　あとから確かめたいことや，だれかに知らせたいことがあるときも，メモを取ると書いてあります。

T　例えば，「覚えておきたいこと」とは，どんなときにするメモなのでしょうか。

覚えておきたいことは，お店で聞いたお話です。

図工の用意も，メモがないと忘れてしまいます。覚えておきたいときです。

「確かめたいこと」などについても経験を話し合う。

---

4 教科書のメモの例を見て，メモの書き方や工夫を詳しく確かめよう。

T　メモの書き方は，教科書にどう書いてありますか。

C　短い言葉で書く。

C　大事だと思ったことを，選んで書く。

C　あとから見返して分かるように書く。

T　町探検のときの絵が出ています（P82上）。どんなことを見つけて，メモしたのでしょうか。

C　パン屋さんで見つけたもの。知らせたいことです。

T　そのときのメモ（P83上）に何を書いているでしょう。

6月12日(水)は行った日です。パン屋さんは行ったところです。

どんなパンがあったのかもメモしています。動物の形のパンで，くまとかうさぎとか，絵も描いています。

T　短い言葉で見たものをメモしています。「パン屋さん」「くま」だけでも何のことか，分かりますね。行った日やどこへ行ったのかも大事なことです。

メモを とる とき
第 2,3 時 （2,3/3）

板書例

１ 日づけ
２ 知らせたい こと、ばしょ（だい）
３ ようすが わかる こと
・ミニトマトの 花の 数
・ザリガニの だっぴ
・学きゅうぶんこの にんきの 本

※児童の発言を板書する。

○○○
・みじかい ことばで
・だいじな ことを
・あとから わかるように

3
◇ メモを 見かえそう
・書きたし
・まちがい

4
◇ メモを 見て つたえあおう
・うまく 書いて いる ところ
・よく わかる ところ

POINT 「ミニトマトの観察」などでもメモを取っている。そのような経験とも考え合わせて，メモを取るようにさせる。

1 （第2時）学習のめあてを聞き，何をメモしたいか話し合おう。

T 今日は，実際にメモを取ってみて，メモの書き方を勉強しましょう。

T 教科書を見てみましょう。（P83 上）何をメモするのか書いてあります。読んでみましょう。（音読）

C 「学校のことで，家の人に知らせたいことを決めて」とあります。知らせるためのメモです。
　教科書 P83 下の「池のこい」のメモ例を確かめる。

T みなさんも何を知らせるのかを決めなくてはなりませんね。知らせたいものはありますか。

教室の「今週のニュース」の掲示板のことです。おもしろいから…。

教室で飼っているメダカのことです。世話していることも。

ザリガニやミニトマトのことも知らせたいです。

メモ用紙を配布する。

2 知らせるためのメモを書いてみよう。

T まず，これはお家の人に知らせたい，というものを決めましょう。（決められない児童には援助する）

T メモを取りますが，何をメモすればよいのか，振り返っておきましょう。まず，メモするのは何かな。

C 日づけです。今日の日づけかな。

C それから「パン屋さん」「池のこい」のメモのように，何のことを知らせるのかもメモしておきます。

T そして，知らせたいことの様子です。何を話したら様子がよく分かるのかを考えてメモするのです。

T では，まず「日づけ」と「何のことなのか」をメモしましょう。そして，その様子で詳しく知らせたいことをメモしましょう。

ぼくは，メダカのことをメモしよう。12匹いること，卵を産んだこと，それから，水替えのことも…。

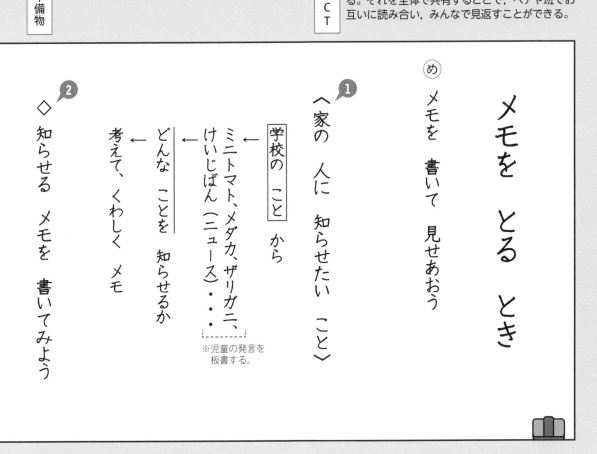

めメモを 書いて 見せあおう

メモを とる とき

① 〈家の 人に 知らせたい こと〉

学校の こと から

ミニトマト、メダカ、ザリガニ、
けいじばん（ニュース）・・・

※児童の発言を
板書する。

どんな ことを 知らせるか ←

考えて、くわしく メモ ←

② ◇ 知らせる メモを 書いてみよう

3 （第3時）書いたメモを見返そう。

T　書いたメモを見返してみましょう。書き足しておきたいことはないでしょうか，また，長い文ではなく，短い言葉で書いていますか。大事だと思ったことが，今見ても分かるように書いてありますか。

ミニトマトは，花の数も知らせた方がいいな。

「学級文庫」で人気のある本の名前も…。

ザリガニの脱皮のこともメモしておこう。

書いたメモを見返し，もれや誤りがないか確かめる。

T　日づけや場所のことはぬけていませんか。お家の人が聞いてもよく分かるメモになっていますか。

早く書けた児童には2つ目のメモを書かせてもよい。

4 書いたメモを友達と読み合い，話し合おう。

T　今度は，書いたメモを友達と見せ合いましょう。

T　メモを見せ合って，「ここは，うまくメモを書いているなあ」と思ったところを教え合いましょう。また，「こんなことも知らせるといい」ということがあれば，それも話し合いましょう。

阿部さんの「ザリガニ」のメモ，体のことと動きのことを分けて，短い言葉で書いているのでよく分かります。

高田さんの「学級文庫」のメモ，人気のある本の名前が3つ書いてあっておもしろい。

グループなどで，回し読みをする。読み合ったメモのよいところを伝え合う。

T　このメモをもとに，お家の人に話してみましょう。

読み合った後，短い言葉で書くことなど，メモを書くときに気をつけたことを話し合い，まとめをする。

こんな もの，見つけたよ

〔コラム〕丸，点，かぎ

◎ 指導目標 ◎

- 長音，拗音，促音，撥音などの表記，助詞の「は」「へ」「を」の使い方，句読点の打ち方，かぎ（「　」）の使い方を理解して，文や文章の中で使うことができる。
- 自分の思いや考えが明確になるように，事柄の順序に沿って簡単な構成を考えることができる。

◎ 指導にあたって ◎

① 教材について

　２年生になり，活動範囲が広がるとともに体験することも増えます。学習では，「生活科」での「町たんけん」など，校外で体を通して学ぶ機会もあります。本単元は，それら，見たり聞いたりしたことの中から知らせたいことを選び，伝える文章を書くという学習です。学習を通して，メモを取ることや，読み手に分かりやすい文章の組み立て方も学ばせます。また，聞いた言葉をそのまま，かぎ（「　」）を使って書く表現方法も，伝える文章ではよく使われます。

　そのため，かぎ（「　」）や句読点の正しい使い方も教えます。ただ慣れも必要ですので，今後も指導を続けます。低学年の児童は，自分の思いが先行しがちです。しかし，見たことやしたことを思いついたままに書き連ねては，伝わる文章にはなりません。ここでは，例文も参考にして，書き出し（はじめ）やまとめ（おわり）をどう書くかなど，文章の初歩的な組み立て（構成）を考えて書かせるようにします。ただ，伝える文章の中心は，見たこと聞いたことの具体的な事実を書く（提示する）ことで，これが不十分だと伝わる文章にはなりません。

② 個別最適な学び・協働的な学びのために

　「何を書けばいいの」と，何を見つけるのかが１つの山です。個人差もあるので，児童任せにするには難しさもあります。その点，「生活科」での「町たんけん」や「○○の見学」，また校外学習や自然観察など，クラスみんなで観察や取材，調べ学習をする機会とつなぐのもよい方法です。共通のテーマや題材を設定して書くと，児童どうしの共通体験があるので，話し合いもかみ合います。題材は同じでも，主体性は損なわれません。児童それぞれの目の付け所や，書きぶりは違ってくるからです。

知識 及び 技能	長音，拗音，促音，撥音などの表記，助詞の「は」「へ」「を」の使い方，句読点の打ち方，かぎ（「　」）の使い方を理解して，文や文章の中で使っている。
思考力，判断力，表現力等	「書くこと」において，自分の思いや考えが明確になるように，事柄の順序に沿って簡単な構成を考えている。
主体的に学習に取り組む態度	事柄の順序に沿った構成を粘り強く考え，学習の見通しをもって，読み手に分かりやすく伝える文章を書こうとしている。

◎ 学習指導計画　全10時間 ◎

次	時	学習活動	指導上の留意点
1	1	・「こんなものを見つけた」という経験を話し合い，学習課題と学習の進め方を確かめる。	・学習課題は「組み立てを考えて書き，知らせよう」とし，文例も参考にする。
2	2	・文例も参考にして「見つけたもの」を書きとめるためのメモの取り方を，調べる。	・「町たんけん」では目だけでなく，手や耳など五感を使うことに気づかせる。
	3・4	この時間は，「知らせたいこと」を見つける活動として，「生活科」とも関わらせ，校外での「町たんけん」などを行う。また，書いて知らせるためのメモを取る。	
3	5	・「町たんけん」で見つけたものを発表する。 ・「組み立て」とは何かを調べ，メモを見直す。	・「はじめ」「中」「終わり」の3つのまとまりと順序で書くことに気づかせる。
	6・7	・自分のメモを見直して，書くことを，「はじめ」「中」「終わり」に整理し直して書き直す。 ・「組み立てメモ」を友達と読み合う。	・表にして，メモの補足や手直しをさせる。 ・メモを付箋に書き出してから，組み立てを考えさせる。 ・読んで感想を述べ合うことにより，よいところを学び合わせる。
4	8	・丸（。），点（、），かぎ（「　」）の使い方を知り，正しく使えているか，自分のメモを見直す。	・どんなところで使うのか，また使い方を話し合う。視写もして確かめる。
	9・10	・「組み立てメモ」をもとにして，見つけたものを知らせる文章を書く。 ・書いた文章を友達と読み合う。 ・学習を振り返り，まとめをする。	・「敬体で書く」など，文章化するときの「書き方」（約束事）に気づかせる。 ・よかったところを中心に，感想を述べ合わせる。 ・できるようになったことを振り返る。

◇知らせるための材料（題材）を見つける活動として，ここでは「町たんけん」を考えています。第3，4時はそのための時間です。ここは，学校の実情に合ったやり方ですすめてください。

こんな もの，見つけたよ

第 ❶ 時 （1/10）

本時の目標

「組み立てを考えて書き，知らせよう」という学習課題と，学習の進め方が分かり，見通しをもつことができる。

板書例

〈見とおしを　もとう〉 ❹

① 見つけた ものを 書きとめる （メモ）
← ② 文しょうの 組み立てを 考える
← ③ 書いて 読みかえす
← ④ みんなで 読む

○ 見つけた ことは？
　　さわると　つるつるしている 木
　　（さるすべりの 木）

○ どこで？
　　こうえんで

　　　　　書いて　→
　　「知らせよう」

POINT 児童の体験を引き出す。学習課題や学習の進め方については，教科書も使って見通しがもてるようにする。

1 学習課題を確かめよう。

T これまでも，日記や朝の会で，自分が見つけたことを書いたり，話したりしてきました。

T みなさんが見つけたことには，どんなこと（もの）がありましたか。

公園に新しいシーソーができたことを，朝の会で発表しました。

パン屋さんの見学で教えてもらったパンの作り方を日記に書きました。

T 『日記を書こう』では，日記を書く勉強をしました。この前は，メモの取り方も知りましたね。

T ここでは，自分が見つけたもので「こんなもの，見つけたよ」と知らせたいものを，文章に書く勉強をしていきます。

C 知らせるって，どう書けばいいのだろう。

2 どんなことを学んでいくのか，教科書を読み，話し合おう。

T 「知らせる」ってどんな勉強をするのか，教科書を開いてもう少し詳しく見てみましょう。

T はじめの文章に，することが書かれていますよ。読んでみましょう。

　　教科書 P84 のリード文から「問いをもとう」，P85 「もくひょう」まで読んで確かめる。

T どんなことをするのか，話し合ってみましょう。

見つけたもののよさが友達に伝わるように書きます。

町の中で見つけたものを，文章に書いて知らせます。

「いいな」「すてきだな」と思うものを見つけられるかな。

T 分からないことはありましたか。

C 「組み立て」とは，何のことかよく分かりません。

T そのことも，これから勉強していきましょう。

こんな もの、見つけたよ

め 学しゅうの もくひょうを 知り、
　見とおしを もとう

❷ 〈する こと〉

・町の 中で（町たんけんで）
　いいな
　すてきだな ｝ を 見つけて
←組み立てを 考えて 書き
・文しょうに して
・ともだちに 知らせる

❸ 〈しもださんの 文しょうを 読んで〉

---

3 どんな文章を書くのか，教科書の文例を読もう。

T 「知らせる文章」とか「組み立て」ってどんなものか，分かりにくいですね。まず，どんな文章を書くのかを見てみましょう。87ページです。しもだかほさんが書いた文章です。読んでみましょう。

　まず，1人で黙読。その後，斉読する。

T どこの，何のことを書いていましたか。

公園で，サルスベリの木を見つけたことです。

しもださんが見つけた「知らせたいこと」です。

T 読んで，思ったこと，感想はありましたか。
C サルスベリの木，ぼくも見てみたいと思いました。
C わたしにも書けそう，と思いました。

4 学習の進め方を話し合おう。

T この文章を書くまでに，しもださんは，まず何をしたと思いますか。

公園へ行ってサルスベリの木を見つけています。

それで，そのことを書いて知らせようとしました。

T そうです。しもださんは，まずこのサルスベリを町の中で見つけたのです。
T その次に何をするのか，教科書（P84下）の「見とおしをもとう」を読みましょう。
C ①は，「見つけたものを書きとめる」です。
C ②は，「文章の組み立てを考える」
　同様に，③，④ですることも読み合う。
T まず，知らせたいことを見つけて，書きとめることが，はじめの①ですね。次の時間に書きとめ方（メモ）を勉強しましょう。

こんな もの，見つけたよ

第 2,3,4 時 （2, 3, 4/10）

本時の目標
・「町たんけん」などで見つけたものを書きとめるための，メモを取ることができる。
・「町たんけん」でメモを取ることができる。

板書例

❹

◇ 「町たんけん」で 知らせたい ことを
　　見つけて メモしよう

○ みじかい ことばで （・を つけて）

〈書き方〉

「・くじらこうえん」
「・つるつる」
「・ピンクの花の木 一本」 など

○ どこで … こうえんで
　　　　　　　　ぶらんこの 後ろで

◎ 木の ことで
　・みきの ようす 🖐で
　・花の 色 👁で
　・木の 本数 👂て
　　（ほか…人から 聞いた こと）

POINT 『メモをとるとき』の学習も振り返りながら，教科書のメモを例として話し合う。町たんけんでは，メモの取り方の個別

1 （第2時）「知らせる文章を書く」ために，はじめにすることを考えよう。

T　しもださんは，「知らせる文章」を書くまでに，まず，何をしていましたか。

C　公園へ行きました。そこで木を見つけました。

T　木を見つけただけでしたか。他にしたことは，何だったでしょうか。

> メモを取りました。あとで文章が書けるようにです。

> 忘れないためです。

T　そうですね。見たことを思い出して書いたのではなく，まず，見つけた木のことをメモしています。それが，①の「見つけたものを書きとめる」です。

C　メモのことは『メモをとるとき』で，勉強しました。短い言葉で書きました。

2 メモの取り方を教科書で調べよう。

T　「町たんけん」に行ったときにもメモを取ります。そのとき，すぐにメモが取れるように，何をどう書いたらよいのかメモの取り方を調べましょう。

T　85ページに，しもださんが書いたメモがあります。メモには，どんなことを書いているでしょうか。読んでみましょう。

> 「くじらこうえん」は，木を見つけた場所で，「ぶらんこの後ろ」は，もっと詳しい場所です。

> 「さわるとつるつるしている木」は，題だと思います。「見つけたものは何か」書いています。

> 木の幹のことや，花の色，木の本数のこともメモしています。

T　このように書くと，さわるとつるつるしていた木がどんな木なのかよく分かりますね。

準備物
・メモを取るための用紙か，ノート
・見つけたものの撮影をしておくなら，タブレットなどカメラ機能のあるもの

ICT
メモを取ることの学習であるが，児童の特性ですぐにメモを取ることが難しい場合は，メモに残したいものをタブレットに撮影しておき，後で活用するとよい。

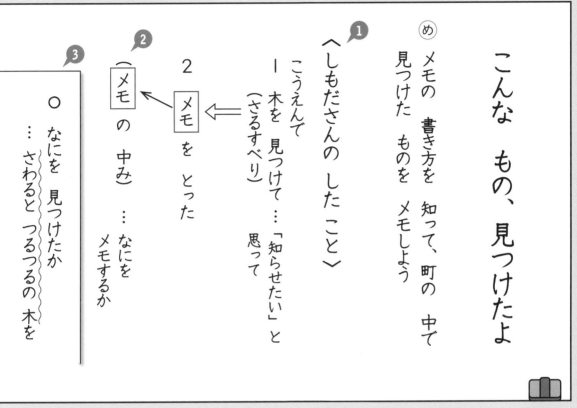

こんな もの、見つけたよ

め　メモの 書き方を 知って、町の 中で 見つけた ものを メモしよう

①　〈しもださんの した こと〉
こうえんで
― 木を 見つけて …「知らせたい」と
（さるすべり）　　思って
2　メモを とった

②　メモ
（メモ の 中み）　…なにを メモするか

③　○ なにを 見つけたか
…さわると つるつるの 木を

指導もする。

3　何をメモするのか，書くことを確かめよう。

T　まとめてみましょう。メモに書くことは何かというと？

題です。「何を」見つけたのかということです。

「どこで」という見つけた場所もです。

それに，木のことで見つけたことで，色や数，触った感じなんかもメモしておきます。

　メモについて，発表をもとに板書で整理する。
　メモで大切なのは，見つけたものについて，目や手触りなど五感を使ってとらえた具体的な事実を，言葉と数で書いておくことだと伝える。

T　メモは，長い文ではなく，短い言葉で書きましたね。その方が，速くたくさんのことが書けますよ。
C　しもださんのメモも，「くじら公園」とか「白い花の木」とか短い言葉で書いています。
　『メモをとるとき』（教科書 P82，83）も見て振り返る。

4　（第3・4時）「町たんけん」で「知らせたいこと」を見つけてメモしよう。

T　「町たんけん」では，見たことだけでなく聞いたこともメモしましょう。目と耳，鼻，手も使うのです。では，「町たんけん」に出かけます。そして，友達に「知らせたいこと」を見つけましょう。メモもしましょう。

　筆記用具の他，見つけたものの様子などを後から詳しく確かめられるよう，タブレットなどを持っていき撮影するのもよい。

【「知らせたいもの」を，見つける活動について】
　この学習では，何を知らせるのか，まず知らせたいもの（題材）を見つけなければならない。それを見つける活動は，個々の児童に任せるやり方と，クラスで「町探検」などを行い，そこで見つけさせるやり方がある。ただ児童がそれぞれ休日などに見つけるやり方には，難しさもある。
　そこで，ここでは「生活科」ともつないで「町探検」のような「見つける」活動を想定している。やり方は，地域や学校の実情に合わせて工夫したい。

こんな　もの，見つけたよ
第 5 時（5/10）

本時の目標　「はじめ」「中」「おわり」の組み立て（構成）を知り，それぞれのまとまりに書く事柄が分かる。

板書例

◇ 思い出して　つけたしも　しよう

（おわり）	（中）④	（はじめ）	（しもださんの　れい）③
○まとめ ＝さいごに、よびかけ	○くわしく ＝どんな そして、せつめい	○知らせたい こと ＝まず、なにの　話か	
（言いたい　こと） さわってみてほしい	（どんな ものか） ・くわしい　ばしょ ・木の　ようす （色や　数） ・手ざわり ・名前	（見つけた　ものは） ・何？　…　木を ・どこで　…　こうえんで	

POINT 児童は，文章に「組み立て」があることを知らないし，意識もしていない。３つのまとまりがあることをていねいに教える。

1 めあてを知り，「町たんけん」で見つけたものを話し合おう。

T　今日は，「町たんけん」で見つけた「知らせたいこと」のメモをもとにして，文章に書く準備をします。86 ページの②「文章の組み立てを考えよう」の勉強です。

T　はじめに見つけたものを発表しましょう。どんな「知らせたい」ものが見つかったのか聞き合いましょう。

古いお寺があったので，そのことを書きたいです。

うどん店の裏で，うどんを作っていたことです。聞いたこともメモできました。

T　１つでなく２つ見つけた人もいますね。そこからいちばん「知らせたいもの」を１つ選びましょう。聞いたことも書けそうなものがいいです。

C　わたしは，おみやげもの屋さんのことを書こうかな。お話も聞けたから。

2 「組み立て」とは何かを調べよう。

T　よさそうなものが見つけられましたね。メモもできました。でも，メモしたことをそのまま文章にするのではありません。まず，いくつかのまとまりにして「組み立て」を考えるのです。

教科書 P85 下の「組み立て」の用語説明を読む。

T　しもださんのメモの「組み立て」（P86）を見てみましょう。どんな「まとまり」にしていますか。３つのまとまりが分かりますか。

「はじめ」「中」「おわり」の３つです。

はじめ」は，知らせたいこと，「中」は，詳しい説明です。ここが長いです。

「おわり」は，「まとめの言葉」です。

T　このように，メモを「はじめ」「中」「おわり」の３つのまとまりに分けて，整理しています。

教科書 P86 下の解説を読み，書くことを確かめる。

準備物 ・各自のメモの用紙を準備させておく。

ICT それぞれのメモをタブレットで撮影して，ペアや班で見せ合いながら学習を進めてもよい。教師に提出しておくと，評価のときに活用できる。

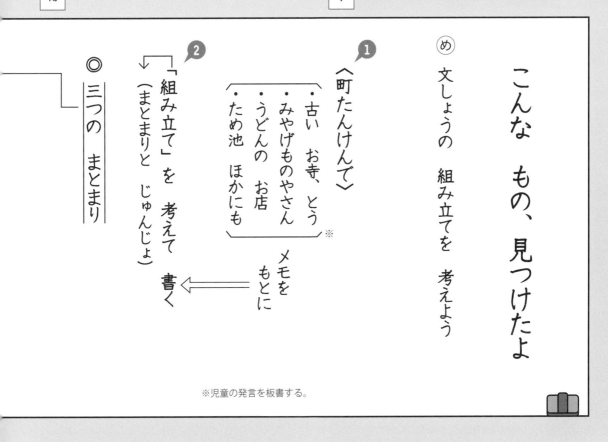

こんな もの、見つけたよ

め 文しょうの 組み立てを 考えよう

① 〈町たんけんで〉
・古い お寺、とう
・みやげものやさん
・うどんの お店
・ため池 ほかにも ※

メモを もとに

② 「組み立て」を 考えて 書く
（まとまりと じゅんじょ）

◎ 三つの まとまり

※児童の発言を板書する。

3 「はじめ」に書くことを調べ，話し合おう。

T では，「はじめ」「中」「おわり」には，どんなことを書いているのか，詳しく読んでみましょう。

T まず，「はじめ」には，何を書いていますか。

「はじめ」には，何を見つけたのかを書いています。作文の「題」みたいです。

「くじら公園で」と，見つけたところ（場所）も書いています。

T まとめていうと，何と何を書いていますか。
C 「何を」見つけたのかということと，「どこで」見つけたのかという，場所だと思います。
T この2つが「はじめ」にあると，聞く人は，何の話なのかが初めに分かるので，聞きやすいのです。

4 「中」「おわり」に書くことを調べ，話し合おう。

T では，「中」に書いていることは何でしょうか。読んでみましょう。（黙読，斉読）
C 「ぶらんこの後ろに」は，公園の中の場所です。
C 花の色や，木の数も書いています。
C 「つるつる」は，木の幹の様子，手触りです。
T もとのメモ（P85）に，つけ足していることはありませんか。

先生に聞いたことも書いています。思い出したのかな。

さるすべりという名前が分かったことです。

T 「中」には，見つけたもののことを詳しく書きます。見たことだけでなく，聞いたこと触ったことなど，様子を思い出して書いていますね。
　次時に組み立ての表を作ることを伝え，メモにつけ足しがあれば，書き足させておく。
T 「おわり」には友達への呼びかけを書いていますね。

本時の目標　メモをもとに，「はじめ」「中」「おわり」のまとまりを考えて，文章の組み立てを表に書くことができる。

板書例

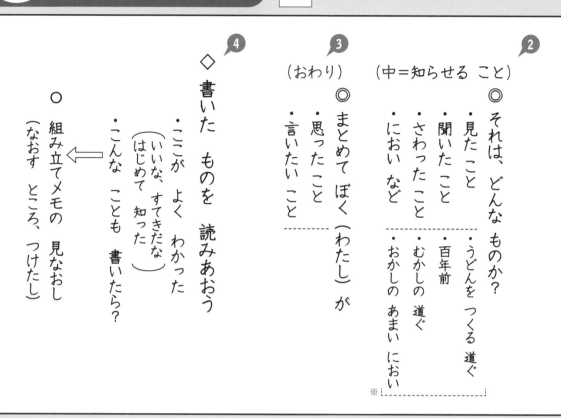

④
◇書いた ものを 読みあおう
・ここが よく わかった
　（いいな、すてきだな
　　はじめて 知った）
・こんな ことも 書いたら？　←
○組み立てメモの 見なおし
　（なおす ところ、つけたし）

③（おわり）
◎まとめて ぼく（わたし）が
・思った こと
・言いたい こと

②（中＝知らせる こと）
◎それは、どんな ものか？
・見た こと　　・うどんを つくる 道ぐ
・聞いた こと　・百年前
・さわった こと・むかしの 道ぐ
・におい など　・おかしの あまい におい
　　　　　　　※

POINT　低学年では「組み立て」を考えて書くのは思いのほか難しい。「はじめ」「中」「おわり」に書く内容をていねいに指導する。

1 「はじめ」に書くことを考えて書き入れよう。

T　今日は，書いたメモを「はじめ」「中」「おわり」の３つのまとまりに分けて表にします。

T　書き方は，まず教科書（P86）のように，ポツ（・）をつけた短い文でメモのように書きましょう。メモに付け足したいこともここで書き入れましょう。

　ワークシートを配る。または，ノートに表をかかせる。

T　まず，「はじめ」に書くことを考えて書きましょう。１つの文で書くのがいいですよ。

> 「はじめ」は，「何を」と「どこで」だったから，「商店街で，昔の古いおうちを見つけた。」にしようかな。

> 「山下町のビニルハウスでトマトを作っていた。」にしよう。

T　書けた人に読んでもらいましょう。

　書く内容を知り合うと同時に，書き方の参考にさせる。構想メモなので，文末は「〜た。〜だった。」とする。

T　「はじめ」を読むと，「何を」見つけたのかが一目で分かりますね。

2 「中」に書くことを考えて書き入れよう。

T　続けて「中」も書いていきましょう。「中」では，見つけたものの様子を詳しく，また聞いたことも書いてよく分かるようにします。一番大事なところです。付箋を使って１つずつ書いていきます。

　付箋を配る。

> 古い家のおじさんが，「百年以上前に建った」と言っていた。このことも入れておこう。

> トマトをハウスでつくるわけも教えてくれた。書いておこう。

T　寺岡さんは，うどんのお店で手打ちうどんの作り方を聞いたそうです。おもしろそうですね。

　何人かの「中」を読み上げ，参考にさせる。また，個別に「ここは，どういうこと？」「こんなことも書いたら？」などと助言し，できるだけ具体的な事実を思い出させる。

T　書けたら，順序を考えて，付箋をいろいろ並べかえてみながら表に貼っていきましょう。

準備物
・ワークシート「組み立てメモ」[QR]
※ワークシートを使わず，ノートに表を作らせてもよい。クラスの実態に応じて，決める。

ICT
組み立てを理解するのは難しい。タブレットのシートに，「はじめ」「中」「おわり」のメモ内容をそれぞれ分けて用意をしておき，全体に提示して指導するとよい。

こんな もの、見つけたよ

め 「はじめ」「中」「おわり」に 書くことを 考えて、表に してみよう

① ◇ 組み立てメモを 書こう
（ふせんに）
みじかい ことば、文で
「・」を つけて

組み立てメモ

（はじめ）
◎ 見つけた ものは？
・どこで　しょう店がい（て）
・何を　古い おうち（を）
※

※児童の発言を板書する。

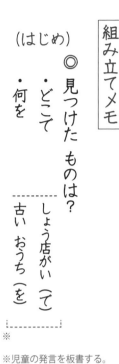

なお，第6，7時は続けなくてもよい。

---

3 「おわり」に書くことを考えて、まとめの言葉を書こう。

T 「中」が書けたら「おわり」も書きましょう。「おわり」はまとめの言葉です。特に心に残ったことや、感想、また、読む人に言いたいことを書きます。

T 「おわり」の文が書けた人に読んでもらいましょう。

「百年前の家は、わたしの家と違うところがいっぱいあって、たんけんしているみたいだった。」

「ぼくらが食べているうどんが、こうしてできるということを始めて知った。ぼくも作ってみたいと思った。」

T これで、「はじめ」「中」「おわり」のまとまりで、メモを書くことができました。

4 できた「組み立て」のメモを読み合い、自分のメモを見直そう。

T メモをもとに文章にしていく前に、友達と「組み立てメモ」を交換して読み合いましょう。まねしたいところが見つかるかもしれませんよ。

「組み立てメモ」の読み合いは、クラスの人数や実態に応じてやり方を決める。例えば以下2つの方法がある。
○ 前で1人ずつ発表。全体で聞き合い、話し合う。
○ グループに分かれて回し読みをして意見交換する。

安田くんの「夏祭りの準備」の話がおもしろい。神社の名前も書いてあるといいな。

青木さんの和菓子屋さんの話がよかった。おじさんの話が書いてあるのでよく分かるよ。

時間に応じて、他のグループのものも読み合う。

T 読み合って、ここは「なくてもよい」また、「書き足したい」ということが出てきたでしょうか。

T 最後にメモを読み返して、書き足したいことがあれば書きましょう。

こんな もの，見つけたよ　177

本時の目標　句読点とかぎ（「　」）の使い方が分かり，それらを正しく使って文章を書くことができる。

板書例

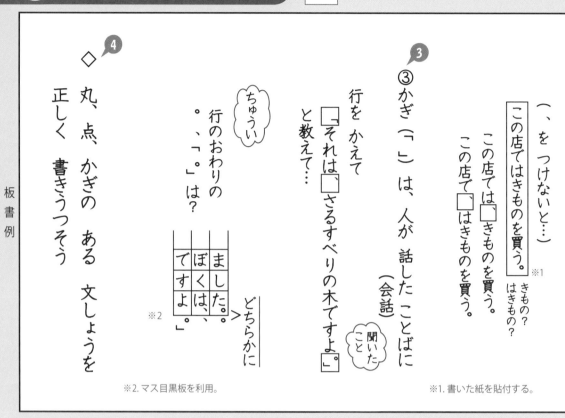

◇4
丸、点、かぎの ある 文しょうを
正しく 書きうつそう

ちゅうい
行のおわりの
。、「。」は？

③かぎ（「　」）は、人が 話した ことばに（会話）
［聞いたこと］

行を かえて
□「それは□さるすべりの木ですよ□」
と教えて…

この店で□はきものを買う。
この店では□きものを買う。
（、、をつけないと…）
この店ではきものを買う。 ※1
きもの？
はきもの？

どちらかに
ました。	ぼくは、	ですよ
		」

※2

※2. マス目黒板を利用。

※1. 書いた紙を貼付する。

POINT　マス目の用紙かノートを使って視写させると，符号の使い方がよく分かる。視写は平素の授業でも取り入れたい活動である。

1 本時のめあてを知ろう。

T　メモをもとに文章を書きます。その前に，文章では必ず出てくる必ず使う記号（しるし・符号）があります。何でしょうか。みなさんも使っていますよ。
C　点（、）とか，丸（。）ですか。作文でも使います。
C　かぎかっこ（「　」）も使いました。

T　そうですね。文を書くときには，丸（。）や点（、）を使いました。それに，かぎ（「　」）も使います。どんなとき，どんなところに使いましたか。

丸（。）は，文のおしまい，おわりにつけます。

かぎかっこ（「　」）は，人が話した言葉につけます。

T　文章を書くときには，必ずこのような記号を使います。文章を読みやすくするための印だからです。このような記号の使い方を確かめましょう。

2 丸（。）と，点（、）をつけるところを確かめよう。

T　丸や点，かぎの使い方は教科書にも書いてあります。読んで使い方を確かめましょう。(P89コラム)
T　まず，丸（。）はどこにつけますか。
C　「文のおわりにつけます」と書いてあります。
T　では，点（、）は，どんなところにつけますか。
C　「文の中の切れ目に」ってどこだろう…難しい。

点（、）のつけるところは難しい。2年生では，主語の後や接続詞の後（そして、）くらいにして，あとは読みやすさに応じてつける程度でよい。

T　教科書89ページの下を読みましょう。まず，この文を目で読んでみましょう。買ったのは，着物でしょうかそれとも，はき物でしょうか。
C　このままではどちらか分かりません。
T　どちらを買ったのか，正しく伝えるときに点（、）が役に立つのです。
(板書参照)

この店ではきものを買う。

点をつけなければならないときを説明する。
点の役割を示す1つの例だが，こんな文は殆どない。

準備物
・前時に書いた「組み立てメモ」
・視写用のマス目用紙，または原稿用紙
・マス目小黒板（黒板掲示用）

ICT
マス目用紙や原稿用紙を画像としてタブレットに保存しておく。保存をしておくと，いつでもそれを活用して，作文指導ができる。

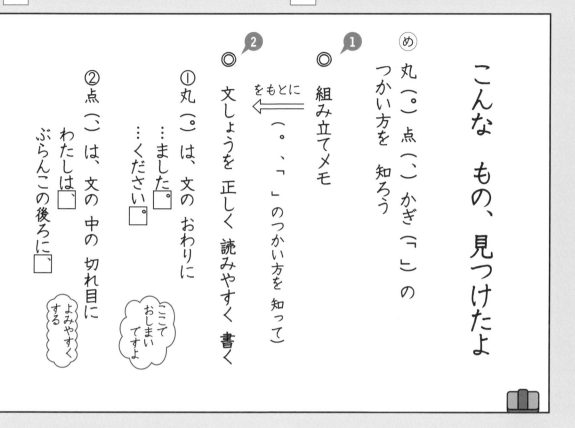

こんな もの、見つけたよ

め 丸（。）点（、）かぎ（「」）の つかい方を 知ろう

① ◎ 組み立てメモ
（。、「」のつかい方を 知って）← をもとに

② ◎ 文しょうを 正しく 読みやすく 書く

①丸（。）は、文の おわりに
…ました□。
…ください□。
ここでおしまいですよ

②点（、）は、文の 中の 切れ目に
わたしは□、
ぶらんこの後ろに□、
よみやすくする

---

3 かぎ（「 」）をつけるところや書き方を確かめよう。

T かぎ（「 」）はどこにつけますか。
C 「人の話した言葉（会話）」につけます。行を変えて書きます。
T 原稿用紙やマス目ノートに書くとき，気をつけることがあります。丸や点，かぎは必ず1マスとって，そこに入れて書くようにします。

T では，行の終わりに丸や点をつけたいときは，どうすればよいか分かりますか。

次の行のいちばん上に点や丸を書くのは？

それは，ダメ。同じ行の中に点や丸を書くんだよ。

行末に丸（ 。），点（ 、），かぎ（「 」）がきたときは，その行のマス外（内も可）に打ち，次の行の上に書かないようにする。よく間違えるので気をつけさせる。

4 自分のメモを見直そう。教科書の文例を正しく書き写そう。

T 前に書いた「組み立てメモ」を見直しましょう。丸，点，かぎは使えていますか。直すところはないでしょうか。

あ，字を間違えていた。

丸（。）やかぎは，抜けてないかな…。

ここは，点（、）をつけた方がいいかな。

T 丸，点，かぎがあると，文章が読みやすくなりますね。さあ，正しく使えるでしょうか。

T では，87ページのしもださんの文章を，丸，点，かぎを正しく使って，マス目の紙に書き写してみましょう。

視写させると記号の使い方がよく分かる。他に，『スイミー』などの一部でもよい。会話文のある箇所を選んで視写させる。正しく視写できた児童から丸をつけていく。

こんな　もの，見つけたよ

第 9,10 時 （9,10/10）

本時の目標
・メモをもとに，構成を考えて「知らせる」文章を書くことができる。
・読み合って感想を伝え合うことができる。

板書例

③
◇ 読みあおう （まわし読み）
・ともだちが　見つけた　ものは　どんな　もの？

◇
・思った こと
・よく わかった ところ
・はじめて 知った こと
・かんそうを つたえあおう

〈はっぴょう〉

わたしは，「こんな もの、見つけたよ。」
ぼく

・○○町の 古い おうち （山田）
・おいしい うどんを 作る うどんやさん （てらおか）

④
◇ ふりかえろう
・できるように なった こと
・メモ…組み立てと 書き方

😊 たいせつ

POINT　文章を書くときは，児童の実態に応じて個別の指導をする。そのためにも事前に各児童のメモに目を通しておく。

---

1 （第9時）構想メモと出来上がりの文章を比べて，違いを確かめよう。

T　前に「はじめ」「中」「おわり」の組み立てで，メモを書きました。今日は，それを文章の形にして書きます。

T　しもださんの書いた文章（P87）を見てみましょう。組み立てメモ（P86）と比べてみて，こんなふうに書きかえていると気がついたことはありませんか。

文の終わりを「…ました。」にして，書いています。

先生の言った言葉が，かぎ（「　」）で書いてあります。

題もつけて，作文か日記みたいに書いています。

T　「はじめ」「中」「おわり」は，分かりますか。
C　初めの2行が「はじめ」で，最後の2行が「おわり」です。教科書の上の方に書いてあります。

T　いちばん大事なのは「中」でした。見たもの，触ったもの，聞いた言葉などをつけ足してもいいのです。

2 メモをもとに，知らせたいことを文章に書こう。

T　では，おうちの人や友達に知らせるように，作文や日記を書くつもりで書きましょう。

　話し合ったことを整理し，ここで「書き方」として次のようなことを示すとよい。
　○　「はじめ」「中」「おわり」に分けて書く。
　○　文末は，「…ました。」「…でした。」で書く。
　○　聞いた言葉は，かぎ（「」）を使って入れる。
　○　題をつけて書く。（題は，知らせたい中身）

T　前の時間に勉強した，丸，点，かぎも正しく使って，書き始めましょう。

うーん，題は何にしようかなあ。
聞いたことも「 」で入れておこうかな。

何人かの「はじめ」を取り上げて読むなど，児童が書きやすくなるよう配慮し，書き上げさせる。

準備物
・前時に書いた「組み立てメモ」
・原稿用紙か，マス目用紙

ICT　メモと実際に書いた（書いている）文章を，タブレットで撮影し，ペアや班で共有しながら振り返ると，友達のよいところや自分の改善点を発見しやすくなる。

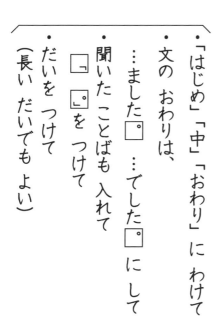

こんな もの、見つけたよ

め　文しょうに 書いて 読みあおう

①②

〈書き方〉
・「はじめ」「中」「おわり」に わけて
・文の おわりは、
　…ました。 …でした。 にして
　「」「。」を つけて
・聞いた ことばも 入れて
・だいを つけて
（長い だいでも よい）

3 （第10時）友達の書いた「見つけたよ」を読もう。

T　題もつけられたでしょうか。
　　題は長くなってもよいので，詳しく書かせる。

T　グループで，回し読みしましょう。
　　「全員の発表を聞き合う」形式にしてもよい。

T　読み終えたら，1つの作文ごとに感想を一言ずつ言ってあげましょう。

字も丁寧で，読みやすかったです。

朝井さんの古いお寺の話，和尚さんの話が「　」で書いてあって，よく分かりました。

次は，吉田君の「見つけたよ」を回してね。

感想は，ほめ合いを中心に言わせる。感想を1，2文くらいの「一言メモ」として，作文に貼らせてもよい。

T　みんなにも発表してください。（何人か全体発表）
C　寺岡さんの「おいしいうどんのひみつ」を聞いて，うどんの作り方が初めて分かりました。

4 できたこと，文章の書き方で大切なことを振り返ろう。

T　この「こんなものを見つけたよ」で，みんな，知らせる文章を書くことができましたね。
T　どんなことができるようになったのか，また，分かったことを話し合いましょう。

たくさんメモを取ることができました。メモを速く取れるようになったからです。

「はじめ」「中」「おわり」に分けて書くことができました。みんなの前で話せるようになりました。

T　教科書88ページの「ふりかえろう」も読んで，できたことを振り返りましょう。
C　聞いたことを書くときの書き方が分かりました。
C　メモをもとに「はじめ」「中」「おわり」の組み立てを考えるといいと分かりました。

「たいせつ」（P88）を読み，「3つのまとまり」を確かめておく。

「こんなものを見つけた」をテーマに，夏休みの課題につなぐのも効果的と言える。

あったらいいな，こんなもの

全授業時間 7 時間

◎ 指導目標 ◎

・身近なことを表す語句の量を増やし，話や文章の中で使うことで，語彙を豊かにすることができる。

・話し手が知らせたいことや自分が聞きたいことを落とさないように集中して聞き，話の内容を捉えて感想をもつことができる。

・身近なことや経験したことなどから話題を決め，伝え合うために必要な事柄を選ぶことができる。

◎ 指導にあたって ◎

① 教材について

　本単元では，友達の考えを詳しく聞くにはどのような質問をすればよいか考えることを通して，友達が「あったらいいな」と思うもののはたらきやつくりを深掘りさせます。そして，最後には，友達との質疑応答によって詳しく見直した「あったらいいな」を発表会で聞き合います。

　ふだんの会話やおしゃべりとは違って，人前でひとまとまりの内容を説明することは案外難しいものです。思いついたことをそのままに，また早口でしゃべっていては相手には伝わりません。発表会という目標に向けて，伝えたい事柄を整理して順序立てて話すことや，きちんと聞き取ってもらえる声の大きさや速さを考えて話せることを目指します。

② 個別最適な学び・協働的な学びのために

　1人で「あったらいいな，こんなもの」を考えるのは，なかなか難しいものです。ですので，ここでは，隣どうしや班などの小グループでの活動を通して，児童1人ひとりのアイデアを引き出します。グループになって，ミニゲームをしたり，話し合い活動をしたりするなどの協働的な学びを繰り返していく中で，「あったらいいな」と思うものをそれぞれが個別に掘り下げていくのです。友達との対話から，自分がぼんやりと考えていたことが形になったり，思いもよらなかったアイデアが生まれたりすることでしょう。

知識 及び 技能	身近なことを表す語句の量を増やし，話や文章の中で使うことで，語彙を豊かにしている。
思考力，判断力，表現力等	・「話すこと・聞くこと」において，身近なことや経験したことなどから話題を決め，伝え合うために必要な事柄を選んでいる。 ・「話すこと・聞くこと」において，話し手が知らせたいことや自分が聞きたいことを落とさないように集中して聞き，話の内容を捉えて感想をもっている。
主体的に学習に取り組む態度	粘り強く話し手が知らせたいことを落とさないように聞き，学習課題に沿って質問をし合って考えをまとめようとしている。

◎ 学習指導計画　　全7時間 ◎

次	時	学習活動	指導上の留意点
1	1	・質問ゲームで，困りごと，やってみたいことを出し合う。 ・「あったらいいな」と思うものを出し合う。 ・教科書 P90 を読み，学習の見通しをもつ。	・ペアやグループで「あったらいいな」と思うものをゲーム形式で出し合い，教材への興味，期待をもたせる。
2	2	・「あったらいいな」と思うものを考えて，絵に描く。 ・道具の機能や形態について短い言葉で書いておく。	・思いつきにくい児童には，班で話し合わせたり，教師が個別に助言したりして援助する。
	3・4・5	・友達がどんなものを考えているのか，詳しく知るための質問のしかたを考える。 ・2人組や班になって友達と質問し合い，考えを明確にする。 ・メモをもとに付け足しや書き直しする。	・考えた道具について，友達と質問し合うことで，考えを深めさせる。 ・質問に対する答えはメモに残しておかせる。 ・話し合いを通して詳しく考えたことをもとに，絵と文をよりよいものに見直しさせる。
3	6・7	・「あったらいいな」発表会を開く。 ・発表をし合って，感想を伝え合う。 ・学習を振り返る。	・発表会のときに話す時間や質問の数など約束事を決めて伝えておく。 ・質問の他に感想でよかったところを出し合わせる。

あったらいいな，こんなもの

第1時 (1/7)

板書例

◇ 「こんなものが あったらいいな」を
　考えよう ②③

・ねながら えいごをおぼえられる まくら
・空をじゆうにとべる マント
・力がめちゃくちゃつよくなる 手ぶくろ
・風のように はしれる くつ
　　　　　　　　　　　※

※教科書 P90 の挿絵，またはドラえもんの道具のイラストなどを貼るか，映し出す。

◇ 見とおしをもとう ④

① あったらいいな　と思うものを、絵にかく
② しつもんのしかたをたしかめる
③ しつもんをしあって、くわしく考える
④ はっぴょうを聞きあう

POINT 興味，期待をもたせる。本時では，質問ゲーム等で，何があったらいいと思うか出し合い，この単元で何を，どのように

1　質問ゲームで，「自分が困っていること」「やってみたいこと」を出し合おう。

T　今からゲームをします。「質問ゲーム」です。

C　何について質問するのかな。

T　質問することは 2 つです。

授業の導入として，質問ゲームをさせる。

〈質問ゲームのルールは〉
① 2 人 1 組でおこなう。
② 2 分間，相手に質問しつづける。
③ テーマは，「今，困っていること・苦手なこと」「やってみたいなと思うこと」の 2 つに絞る。

> 今，困っていることってある？

> 朝，全然起きられないんだよね。

互いに質問し合えたら，発表させる。

2　問題を解決できそうな「あったらいいな」と思うものを考えてみよう。

T　ここで出たような困ったことを解決してくれたり，やってみたいことを叶えてくれたりする道具を何か考えられますか。

> 空を自由に飛び回れるマントがほしいなあ。

> 寝ている間に英語がマスターできる枕！

全体的にあまり反応がよくない場合は，ドラえもんを例に「ドラえもんの道具でどんなものがあるかな」「どんな使い方があるのかな」と発問し，出し合わせるのもよい。

T　さあ，何か思いついたものはありますか。「こんなものがあったらいいな」と思うものですよ。

できれば使い道も発表させる。動機付けなので荒唐無稽なものも自由に出させるが，話は長引かせない。

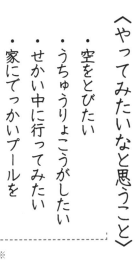

準備物	・ドラえもんの動画や道具のイラスト〈タケコプター，どこでもドアスモールライトなど〉
ICT	デジタル教科書で教科書P90の挿絵を拡大してみせると，どんなものを考えればよいのか想像しやすくなる。

あったらいいな、こんなもの

め 「あったらいいな」と思うものを考え、学しゅうすることを知ろう

① 〈今、こまっていること、にが手なこと〉
・早ね早おき（こまっている）
・さんすうのけいさん（にが手）
・プール（にが手）
・ピーマン、ゴーヤ（食べられない）
　※

〈やってみたいなと思うこと〉
・空をとびたい
・うちゅうりょこうがしたい
・せかい中に行ってみたい
・家にでっかいプールを
　※

※児童の発表を板書する。

すすめていくのかが大まかに分かればよい。

3 「あったらいいな」と思うものをグループで話し合おう。

T　では，グループで「こんなものがあったらいいな」と思うものを考えます。自分が困っていることや，やってみたいことを質問し合って，それぞれにどんな道具があればよさそうか，いろいろと話し合ってみましょう。

自動で料理を作ってくれる機械があるといいと思うよ。

それいいね。ぼくはジャンプ力が100倍になる靴がほしいよ

話し合いでは，身振り手振りや笑顔，うなずきなど，非言語に関する児童の様子も取り上げてほめる。コミュニケーションの基本で大切なポイントである。

T　グループで出てきたものを発表しましょう。

4 学習の進め方を確かめよう。

T　教科書90ページを見ましょう。「今はないけれど」からみんなで読みましょう。

教科書を読んで全体像をつかませ，具体的にこれから何をするのかを説明する。

T　「あったらいいな」と思うもののことを，友達と質問し合って詳しく考え，発表します。
C　まず，「あったらいいな」と思うものの絵をかくんだね。

T　うまく説明できるようになるためには，発表会までに何をすればいいのかな。教科書90ページの下の「見とおしをもとう」を読んでみましょう。4つの学習の流れが書いてありますね。ノートにも写しておきましょう。

家でも考えたり，家の人に聞いてみたりしておくよう促し，時間があればアイデアをノートにメモさせておく。

あったらいいな，こんなもの
第 **2** 時 （2/7）

- 「あったらいいな」と思うものを考えて，絵に描くことができる。
- 道具の機能や形態について短い言葉で書いておくことができる。

板書例

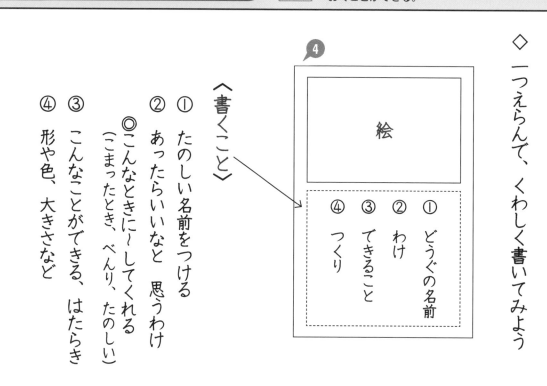

◇ 一つえらんで，くわしく書いてみよう

④ 〈絵〉

④ つくり
③ できること
② わけ
① どうぐの名前

〈書くこと〉

① たのしい 名前をつける
② あったらいいなと 思うわけ
◎こんなときに～してくれる
（こまったとき、べんり、たのしい）
③ こんなことができる、はたらき
④ 形や色、大きさなど

POINT 自分なりの独創的なものを考えるのが難しい児童もいる。その場合，既出の道具を少し変える工夫の仕方を助言するとよい。

---

1 課題を確かめて，アイデアを出し合おう。

T　今日は，前の時間に出し合った，「あったらいいな」と思うものを絵に描く時間です。

T　まず，「こんな時に（場面で），こんなことができたらいいな」と思うものを出し合いましょう。

大事なことを忘れてしまったときに教えてくれると，うれしい。

自動で着替えができる機械があればいいな。

こわれたものを直してくれる道具。

速く走りたいときに足が速くなる靴とかかな。

　家でも考えてきたものがあればそれを出し合わせる。クラスの実態によって，まずはグループで出し合わせると「そんなものなら…」と発想が広がることもある。

T　困ったときに助けてくれるもの，あると便利なもの，楽しくなるものや夢をかなえてくれるものなどいろいろありますね。

2 「あったらいいな」と思うものをノートに書こう。

T　みんなでいろいろな道具が出し合えましたね。今度は自分が「あったらいいな」と思うものをノートに書きましょう。1つだけでなく，思いつくものをどんどん書いていきましょう。友達のものと似ていてもいいですよ。3つぐらい書けるとそこから選べますね。

つけているうちに筋肉モリモリになる腕輪。

世界中の言葉が話せるアメがいいな。

　「こんなとき」という場面とあわせて，「あったらいいな」を考えさせる。個人差もあるので，なかなか思いつかない児童には個別に聞き，助言していく。

　「よくないことには使えないもの」などの，条件をつけておくとよい。

準備物
・ドラえもんの動画や道具のイラストなどヒントになるもの
・ワークシート（構想メモ）**QR**

ICT　拡大投影機を使い、「あったらいいもの」のヒントになるイラスト等を見せるとよい。

あったらいいな、こんなもの

め 「あったらいいな」と思うものを　考えて　書こう

①

こんなとき　→　…が、できる　どうぐ

②

・わすれたとき　→　教えてくれる
・ものがこわれたとき　→　なおしてくれる
・きがえがめんどう　→　じどうできがえ
・にもつがおもいとき　→　力もちになる
・はやくはしりたい　→　はしれる

※児童の発表を板書する。

③

・こまったときに、たすけてくれるもの
・あると、べんりなもの
・たのしくなるもの、ゆめをかなえるもの

3 「あったらいいな」と思うものを
1つ選ぼう。

T　では，ノートに書いた中から，「これは友達に聞いてほしい，伝えたい」というものを1つ選んでみましょう。

たくさんあるけど，あんまりみんなが考えないようなものがいいな。本当の忍者になれるマスクとか。

押すとなんでも好きなジュースが出てくるポット。

どれだけ入れてもめちゃくちゃ軽いランドセル。

　「未来や過去にいける」「空を飛べる」のような特殊な能力が出せるものが多くなるだろう。独創的なものはそう思いつくものではない。ドラえもんやアンパンマンなどにすでに出ている道具であっても，児童なりに思いついたもので，少し工夫が加えてあればよしとする。

4 「あったらいいな」と思ったものを
詳しく考え，絵にも描こう。

T　1つ選んだ「あったらいいな」について，「こんなものだよ」と友達にも分かるような説明を考えて書きましょう。

詳しく説明することをまず考えてから，絵をかこう。みんなに分かってもらうには…。

ノートの上半分に絵を描かせ，下半分に短い言葉でメモを書かせる。ワークシートを使ってもよい。
○簡単な図解，絵（ラフスケッチ）
○楽しい名前（名称）
○あったらいいなと思ったわけ
○こんなときに，こんなことができる（はたらき）
○形や大きさ，しくみ，使い方などの説明（形態）

T　「あったらいいな」と思うものを決めて，かくことができましたね。次の時間は，考えたことを友達と質問し合ってもっと詳しく考えていきましょう。
　この段階では，ノートに空欄があってもよい。

あったらいいな，こんなもの
第3,4,5時（3,4,5/7）

板書例

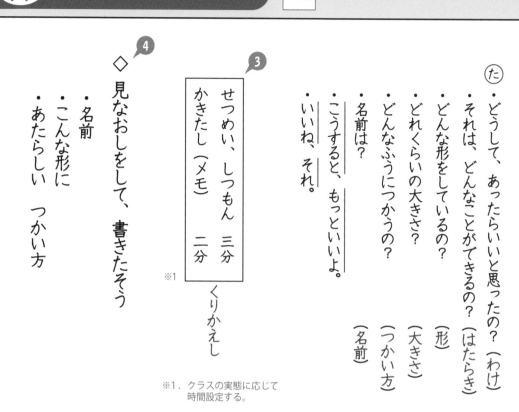

④
◇見なおしをして，書きたそう
・あたらしい　つかい方
・こんな形に
・名前

③
| せつめい、しつもん | 三分 |
| かきたし（メモ） | 二分　くりかえし |
※1

（た）
・どうして，あったらいいと思ったの？（わけ）
・それは，どんなことができるの？（はたらき）
・どんな形をしているの？ （形）
・どれくらいの大きさ？ （大きさ）
・どんなふうにつかうの？ （つかい方）
・名前は？ （名前）
・いいね，それ。
・こうすると，もっといいよ。

※1．クラスの実態に応じて時間設定する。

POINT　「あったらいいな」と思った道具についてたくさんの人から質問を受けながら，自分の考えをより明確にしていくようにさせる。

1 「質問をし合って，詳しく考えよう」という課題を知り，その方法を確かめよう。

T　自分が考えた「あったらいいな」をたくさんの人に聞いてもらって尋ね合います。もっと詳しくて素晴らしいものになりますよ。

T　説明を聞いた後は，どんなことを尋ねたらいいのでしょうか。やり方を教科書で見てみましょう。

　教科書P92を読む。また，P92のQRコードから質問の様子の動画を見せてもよい。質問を通して，説明のぬけや付け足しに気づかせる。

T　尋ねる中心は「あったらいいと思うわけ」「できること」「形や色，大きさ」になりますね。友達に質問するとき，どのような言い方をすればよいでしょう。まず，最初のわけを聞くときは？

「どうして，あったらいいと思ったの？」と聞けばいいです。

　主な質問の言い方を確かめ合う。児童の発言を，板書で「言い方のれい」としてまとめていく。

2 「あったらいいな」と思うものを2人組で質問し合い，答えたことを付け足そう。

T　教科書93ページの「たいせつ」を読んで，質問するときに大切なことを確かめておきましょう。

C　大事なことは何かを考えて質問するんだね。

T　まず，隣どうしで説明し，質問し合いましょう。

じゃあ，わたしから言うね。わたしが「あったらいいな」と思ったのは…

大きさはどれくらいですか。

交流するときは，ノート（または大きめの付箋紙）に毎回メモをとるようにさせる。
　また，話し合いがうまく進んでいる組を取り上げ，どんな質問でどんなことが詳しくなったのか，みんなに紹介し，質問や答え方の要領をつかませる。

T　質問に答えたことを，付け足しできましたか。
　説明と質問のあと，付け足しや書き直しの時間を確保する。

準備物
・プロジェクター
・パソコン
・大きめの付箋紙（必要に応じて）

ICT　教科書P92「しつもんをするときは」をプロジェクターに映し出す。また，教科書からQRコードを読み取り，質問するときの様子が分かる動画を映し出す。

あったらいいな、こんなもの

め　しつもんしあって「あったらいいな」と思うものをくわしく考え、書きなおそう

① ◇ しつもんを しあおう
た たずねる人（しつもんする人）
こ せつめいして、こたえる人

② しつもんをするときは
□ 形や色、大きさなど（つくり）
□ できること（はたらき）
□ あったらいいなと 思うわけ

（言い方のれい）
こ ぼく（わたし）が「あったらいいな」と思ったのは、〜です。

※1. 教科書 P92 記載のこの部分を拡大掲示する

3 相手を変えて，説明と質問し合うことをくり返そう。

T　では，相手を変えて，次の交流をしましょう。

　2人組の相手を交代する。列単位，または班などで交代し合いながらできるだけたくさんの人と交流する。できれば，全員と質問し合えるようにしたい。
　1回の交流で，（発表3分→メモ2分）として，交流を繰り返していく。合図はベルなどではっきりと知らせる。

◇◇さんの質問で，もっと便利な使い方を思いついたから，書いておこう。

○○さんと話をしていたら，もっとよい名前を思いついた。

T　自分が「あったらいいな」と思うものについて，たくさんの人に説明したり質問を受けたりしましたね。初めよりも詳しく分かりやすくなった，という人は手を挙げてください。

　内容がそれほど詳しくなっていない児童もいるだろう。それでも，質問し合って対話を通したことを評価したい。

4 自分の「あったらいいな」と思うものを書き直そう。

T　質問されて，答えて，「あったらいいな」は詳しくなりましたね。絵と文をよりよいものに見直しできましたか。

形も変えたから、絵もちょっと直しました。

　話し合いを通して，詳しく考えられた自分の「あったらいいな」と思うものを練り直させる。
　友達からもらったヒントで，とり入れたいものを選ばせ，自分のアイデアに加えさせるとよい。

T　どんなことが詳しくなったのか発表しましょう。
C　「空飛ぶ羽」をただ背中につけるのではなく，Tシャツから羽が出てくるようにしました。
C　「児童鉛筆」をペンやマジック，クレヨンや色鉛筆になるようにしました。

T　次の時間はこれをもとにして発表会をしましょう。

あったらいいな，こんなもの
第 6,7 時（6,7/7）

本時の目標
・話す順序や，声の出し方に気をつけて発表できる。
・発表を聞き，質問や感想を交流することができる。

板書例

☆ ポイント
① ていねいな言い方で（話し方）
② 聞いている人は、よかったところをたくさんみつける

4

〈はっぴょう会までをふりかえって〉
・アドバイスでくわしく考えられた
・アドバイスがうれしかった
・絵がうまくかけなかった
・なかなか考えられなかった
※

〈言われてうれしかったこと〉
・大きな声で聞きやすかった
・くわしく考えていた
・絵がわかりやすかった
・おもしろい
※

※児童の発表を板書する。

POINT　質問タイムをとるだけでなく，発表者のよかったところをみんなで伝える時間を必ずとるようにする。

1 発表会の流れを知ろう。

T　これまでに友達と質問し合って「あったらいいな」と思うものを詳しく考えてきましたね。今日は，いよいよ「あったらいいな」の発表会をします。

T　発表会を始める前に，司会者を決めます。順に交代して司会者になります。発表の順番は…という順番です。（表やプログラムを見せる）

　司会や発表の順番は，教師が児童の実態にも配慮して決めておく。はじめの司会は教師がやってみせ，見本としてもよい。

　他に，話す時間や質問の数など約束事も話しておく。発表は1人2分以内とする。質問や感想を入れて，長くても1人当たり5分以内。長引かないように時間制限を設ける。質問が途絶えれば，すぐ次の（よかった所を伝える）へと進めさせる。

　また，クラス全体の発表会形式とせず，グループになって考えたことを発表し合う形でもよい。クラスの実態に応じて設定する。

2 発表会を始めよう。

T　では，発表会を始めましょう。司会者，発表者は前に出てきて下さい。聞く人は聞く姿勢です。では，司会者の人，始めてください。

（司会）これから「あったらいいな，こんなもの」の発表会をします。初めの発表は，○○さんです。

はい。わたしが「あったらいいな」と思ったのは…

　司会の言葉・流れを見えるところに掲げておくか，司会者用の台本を作って司会席に置いておく。
　みんなの前でものを言うのは苦手，という児童もいる。別の機会を設けるなど配慮する。（ふだんの朝の会などでも人前で話す機会を作り，人前で話すのを日常化しておくのも効果がある）
　また，全員が一度に発表するのではなく，3人ぐらいずつ「朝の会」などで発表を続けるやり方もできる。

めあて

あったらいいな、こんなもの

① じょうずに話そう

② じょうずに聞いて、よさを見つけよう

〈はっぴょう会〉

❶ 1 はっぴょうする（一人二分まで）

❷ 2 しつもんする（三つまで）

❸ 3 よかったところをつたえる

※発表会のプログラムや発表順を示した表などを掲示する。

---

3 発表を聞いたら，質問や感想を出し合おう。

（司）発表を聞いて，質問はありませんか？質問のある人は手を挙げてください。（当てられた人が質問）

（司）では，発表者の○○さん，質問に答えてください。

（司）他に質問はありませんか。

　<u>1人の発表が終われば質問タイムをとる。</u>時間も考えて質問者数を決めておく。感想でよかったところも出し合う。このとき，発言者がかたよらないようにする。教師も一言よいところを指摘すると発表の励みになる。

T　発表が終わって，「いいな」と思った「あったらいいな」の発表はどれでしたか。そのわけも言ってください。

○○さんの「あったらいいな」はおもしろかったし，よく分かりました。

◇◇さんの発表がよかったです。話し方がとってもていねいで分かりやすかったです。

4 振り返り，学習のまとめをしよう。

T　これまで「あったらいいな」を考えて，お互いに質問し合って発表しました。振り返ってみましょう。

友達から質問されたことを書き直したら，うまく書けました。

発表で，工夫して考えたことを，「いいね」といってもらえてうれしかったです。

　これまで取り組んできたことを，簡単に振り返り，教師からも評価し，ほめる。どんな力がついたのか，児童にも自覚させることが力になる。

T　<u>できるようになった，うまくできた，うれしかったというところを，思い返して書いてみましょう。</u>

C　練習して，だんだんメモを見なくても言えるようになりました。大きな声も出せました。

C　ぼくの発表をみんなが「すごくいいね。おもしろい。」とほめてくれてうれしかったです。

　長文の必要はなく，教師が指摘してもよい。

夏が　いっぱい

全授業時間 2 時間

◎ 指導目標 ◎

・言葉には，事物の内容を表す働きがあることに気づくことができる。
・身近なことを表す語句の量を増やし，話や文章の中で使うことで，語彙を豊かにすることができる。
・経験したことなどから書くことを見つけ，必要な事柄を集めたり確かめたりして伝えたいことを明確にすることができる。

◎ 指導にあたって ◎

① 教材について

　夏は，生き物が最も活動的になる季節です。児童にとってうれしい夏休みもあります。かぶとむし，せみ，夏野菜など，自然に関わる「夏のことば」も，児童のくらしの中に多く見つけることができる季節です。本単元は「春がいっぱい」に続いて，「自然に関わる夏のことば」を見つけ，知り合う学習です。谷川俊太郎の詩『みんみん』も，夏のことばが多く出てきます。楽しく音読にふさわしい夏の詩です。

　また，体験したことをもとに「夏のことば」を使って文章に書き表し，みんなで読み合います。言葉は実物とつないでとらえることが大切です。その点，「生活科」での夏の草花や生き物など，自然の学習と関わらせて横断的に進めると効果的です。

② 個別最適な学び・協働的な学びのために

　きゅうりやなすが夏の野菜だということを知らない児童は，高学年でも多くいます。スーパーには，かぼちゃやなすなどいろんな夏野菜が並んでいますが，今日，それらが畑で育っている様子を見る機会はあまりないのでしょう。また，その意識がなければ見えないものです。季節とつないで，なすやきゅうりという言葉を知ると，その季節らしさや周りの自然にも，主体的に目を向けるようになります。とくに，低学年では実体験と結び付けて言葉をとらえておくことが，今後の読み書きを始め，主体的に言葉を使いこなしていける力となります。

　また，児童が体験にもとづいた夏の言葉を見つけ，それを文に書くこと自体が，個性的で主体的な活動だといえます。同じ「とうもろこし」でも，「食べたこと」「見たこと」「育てたこと」など，それに関わる体験は児童により様々です。そして，そのそれぞれに価値があります。だからこそ，そのことを文に書いて，だれが何にどのように目を向けたのかを話し合い，言葉とそれに伴う体験を知り合うことに価値があるのです。教科書や友達との対話，交流を通して，「へえ，あそこにつゆ草があったのか」「○○さんは，トマトを育てていたのか」などと，お互いを知り合い，言葉の中身を深め広げるようにします。

◎ 評価規準 ◎

知識 及び 技能	・言葉には，事物の内容を表す働きがあることに気づいている。 ・身近なことを表す語句の量を増やし，話や文章の中で使うことで，語彙を豊かにしている。
思考力，判断力，表現力等	「書くこと」において，経験したことなどから書くことを見つけ，必要な事柄を集めたり確かめたりして伝えたいことを明確にしている。
主体的に学習に取り組む態度	積極的に，言葉には事物の内容を表す働きがあることに気づき，学習課題に沿って見つけたものをカードに書こうとしている。

◎ 学習指導計画　　全 2 時間 ◎

次	時	学習活動	指導上の留意点
1	1	・児童の経験や教科書をもとにして，夏の自然に関わる言葉を出し合う。 ・夏の詩『みんみん』を，夏の言葉を意識してみんなで音読する。	・できれば，生活科の活動ともつないで，「夏のことば」を見つけさせる。 ・虫や草花，夏野菜など，実物を持ち込むと，言葉見つけのきっかけとすることができる。 ・『みんみん』は，音読を通してそのリズムを感じとらせ，できれば暗唱させる。
	2	・「夏の自然のことば」を使って，体験したことをもとに短い文章をカードに書く。 ・書いたものを読み合って，質問や感想を出し合い，交流する。	・「いつ」「どこで」など，実体験を通した具体的な事実を文章化させる。 ・だれかに知らせる「夏のおたより」（葉書など）の形で書かせるのもよい。

本時の目標：夏野菜や草花，虫など，夏の自然に関わる言葉が多くあることに気づくことができる。

板書例

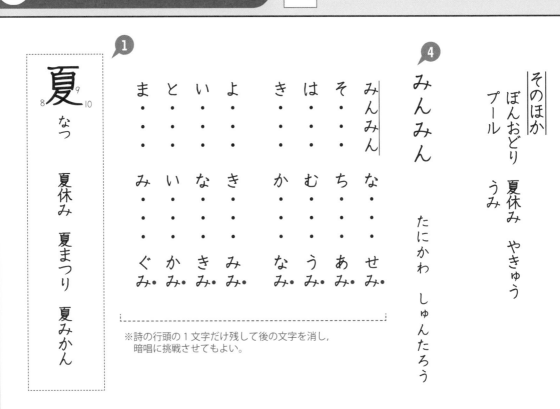

❶

夏
なつ

夏休み　夏まつり　夏みかん

ま・・・み
と・・・い
い・・・な
よ・・・き
き・・・か
は・・・む
そ・・・ち
みんみん　な
みんみん

ぐみ・かみ・きみ・みみ
なみ・うみ・あみ・せみ

※詩の行頭の1文字だけ残して後の文字を消し，暗唱に挑戦させてもよい。

❹

みんみん

たにかわ　しゅんたろう

そのほか
ぼんおどり　夏休み　やきゅう
プール　うみ

POINT 夏の言葉に関わる発表は，単語ではなく，文で語らせたい。『みんみん』の詩では，音読を通して「夏」を感じとらせる。

1 夏野菜の名前を挙げてみよう。本時のめあてをとらえよう。

ここでは，「夏野菜」で導入するが，草花や虫などで児童を引きつけるのもよい。夏野菜を知らない児童もいるので，できれば実物を見せると効果的。

T　夏野菜って聞いたことがありますか。（トマトなどを見せて）トマトやきゅうりは夏にとれる野菜です。ですから，夏野菜と呼んでいます。他に，夏野菜を知っていますか。

知っています。今，かぼちゃが畑にできています。

とうもろこしもそうかな。ぼくは大好きです。

T　ピーマンやなすも夏野菜です。いろいろありますね。今日は，このような夏の言葉を集めましょう。
白菜や大根は「夏野菜」ではないことも伝える。

T　「なつ」を漢字でも書けるようになりましょう。
書き順を教え，空書き後ノートに漢字の「夏」を書かせる。

2 思い浮かべた「夏」の言葉を書き出して発表しよう。

T　先生は，「夏」と聞くとトマトのような夏野菜やすいかが目に浮かびました。みなさんは，「夏」と聞けば，どんなものが思い浮かびますか。浮かんだ夏の言葉をノートに書きましょう。

書いた後，発表させる。「どんなものを見たとき『夏だなあ』と思いましたか。」という問い方でもよい。

入道雲を見ました。

花壇のひまわりがもうすぐ咲きます。

今，かぶと虫を育てています。

夏休みにせみ捕りをします。

T　夏に咲く花を，他にも知っていますか。
「夏」の連想ゲームのように出させ，「生き物」「草花」「やさい」などに，分類して板書でまとめていく。

T　こんなことをした，というお話ができるかな？

C　昨日の朝，お母さんと畑のきゅうりをとりました。

板書

夏が　いっぱい

め　夏をかんじることばを　見つけよう　②③

③　夏をかんじることば

虫・生きもの
せみ
ほたる
くわがた
か
かぶと虫
かなぶん

やさい・くだもの
きゅうり
トマト
ピーマン
なす
すいか
とうもろこし
えだまめ

花
あさがお
ひまわり
ダリア
ほうせんか
つゆ草

※児童から出てきた言葉や教科書の言葉を分類しながら板書し，
QRコンテンツやインターネットの画像などを適宜掲示する。

---

3 教科書を見て，夏を感じる言葉を調べよう。

ここで教科書を見て，つゆ草など児童が目を向けていないような夏の草花や生き物に気づかせる。

T　教科書を見て，夏の言葉を読み上げましょう。
C　ひまわり，すいか，…　つゆ草。

T　つゆ草ってどれかな？挿絵を指してごらん。
C　つゆ草は，公園の隅にもあったよ。青い花だった。

つゆ草や枝豆などは挿絵を押さえさせ，絵と言葉をつなげる。実物も見せると盛り上がる。

T　こんな夏の言葉から，お話できることはありませんか。

昨日，枝豆を食べました。おいしかったです。

隣の畑にとうもろこしができていました。

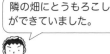

児童のつぶやきも拾い上げるようにする。

4 学 夏の詩『みんみん』を楽しく音読しよう。

T　教科書に詩も出ています。『みんみん』って何でしょうね。夏らしい言葉は出ているでしょうか。

みんみんは，「みーんみん」と鳴くせみの声だと思います。

「うみ」とか「なみ」は夏らしい言葉です。海水浴を思い出しました。

T　声に出して読んでみましょう。（各自，1人読み）
T　みんなで声をそろえて読めるかな。（斉読）
C　「せみ，あみ…」と全部「み」のつく言葉で終わっています。おもしろいなあ。

斉読の後も，ペアや，列ごとに人数を変えたりして何度も読み，「せみ，あみ，うみ，なみ」の韻を踏むおもしろさや，4，4，2のリズムを体感させる。

T　読むと，どんな様子，景色が目に浮かびましたか。

T　1文字残した黒板を見て読めるかな。（板書参照）
時間に応じて詩の暗唱や視写をさせるとよい。

夏が いっぱい

第 ❷ 時 （2/2）

夏を感じたことや夏になってしたことを，夏の言葉を使って文章に書くことができる。

板書例

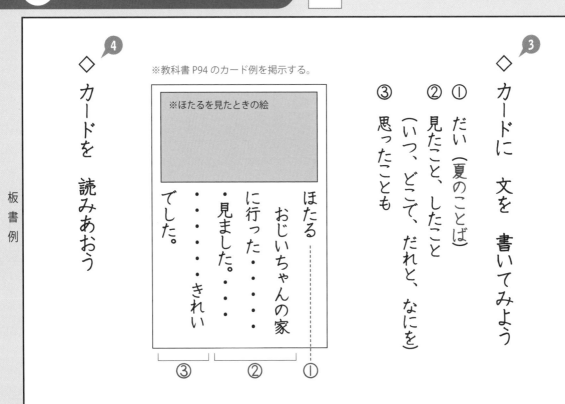

❹
◇ カードを 読みあおう

※教科書 P94 のカード例を掲示する。

※ほたるを見たときの絵

ほたる
おじいちゃんの家
に行った・・・・・
・見ました。・・・・
・・・・・・きれい
でした。

①　②　③

❸
◇ カードに 文を 書いてみよう

① だい（夏のことば）
② 見たこと、したこと
　（いつ、どこで、だれと、なにを）
③ 思ったことも

POINT　各題材も児童の実体験をもとにさせる。虫捕りなど，体を使った経験がよい。読み合い，交流は，よいところを見つけ合わせる。

1 夏の草花や生き物のことを話し合おう。

T　花や野菜，虫の名前など，たくさんの夏の言葉が見つけられました。それらを見つけたことや何かしたことをお話してください。

C　昨日，○○公園でせみ捕りをしました。おしっこをかけられました。

T　○○公園という名前が入っているのがいいですよ。
　　などと，具体的な言葉をほめる。「知っていること」を話すのではなく，その児童の実体験を聞き合い，何を話すのかをつかませる（書く助走とする）。
　　夏の自然を言葉でとらえ，夏の自然と関わった体験を文章化することが本時のめあてになる。

T　他にも，夏になってこんなものを見た，こんなことをした，ということを隣どうしでお話しましょう。

ベランダのミニトマトが赤くなってきた。

7月になってわたしのアサガオの花が咲いた。

2 夏に見たこと，したことをノートに書こう。

T　教科書にも，「夏だなあ」と感じたことを書いたカードが出ています。読んでみましょう。（斉読）

C　ほたると，きゅうりのことを書いている。

T　こんなふうに，ぼくは，わたしは，夏にこんなものを見つけた，こんなことをした，ということを，ノートに書いてみましょう。

おじいちゃんの家のうらの畑でトマトをとりました。

　　実際に経験した自然との関わりが書く材料になる。「見つけた」「捕った」「遊んだ」「食べた」「世話をした」など，関わりを表す言葉を例示するのもよい。

T　お家の人やおばあちゃんなど，他の人に教えてあげるように書いてもいいですね。

　　「だれかに知らせる」という手紙風の形式で書かせてもよい。体験を書くときの文末は「ました」など過去形になる。書けた児童には2つ目を書かせる。

ICT　カードに記入する方法を，紙媒体かタブレットシートか選択させる。ただし，書くことに不慣れな児童は，紙媒体から入る方がよい。

夏が いっぱい

め 夏のお話を 書こう

◇① 夏のことばを つかって
　虫、花、やさい…

◇② 夏になって
　┌─────────────────┐
　│こんなものを 見た│
　│こんなことを した│
　└─────────────────┘
○ 見つけた
○ とった　　こと
○ あそんだ
○ 食べた
○ せわを した

---

3 書き方を確かめ，カードにきれいに書こう。

T　今度はカードに書いて，後で読み合いましょう。
　　例文をもとに「何を，どう書くか」を指導する。

T　まず教科書に出ているカードを読んで，文の書き方を見てみましょう。題をつけて書いていますね。題は何でしょうか。

ほたるの話ときゅうりの話です。

どちらも，夏に見たりしたりしたことです。

T　そうですね。書くときはまず題をつけましょう。
　　例文をもとにして次のようなことを確かめ合う。
　　○『ほたる』のような「夏の言葉」の題をつける。
　　○ 見たことやしたことを書く。文は 2，3 文程度。
　　○ 思ったことも，付け加えてよい。

T　では，書きたいことを 1 つ選んで，カードに書きましょう。絵も入れるといいですね。
　　時間に応じて，絵は省略してもよい。

4 書いた「夏のお話」カードを読み合い，聞き合おう。

T　お友達は，どんな夏を見つけたのでしょう。
　　カードがかけたら，まずグループで読み合う。

T　回し読みして，質問や感想も出し合いましょう。

「近くの林でくわがたを3匹捕りました。ゼリーをやって飼っています。」

3匹も捕ったの？すごいね。

どこの林？

ゼリーしか食べないの？

　　時間に応じて，グループの代表にみんなの前で読ませ，交流する。
　　カードは綴じて冊子にするか掲示板に貼ってみんなが読み合えるようにすると学びが広がる。

お気に入りの本をしょうかいしよう／ミリーのすてきなぼうし

全授業時間 6 時間

◎ 指導目標 ◎

・読書に親しみ，いろいろな本があることを知ることができる。
・文章を読んで感じたことや分かったことを共有することができる。

◎ 指導にあたって ◎

① 教材について

　　これまで読んできた本や，図書館で見つけた本の中から「お気に入りの本」を選んでメモを書き，友達に紹介するという活動をします。これまで『たんぽぽのちえ』の学習のあとには，春や自然に関わる本，『スイミー』のあとは，作者のレオ＝レオニの絵本というふうに，学んだことに関わる本を知り，読んできています。読書の記録も，初めの『ふきのとう』以来続けてきています。これらの記録も振り返り，「お気に入りの本の紹介」にいかすようにします。

　　人に紹介するには，題名と「おもしろかった」だけでは伝わりません。「どんな本なのか」「どこがお気に入りなのか」など，その本のことを分かってもらう必要があります。そのため，人に紹介する上で大切な事がらは何かを確かめ，それをメモにして話すようにします。『ミリーのすてきなぼうし』は，紹介するための１つの本として取り上げ，みんなで読んで紹介メモを書くための教材とします。そのあと，それぞれ自分の「お気に入りの本」についてのメモを書き，友達と紹介し合います。

　　教材にする『ミリーのすてきなぼうし』は，現実にはありえないお話です。全て，ミリーの心の中で創り出された世界です。けれども，「○○ごっこ」のように，小さい子どもが空想の世界に入りこみ，そこでの出来事を楽しむことはよくあることです。また，そんなミリーの空想を共にする店長さんやお母さんの姿にも心ひかれます。

② 個別最適な学び・協働的な学びのために

　　『ミリーのすてきなぼうし』は，紹介のメモを書くための教材ですが，おもしろいと思う児童も多いでしょう。印象に残ったこと，共感したことなど感想を話し合い，それを紹介するときのメモにもいかします。一方，「お気に入りの本」を紹介するには，紹介する本を決めなければなりません。つまり，いろんな本を読んでいないと選ぶことはできません。今回の本の紹介をきっかけに，ふだんから主体的に読書に向かい，図書館にも親しむよう働きかけます。

知識及び技能	読書に親しみ，いろいろな本があることを知っている。
思考力，判断力，表現力等	「読むこと」において，文章を読んで，感じたことや分かったことを共有している。
主体的に学習に取り組む態度	進んで読書に親しみ，学習課題に沿ってお気に入りの本を紹介しようとしている。

◎ 学習指導計画　　全6時間 ◎

次	時	学習活動	指導上の留意点
1	1	・これまでの，読書記録を読み返す。 ・学習課題をとらえ，学習の見通しをもつ。	・「お気に入りの本をしょうかいしよう」を学習課題とする。 ・読書記録を振り返らせる。
1	2	・紹介したい本を選ぶ。	・図書室や町の図書館へ行き，教科書の書籍紹介を参照しながら，多くの本を見たり読んだりして選ぶ。
		ここに，児童がいろんな本を読む期間を設け，紹介したい本に出会えるようにしてもよい。	
2	3	・紹介メモの書き方を調べる。 ・『ミリーのすてきなぼうし』を読む。	・教科書のメモの例を参考に「作者」「登場人物」など，メモに必要なことを話し合う。 ・『ミリー…』を読んで，メモを書くための大まかなあらすじをとらえる。
2	4	・『ミリーのすてきなぼうし』を読む。 ・『ミリー…』を紹介するメモを書き，友達と読み合う。	・『ミリー…』の感想も話し合う。 ・メモは，自分の「お気に入りの本」の紹介のときにいかすようにさせる。
3	5	・自分が選んだ「お気に入りの本」を紹介するメモを書く。	・メモに書くことを確かめさせる。 ・概要だけでなく「読んでよかったところ」など，思ったことを書かせる。
3	6	・自分の「お気に入りの本」を友達と紹介し合い，感想を伝え合う。 ・学習を振り返る。	・紹介を聞いて，「お気に入りの本」のことがよく分かったところを伝え合う。

◇ 少し前から「お気に入りの本をさがしておこう」などと，呼びかけをしておくとよいでしょう。

◇ 『ミリーのすてきなぼうし』をていねいに読みすすめるなら，第3時を2時間扱いにするなど，そのための時間を増やして，全7時間の指導計画にするとよいでしょう。

お気に入りの本をしょうかいしよう

第 1,2 時 （1,2/6）

「お気に入りの本をしょうかいしよう」という学習課題について話し合い，学習の進め方を，確かめることができる。

板書例

（第2時）

め 図書かんで，しょうかいしたい本をえらぼう

④ ◇ 読書きろくを 読みかえそう

〈見通しを もとう〉

そのために

① どんな本がすきか 考える
↓
② しょうかいする本をえらぶ
「ミリーのすてきなぼうし」を読む
↓
③ 本を読んで，しょうかいメモを書く
↓
④ 本をしょうかいする

POINT　本を選ぶのが難しい児童もいる。教科書に出ている本をいくつか準備しておき，選ぶ参考にさせる。

---

1 （第1時）【教室で】どんな本を読んできたのか出し合おう。

T　これまで，いろんな本を読んできたと思います。読んだ本を教えてください。

『スイミー』の勉強のあと，レオ＝レオニの『アレクサンダとぜんまいねずみ』の本を読みました。

『たんぽぽのちえ』のあと，『たねのずかん』を読みました。

読んできた本の題名を，簡単に発表し合う。

T　読んだ本の中には，「好きだな」「友達にも読んでほしいな。」という本もあったでしょう。先生が最近読んだこの『つゆくさ』の本を，みなさんにも読んでほしいな，と思いました。この『つゆくさ』の本は，「先生のお気に入りの本」の1つです。
教師が紹介するのは，どんな本でもよい。

2 学習課題をとらえよう。
学習の見通しをもとう。

T　みなさんにも，「お気に入りの本」，友達にも読んでほしいと思う本は，ありますか。

はい。『きょうりゅう』の本です。『恐竜図鑑』もです。

『ちびっこカムのぼうけん』です。

『くまの子，ウーフ』の本です。

T　どれもおもしろそうな本ですね。読んでみたいですね。

T　これからの勉強は，そんな，みんなの「お気に入りの本をしょうかいしよう」という勉強です。今，発表したような本を，友達に上手く紹介するのです。

T　本を紹介するためには，まず「お気に入りの本」を選んで決めなければなりませんね。そのために，学習のすすめ方を確かめましょう。
教科書P96 下の「見通しをもとう」を読む。

| 準備物 | ・これまでの読書記録（各自）
・見本となるような，教師が紹介したい本
・教科書P97，P150-152に紹介されている本，何冊か |
| ICT | 図書の時間ごとに，お気に入りの本の表紙などを自分のタブレットに撮影し，保存しておくとよい。著作権に注意をする。 |

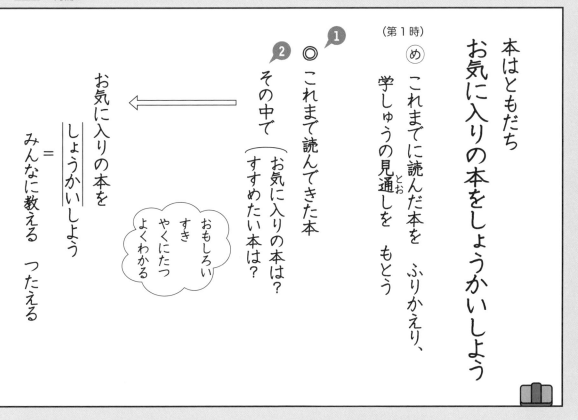

本はともだち
お気に入りの本をしょうかいしよう

（第１時）

め　これまでに読んだ本を　ふりかえり、学しゅうの見通しを　もとう

◎　① これまで読んできた本

② その中で（お気に入りの本は？ すすめたい本は？）

おもしろい
すき
やくにたつ
よくわかる

お気に入りの本を
しょうかいしよう
＝
みんなに教える　つたえる

3　これまで読んできた本を振り返ろう。

T　学習のはじめには，何をしますか。

C　はじめは，「①どんな本が好きか考える」です。

C　②は「紹介する本を選ぶ」です。

T　では，これまで書いてきた「読書のきろく」を出して，振り返りましょう。どんな本を読んできたのか，読み返して思い出しましょう。

> 読んだ日と，題名，作者を書いてきました。思い出せます。

> 感想の印（◎，○，△）もつけました。

T　「お気に入りの本」「友達に紹介したい本」は，ありましたか。見つかりましたか。

C　はい，3つあります。どれがいいかなあ。

T　その本の名前を，ノートに書いておきましょう。

T　次の時間は図書館（室）へ行って選んでみましょう。

**4　（第2時）【図書館で】
図書館へ行って，本を選ぼう。**

【図書館で】

T　教科書にも本が紹介されています。（P97，P150-152）図書館にもあるか探して読んでみましょう。

　学校の図書室か町の図書館へ行き，多くの本に触れ，読みながら本を選ぶところに意味がある。下見のときに，教科書で紹介されている本など，支援の必要な児童にすすめる本を何冊か調べておく。

T　（ある場所を指して）このあたりに，教科書に出ていた2年生向きの「お話」や「詩」の本があります。向こうには「図鑑」など生き物の本があります。「お気に入りの本」を見つけてみましょう。

　本の分類とその置き場所を簡単に説明する。

　気に入った本を読み，続きは借りて読むようにさせる。選べない児童には，個別にすすめるなど援助する。ここで選んだ本も「紹介」の候補の1つとする。

板書例

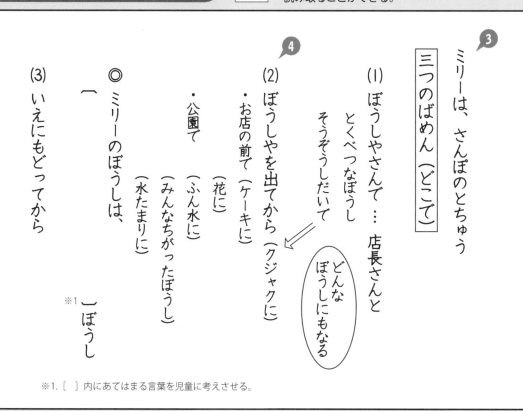

③
ミリーは、さんぽのとちゅう

三つのばめん（どこ）

(1) ぼうしやさんで…店長さんと
とくべつなぼうし
そうぞうしだいて

（どんなぼうしにもなる）

④
(2) ぼうしやを出てから（クジャクに）
・お店の前て（ケーキに）
・公園で　（花に）
　　　（ふん水に）
　　　（みんなちがったぼうし）
　　　（水たまりに）
◎ミリーのぼうしは、
〔　　〕ぼうし ※1

(3) いえにもどってから

※1. 〔　〕内にあてはまる言葉を児童に考えさせる。

POINT ミリーが買ったのは「想像の帽子」であることに気づかせる。このことが分かりにくい児童もいる。時間的にも，教師が

1　「紹介メモ」の書き方を調べよう。

T　「お気に入りの本」は，見つかりましたか。今日は，その本を紹介するための「メモ」の書き方を，教科書で調べてみましょう。

　　「見通しをもとう」（教科書 P96）の「③本を読んで紹介メモを書こう」の学習をすることを伝える。

T　『ミリーのすてきなぼうし』を紹介するときのメモの例が，99ページに出ています。見てみましょう。

T　「何を」話すとうまく紹介できるのか，メモには，何を書いておくとよいのかが書いてあります。どんなことをメモに書いていますか。

> はじめは，「題名」で，それから，「書いた人」です。どちらも大切です。

> だれが出てくるのか，登場人物です。「どんなお話しか」「好きなところ」もあります。

　　教科書のメモの例に沿って，メモに書くことや大切なことを，みんなで確かめる。

2　『ミリーのすてきなぼうし』の範読を聞き，みんなで読もう。

T　このメモで紹介している『ミリーのすてきなぼうし』のお話が載っています。どんなお話か，メモの例と比べて読んでみましょう。

T　まず先生が通して読みます。だれが出てきてどんなことをするのでしょう。（範読で読み聞かせ）

T　出てきた人は，だれでしたか。
　　まず，登場人物を確かめ合う。

T　お話を聞いて，どんなことを思いましたか。

> ミリーは，4歳ぐらいかな，と思いました。

> ミリーの帽子は，何にでもなるおもしろいぼうし！

思ったことも，簡単に話し合う。

T　では，正しく読めるようになりましょう。
　　各自で1人読み。その後，全員で音読する。

準備物
・『ミリーのすてきなぼうし』の絵本
・教科書P99の「しょうかいメモ」の例（黒板掲示用）

ICT
教科書の紹介メモを画像にして、児童のタブレットに送信しておく。児童はその画像を見ながら、お話を聞き、比べることもできる。

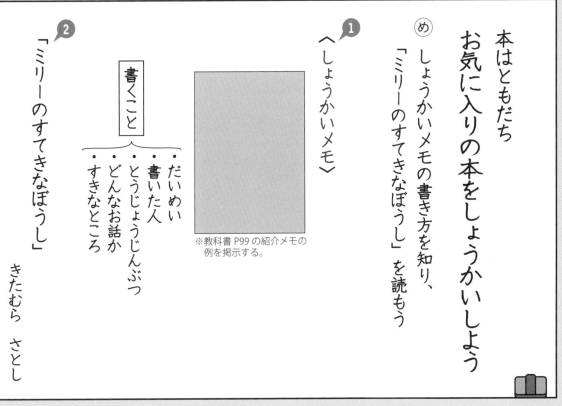

本はともだち
お気に入りの本をしょうかいしよう

め しょうかいメモの書き方を知り、「ミリーのすてきなぼうし」を読もう

① 〈しょうかいメモ〉

※教科書P99の紹介メモの例を掲示する。

② 「ミリーのすてきなぼうし」　きたむら　さとし

書くこと
・だいめい
・書いた人
・とうじょうじんぶつ
・どんなお話か
・すきなところ

語句の説明もしながら読み進める。ていねいに読み進めていくには、2時間扱いにするとよい。

3　帽子屋で、ミリーがしたことは何かを読もう。

T　お話を、3つの場面（場所）で分けてみます。

(1) 帽子屋さん（P101-105）
(2) お店を出て（P106-111）
(3) お家に帰って（P112-113）

T　(1)の帽子屋さんの場面から読んでいきましょう。

教師が、語句の説明もしながら音読していく。ウインドー、店長、かしこまりました、―（ダッシュの意味）、自由自在、そうぞう、しんちょうなどの語句の意味を説明し、以下のような問いかけをして読み進める。

T　ミリーが散歩しているのはどんなところかな。
T　ミリーは、はじめから、帽子を買おうと思って行ったのでしょうか。
T　店長さんが持ってきたのは、本物の帽子でしたか。
T　「とくべつなぼうし」とは、どこが特別なのかな。
T　店を出たミリーの頭を見ると、何がのっていますか。
T　店長さんは、どんな人だと思いましたか。

4　店を出たミリーに見えた帽子は、どんな帽子なのかを読もう。

T　(2)のミリーが店を出た後の場面を読みましょう。
　音読し、ここも教師が語句の説明もしながら進める。
T　店を出たミリーが行ったところは、どこでしたか。

行ったところは、ケーキ屋さんの前。

それから花屋さん、そして、公園です。

そこでそれぞれいろんな帽子に変わりました。

ミリーに見えた帽子を順にまとめてもよい。

T　そのとき、ミリーには帽子は見えていましたか。
C　見えていないし、頭にも何ものっていません。
T　では、「ミリーの帽子」とは、「どんな帽子」と言えますか。
C　ミリーが見たもの、思い浮かべたものが、帽子になっていく、すてきな帽子、かな。
C　みんなが持っている、想像の帽子。
　本時に読み進めた(1)と(2)の場面の感想を話し合う。

板書例

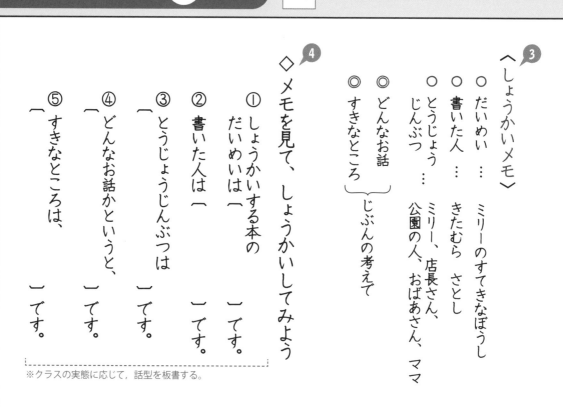

③ ＜しょうかいメモ＞
○ だいめい　：　ミリーのすてきなぼうし
○ 書いた人　：　きたむら　さとし
○ とうじょう　：　ミリー、店長さん、
　じんぶつ　　　公園の人、おばあさん、ママ
◎ どんなお話
◎ すきなところ　｝　じぶんの考えて

④ ◇ メモを見て、しょうかいしてみよう
① しょうかいする本の
　だいめいは〔　　　〕です。
② 書いた人は〔　　　〕です。
③ とうじょうじんぶつは〔　　　〕です。
④ どんなお話かというと、〔　　　〕です。
⑤ すきなところは、〔　　　〕です。

※クラスの実態に応じて、話型を板書する。

POINT　『ミリーのすてきなぼうし』のメモは、あまりかたく考えないで、それぞれのとらえを率直に書かせる。メモを書くこと

1　公園での場面を振り返り、(3)の場面（お家でのミリー）を読もう。

T　公園へ行ったときのミリーの帽子はどんな帽子ですか。挿絵からミリーを見つけてみましょう。
C　（ミリーを指して）帽子に何かいっぱいのっている。
T　（挿絵から）恐竜や汽車の帽子もありますね。
C　その人の考えていることが帽子になっている。
C　ミリーには、それが見えるのかなあ。
　ミリーの願いや思いも帽子になっている。

T　(3)のお家に帰ったミリーの様子を読みましょう。
　教科書 P112-113 を斉読し、以下のような発問で、(3)の場面を読み進める。

T　「まあ、すてきね」と言ったママには、帽子は見えていましたか。（見えていない）
T　見えていないのに、「まあすてきね。…ママもほしいわ」と言ったママを見て、どう思いましたか。
T　「ママだってもってるのよ、本当は」という言葉と、挿絵から、何か気づいたことはありますか。

2　『ミリーのすてきなぼうし』の内容を振り返り、好きなところを話し合おう。

T　『ミリー…』のお話を振り返って、どんなお話だったと言えばよいでしょうか。
　「あらすじ」というよりも、「ひとことで言えば、こんなお話」という内容をまとめて話し合う。
C　ミリーが、本当はかぶっていないのに、想像でいろんなものを帽子にしてしまうお話です。
C　ミリーが思ったことや願ったことも、想像でぜんぶ帽子にしてしまうお話です。
T　では、このお話で好きなところ、気に入ったところはどんなところでしたか。

公園で見かけた人もママも、みんながその人らしい帽子を持っているところ。

店長さんがミリーに合わせて、想像の帽子をくれるところがおもしろい。

わたしの帽子なら、どんな帽子かな、と思った。

準備物
・『ミリーのすてきなぼうし』の絵本
・紹介メモを書く用紙

ICT　『ミリーのすてきなぼうし』のメモを、教科書のメモと比べながらタブレットにまとめてもよい。まとめたものは、教師に送信しておくと、評価に役立つ。

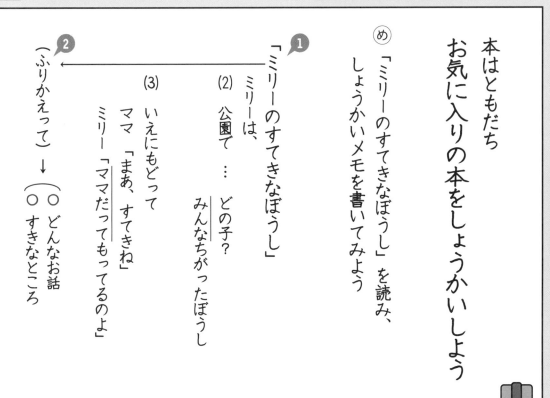

本はともだち
お気に入りの本をしょうかいしよう

め　「ミリーのすてきなぼうし」を読み、しょうかいメモを書いてみよう

①　「ミリーのすてきなぼうし」
ミリーは、
(2)　公園で　…　どの子？
みんなちがったぼうし
(3)　いえにもどって
ママ「まあ、すてきね」
ミリー「ママだってもってるのよ」

②　（ふりかえって）→　（○○　どんなお話
○○　すきなところ）

自体が負担にならないよう、配慮する。

3　話し合いをもとに、『ミリーのすてきなぼうし』の紹介メモを書こう。

T　今、話しあったこともももとにして、『ミリー…』のお話を紹介するメモを書いてみましょう。
「紹介メモ」を書く用紙を配布する。書き方は既習。

T　教科書（P99）のメモの形に合わせて書いてみましょう。「題名」と「書いた人（作者）」をまず書きます。教科書と同じですね。「登場人物」も書きます。

T　次に、「どんなお話か」「好きなところ」を書きます。ここは教科書と違っても（違った方が）いいですね。

T　どんなところを紹介するのかは、自分で考えて、自分が紹介したいように書きましょう。

「小さい女の子のミリーが、お店の前や公園で想像しながらいろんな帽子をかぶるお話」かな。

書く分量は、教科書程度で簡単に。短くてよい。

4　書いた「紹介メモ」をグループで読み合おう。

T　書いた「紹介メモ」をグループで読み合ってみましょう。メモの通り読まなくていいのです。メモを見ながら、「こんなお話ですよ」と、紹介するようにお話するといいのです。
グループでなくてもよい。また見せ合うのもよい。

T　はじめに、みんなの前で読んでもらいましょう。
1人か2人、「こんなふうに…」という見本を示す。

読んだ本の題名は、『ミリーのすてきなぼうし』です。作者は、きたむらさとしさんです。登場人物は…です。どんなお話かというと、ミリーが帽子屋さんで、何にでもなる想像の帽子を買います。そして…。

紹介のあと、紹介のよいところを簡単に話し合う。

お気に入りの本をしょうかいしよう

第 5,6 時 （5,6/6）

板書例

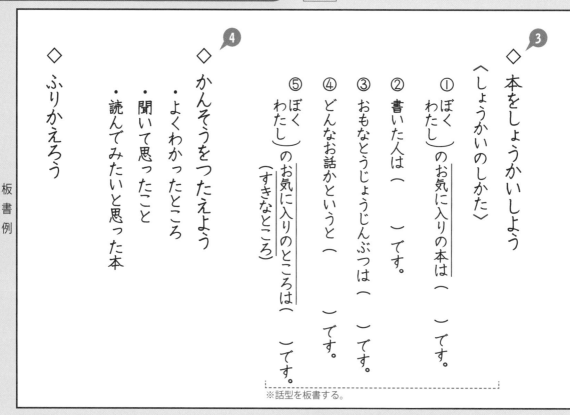

③
◇ 本をしょうかいしよう
〈しょうかいのしかた〉
① （ぼく・わたし ）のお気に入りの本は（　）です。
② 書いた人は（　）です。
③ おもなとうじょうじんぶつは（　）です。
④ どんなお話かというと（　）です。
⑤ （ぼく・わたし ）のお気に入りのところは（ すきなところ ）（　）です。

※話型を板書する。

④
◇ かんそうをつたえよう
・よくわかったところ
・聞いて思ったこと
・読んでみたいと思った本

◇ ふりかえろう

POINT　全員が「お気に入りの本」を決めていることが前提になる。教師も支援して準備させておく。

---

1 （第5時）本時のめあてを聞き，「お気に入りの本」を話し合おう。

T　『ミリーのすてきなぼうし』を読んで，「紹介メモ」を実際に書いてみました。それを聞いた人が，「読んでみたいな」と思ってくれたらいいですね。

T　今日は，これまでみなさんが読んできた本の中から「お気に入りの本」を選んで，友達に紹介するメモを書きます。

T　お気に入りの本，おすすめの本は，決まりましたか。持ってきた人は見せてください。

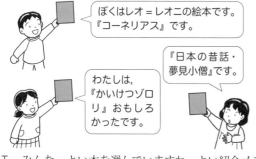

ぼくはレオ＝レオニの絵本です。『コーネリアス』です。

『日本の昔話・夢見小僧』です。

わたしは，『かいけつゾロリ』おもしろかったです。

T　みんな，よい本を選んでいますね。よい紹介メモが書けそうです。

2 「お気に入りの本」の紹介メモを書こう。

T　「紹介メモ」の書き方は『ミリー…』で書いたのと同じです。紹介のはじめに書くことは何でしたか。

C　本の題名と，書いた人の名前です。

T　では，その2つをまず書きましょう。（用紙を配布）

T　次は，登場人物です。（多いときは，おもな人物）生き物の本や工作の本では，略することもある。

T　次が大切なところでした。「どんなお話か」と「すきなところ」を書きましょう。お気に入りになったことやところを書くといいですね。

「どんなお話か」というと…これで分かるかなあ。

「ミミズの本」の「よかったところ」は，…です。ミミズがとても役にたっていることが分かって…。

書きにくそうな児童を，個別に支援する。

T　次の時間に，紹介し合いましょう。

準備物
・紹介メモを書く用紙
・児童それぞれのお気に入りの本を，準備しておくように伝えておく

ICT　お気に入りの本の表紙などを撮影しておく。その本の画像を提示しながら，作成した紹介文を発表すると，みんなの読書の幅が広がる。

本はともだち

お気に入りの本をしょうかいしよう

め　えらんだ「お気に入りの本」をしょうかいしよう

① 〈すすめ方〉
(1) しょうかいメモを書く
(2) メモを見て、本をしょうかいしあう（お話しするように）

〈えらんだお気に入りの本〉
ものがたり、しぜんの本、工作、むかし話 ※1

② ◇ しょうかいメモを書こう
○ だいめい、書いた人、とうじょうじんぶつ
◎ どんなお話、すきなところ

※1.児童の発言を板書する。

---

3 （第6時）書いた「紹介メモ」を読み合おう。

T　前の時間に書いたメモを見て，今日は「お気に入りの本」の紹介をします。できたらメモはそのまま読まずに，本のことをお話するように紹介しましょう。教科書100ページにも出ています。メモと比べて，読んでみましょう。

C　メモに，いろんなことを足して紹介しています。

メモに付け加えてもよいことを伝える。時間に応じて，話す文章に書き直させてもよい。

T　話し方は，この①～⑤のようにするといいですね。

発表が苦手な児童には，板書①～⑤の話型を使わせる。

T　では，グループになって順番に紹介しましょう。

ぼくのお気に入りの本は，
『エルマーとりゅう』です。
書いた人は…

4 お気に入りの本を紹介し合った感想を話し合い，学習を振り返ろう。

T　「お気に入りの本」の紹介を聞いた人は，よく分かったところや感想を言ってあげましょう。

髙木さんの『エルマーとりゅう』の紹介を聞いて，エルマーが好きになりました。読んでみたいです。

グループ内で紹介し合い，感想を交流させる。時間に応じて，グループ代表に前で発表させ交流する。

T　これまでの学習を振り返ります。友達の本の紹介を聞いて，読んでみたい本は見つかりましたか。
C　はーい。○○さんの『世界の恐竜』の本です。

T　教科書100ページに「読書にしたしむために」するとよいことが載っています。できたことに○をつけましょう。

雨のうた

◎ 指導目標 ◎

・語のまとまりや言葉の響きなどに気をつけて音読することができる。

・詩を読んで感じたことや分かったことを共有することができる。

◎ 指導にあたって ◎

① 教材について

　『雨のうた』は児童が楽しく読める詩です。落ちてきた雨粒がたてる音や様子が「うた」です。雨粒は，落ちてきて，何かに当たったときに音をたてます。つまり，雨音には相手があります。このことが，「あめは　ひとりじゃ　うたえない」「きっと　だれかと　いっしょだよ」と表現されています。そして，やね，つち，かわ（川），はな（花）…と，相手によって，とんとん，ぴちぴち，つんつんなど，雨はそれぞれ違った言葉（オノマトペ）で表されています。「つんつん」や「しとしと」などは，音というよりもオノマトペ（擬声・擬態語）と言った方がよいでしょう。

　なお，「雨」がテーマですが，暗さはなく明るさを感じる詩です。それは，「いっしょだよ」「だれともなかよしで」といった言葉の響きによるものです。

　「『ひとりじゃ　うたえない』とはどういうこと？」「『だれかと　いっしょ』のだれかとは？」などは，みんなで考え合います。詩には繰り返しやリズムがあり，音読によって体感できます。音読を楽しみ，好きなところや感じたことを交流します。

② 個別最適な学び・協働的な学びのために

　詩の内容は，難しくありません。ただ，「ひとりじゃ　うたえない」とは，どういうことなのかなど，基本的なことは話し合っておきます。そして，詩の内容をつかんだうえで，詩のリズムをいかした読み方を工夫し，聞き合うことが深い学びとなります。

　七音，五音…七音，五音…の言葉は，雨の降っている様子とも重なり，音読するとそのリズムが感じとれます。言葉の繰り返しや，1連と2連の呼応にも気づくはずです。それらの効果についても話し合います。そのことをいかして，主体的に音読を工夫することによって，いろんなところに降っている雨，降り続く雨がイメージできるでしょう。また，やね，つち，かわ，はな…の他に降る雨を広げた想像もできます。

　なお，友達の音読について話し合ったりするのもいいのですが，「どう読めばいいのか」などとあまり難しく考えずに，まずは楽しく読むことを目指します。

◎ 評価規準 ◎

知識 及び 技能	語のまとまりや言葉の響きなどに気をつけて音読している。
思考力，判断力，表現力等	「読むこと」において，詩を読んで感じたことや分かったことを共有している。
主体的に学習に取り組む態度	粘り強く語のまとまりや言葉の響きに気をつけて音読し，これまでの学習をいかして詩を楽しんで読もうとしている。

◎ 学習指導計画　全2時間 ◎

次	時	学習活動	指導上の留意点
1	1	・体験した雨の様子や音について交流する。 ・『雨のうた』を音読する。 　（斉読，1人読み，など多様な読み方で） ・『雨のうた』の「うた」や「ひとりじゃうたえない」の意味について，話し合う。 ・好きなところを発表し，音読する。	・雨についての体験を話し合わせる。 ・いろいろな読み方を通して，まずは正しく読めることを目指させる。 ・「うた」とは何かなど，基本的な意味と読み方をみんなで確かめ合う。 ・読み取ったことをふまえて，音読にいかすようにする。
	2	・1連と2連を読み比べて，同じ言葉や違いを見つける。 ・詩を視写する。 ・詩の「好きなところ」「いいところ」について発表し，話し合う。 ・音読を聞き合い，感想を述べ合う。	・詩の形や繰り返し（反復）に気づかせる。 ・視写を通して，詩のリズムや「繰り返し」をとらえさせる。 ・詩の特徴の1つ「つんつん」などの言葉のおもしろさにも気づかせたい。 ・できれば，みんなで暗唱させる。

雨のうた　209

雨のうた

第 ① 時 (1/2)

板書例

雨の
〈うた〉

とんとん　やねのうた
ぴちぴち　つちの・・・
つんつん　かわの・・・
しとしと　はなの・・・

❹

いろんな　ところに　ふる　雨
いっしょに　うたう　雨
いろんな　おと、ようす

← 思いうかべて

音読しよう

POINT　やね，つち，かわ，はなと，それぞれ相手によってうたが変わるおもしろさを，音読で感じとらせる。

1 知っている雨や雨音のことを話し合おう。

T　みなさんは，雨を知っていますね？　では，雨の音は聞いたことがありますか？　<u>どこで，どんな音を聞いたのか</u>，その様子や音を発表してください。

傘の上に雨つぶが落ちてきて，そのときパラパラという音がしました。

帰り道，雨が降ってきて，そのとき，ザーザーとすごい音がしました。ちょっとこわかったです。

他にも，雨の体験やイメージ，音を出し合う。

T　雨にもいろんな音がありそうです。『雨のうた』という詩があります。ここにも雨が出てきます。どんな様子なのか，音なのか，読んでみましょう。

各自で１人読みさせる。

2 『雨のうた』を音読しよう。

T　では，先生が読みます。『雨のうた…』（範読）
T　今度は，みなさんも後について読みましょう。
T　『雨のうた』（1 行ずつ読んでいく＝追い読み）
C　『雨のうた』（児童も音読）
T　あめはひとりじゃうたえない
C　あめはひとりじゃうたえない（児童も繰り返し音読）

T　今度は，みんなで読んでみましょう。（斉読）

雨のうた　つるみまさお
あめは　ひとりじゃ　うたえない，
きっと　だれかと　いっしょだよ。…

T　今度は，１行ずつ列ごとに交代して読みましょう。
他，いろんな形態，パターンで詩を音読する。

T　１人で読みたい人は？（指名して音読）

| 準備物 | ICT | 雨の様子や夏の草花，生き物の画像をネットで検索しておき，授業では必要に応じて提示する。 |

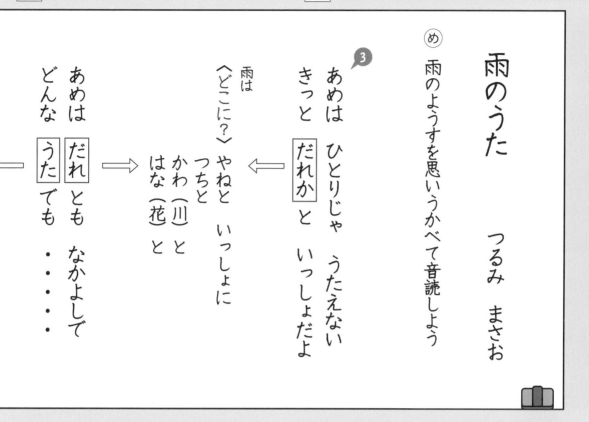

雨のうた　　つるみ　まさお

め　雨のようすを思いうかべて音読しよう

③
あめは　ひとりじゃ　うたえない
きっと　だれか　と　いっしょだよ

雨は〈どこに？〉　やねと　いっしょに
つちと
かわ（川）と
はな（花）と

あめは　だれ　とも
どんな　うた　でも
　なかよして
・・・・・

---

3 『雨のうた』の「うた」とは何なのかを考えよう。

T　この『雨のうた』の雨は，どんなところに降っていましたか。
C　「やね」です。
T　それは，どの文から分かりますか。
C　「やねといっしょに…」と書いてあるからです。
C　「つちのうえにも…」とあるから，土の上にも降っています。
C　かわ（川）や，はな（花）の上にも降っています。
C　いろんなところに降っているみたいです。

T　では，「やねといっしょにやねのうた」の「うた」とは，何のことなのですか。

「やねで とんとん やねのうた」だから，「とんとん」という音が「うた」かな。

「つちのうた」は「ぴちぴち」だね。

　「つんつん」や「しとしと」も同様に確かめる。なお，「つんつん」「しとしと」は擬態語でもある。

4 「雨」の音や様子を思い浮かべて音読しよう。

T　「あめはひとりじゃうたえない」「きっとだれかといっしょだよ」のだれかさんとは，だれでしょう。

「やね」や「つち」といっしょに歌う。

「やね」に当たって「とんとん」と聞こえる音が「うた」だから…。

T　雨は，いろんなところに降って，降ったところで，違ったうた（音・様子）をうたっているのですね。
T　屋根，土，川などいろんなところで雨が歌っている様子を思い浮かべて，音読しましょう。
　1連，2連をクラス半分ずつで分けて読んだり，2人で分けて読んだりと，何回か音読する。
T　この詩を読んで，思ったことを発表しましょう。
C　「ぴちぴち」とか「つんつん」とか，なんだか楽しそう。雨でもいろんな音があるんだなあ。
　自由に感想を出し合わせる。
T　みんなでもう一度，音読しましょう。（斉読）

雨のうた

第 ② 時 （2/2）

本時の目標　詩には言葉の繰り返しやリズムがあることが分かり，それをふまえて音読し，感想を交流することができる。

板書例

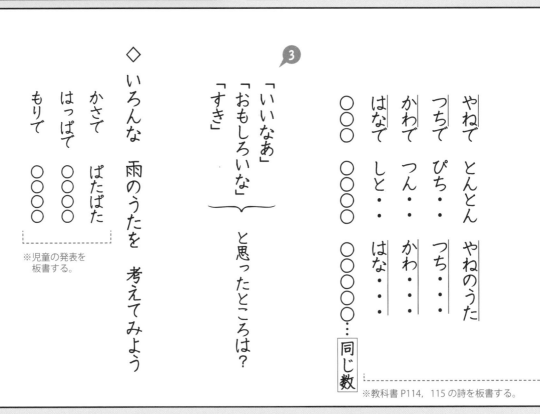

◇
いろんな　雨のうたを　考えてみよう

かさて　　ぱたぱた
はっぱて　○○○
もりで　　○○○
　　　　　○○○

※児童の発表を板書する。

③
「いいなあ」
「おもしろいな」
「すき」
　と思ったところは？

やねで　とんとん　やねのうた
つちで　ぴち・・　つち・・・
かわで　つん・・　かわ・・・
はなで　しと・・　はな・・・
○○○　○○○　○○○・・
　　　　　　　○○○○・・
同じ数

※教科書 P114，115 の詩を板書する。

POINT　内容だけでなく，「繰り返し」（反復）など，詩の表現法にも気づかせ，音読にいかせるようにする。

---

1 音読して，同じ言葉を見つけよう。

T　『雨のうた』を，みんなで読みましょう。（斉読）

T　この詩は，いくつのかたまりでできているでしょうか。今度は 1 人で読んでみましょう。（1 人読み）

C　2 つです。（「連」という言葉を教えてもよい）

T　1 連目と 2 連目を読み比べて，気がついたことはありませんか。例えば，同じ言葉とか…。

C　同じ言葉が出ています。やね，つち，はな，かわが出てきます。でも，違うところもあります。

T　同じ言葉が繰り返されていますね。そのところに線を引きましょう。

「やねのうた」や「つちのうた」は同じだ。

でも，「やねと」と「やねで」は，少し違うよね。

線を引かせながら，児童のつぶやきをとらえる。

T　見つけた同じ言葉を発表しましょう。

2 言葉の繰り返しと違いに気をつけて，『雨のうた』を視写しよう。

T　同じ言葉とちょっと違うところも見つけられました。他に気づいたことはありませんか。

C　言葉も似ていて，音楽の歌詞の 1 番と 2 番みたいでした。（音数も同じ）だから調子よく読めました。

T　では，同じ言葉，違う言葉に気をつけて，この『雨のうた』を，ノート（または視写用紙 ）に書き写しましょう。先生は，黒板に書きますよ。

改行や分かち書き，仮名文字も正しく書かせる。

視写を通して，1 連と 2 連の言葉の繰り返しやリズムなど，詩の形や表現に気づかせる。

T　写したノートの『雨のうた』を見て音読しましょう。

準備物　・（必要に応じて）視写用ワークシート　QR

ICT　いろいろなおもしろい雨にまつわる詩を，文章作成アプリで教師が作成し，児童のタブレットに送信しておくと，いつでも詩を楽しめる。

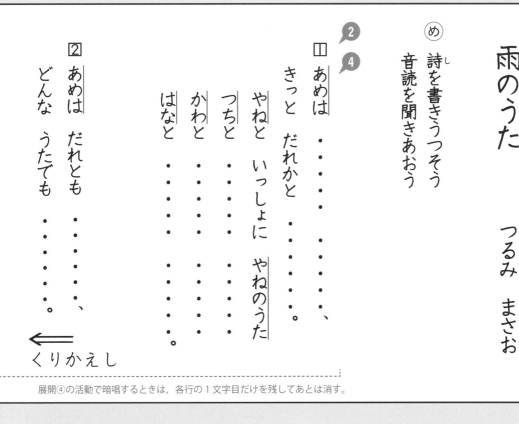

雨のうた　　つるみ　まさお

め　詩を書きうつそう
　　音読を聞きあおう

②
④

① あめは　・・・・・・
　きっと　だれかと　・・・・・・。
　やねと　いっしょに　やねのうた
　つちと　・・・・・・
　かわと　・・・・・・
　はなと　・・・・・・、

② あめは　だれとも　・・・・・・、
　どんな　うたでも　・・・・・・。

← くりかえし

展開④の活動で暗唱するときは，各行の１文字目だけを残してあとは消す。

**3　好きなところを発表し，聞き合おう。
いろんな『雨のうた』を考えてみよう。**

T　読んで，「いいなあ」「おもしろいな」と思ったところ，好きなところはどこでしょうか。できたら，そう思ったわけも簡単に書いてみましょう。

　　いきなり発表ではなく，まず書かせてから発表させる。

　「かわで　つんつん　雨のうた…」の「つんつん」がおもしろい。川に降っている雨の音と同じように思えるからです。

　「雨は　だれとも　なかよしで…」のところです。「なかよし」が好きです。

　児童からは，ほぼ全行が発表されるだろう。「好きなところ」なので，すべてを受けとめるようにする。

T　どんな『雨のうた』がありましたか。
C　とんとん，ぴちぴち，つんつん，しとしと。

T　みなさんなら，どんな『雨のうた』を聞くかな？
C　「かさで　ぱたぱた　かさのうた」
　　自由にそれぞれが思いついたことを交流する。

**4　友達の音読を聞き合い，
よかったところを伝えよう。**

T　雨がいろんなところに降っている様子を思い浮かべながら，みんなで音読しましょう。（1，2回斉読）
T　次は，だれかに前で音読してもらいましょう。聞く人はよいところ，上手なところを見つけましょう。

　あめは　ひとりじゃうたえない，きっとだれかと　いっしょだよ。…

　全体で1，2回読んだ後は，音読発表会的にみんなの前で音読させると，緊張感も出る。1人または2人，あるいはグループでなどと実態に応じて自由に工夫する。

T　よかった（上手な）ところを，言いましょう。
C　雨が楽しそうに降っているように聞こえました。
C　「とんとん」とか「つんつん」を強く読んでいて，おもしろそうでした。

T　もう覚えたでしょうか，暗唱してみましょう。
　　各行の１文字目だけを板書に残し，みんなで暗唱する。

ことばでみちあんない

◎ 指導目標 ◎

・共通，相違，事柄の順序など情報と情報との関係について理解することができる。

・相手に伝わるように，行動したことや経験したことに基づいて，話す事柄の順序を考えることができる。

・話し手が知らせたいことや自分が聞きたいことを落とさないように集中して聞き，話の内容を捉えることができる。

◎ 指導にあたって ◎

① 教材について

「対話の練習」では，児童の想像がふくらむ楽しい話題をもとに，学校生活に役立つ対話スキルを学びます。身近な課題に取り組み，対話することの価値を実感することで，日常生活にいきるコミュニケーション能力を伸ばすことを目指します。

本教材では，待ち合わせ場所までの「道案内」という状況設定の中で，友達と楽しく対話をしながら必要なことを順序よく伝えるための具体的なポイントを学習します。

② 個別最適な学び・協働的な学びのために

伝えるべき項目や内容をおさえるのはもちろんですが，相手に伝わるような話し方も重要となってきます。話す事柄の順序，相手が聞きたいことを落とさないように話すなど，様々な工夫が考えられます。大切なことは何なのか，実際に友達どうしで道案内をし合いながら気づくことでしょう。

また，待ち合わせ場所を伝える道案内だけでなく，宝の地図から宝のありかを教えるなど，児童の想像がふくらむ，楽しく興味のある内容にすれば，より積極的に取り組ませることができるでしょう。

◎ 評価規準 ◎

知識及び技能	共通，相違，事柄の順序など情報と情報との関係について理解している。
思考力，判断力，表現力等	・「話すこと・聞くこと」において，相手に伝わるように，行動したことや経験したことに基づいて，話す事柄の順序を考えている。 ・「話すこと・聞くこと」において，話し手が知らせたいことや自分が聞きたいことを落とさないように集中して聞き，話の内容を捉えている。
主体的に学習に取り組む態度	話す事柄の順序を粘り強く考え，学習課題に沿って相手を目的地に導く道案内をしようとしている。

◎ 学習指導計画　　全3時間 ◎

次	時	学習活動	指導上の留意点
1	1	・教科書 P116 のみどりさんの道案内を範読で聞く。 ・みどりさんの道案内が分かりやすいかどうかを話し合う。 ・分かりやすい道案内の言い方を話し合い，道案内を正しく伝えるためのポイントを考える。 ・分かりやすい道案内の例を聞く。	・みどりさんの道案内では待ち合わせ場所に行けないことを確かめさせる。 ・分かりにくかったところとそのわけとを合わせて考えさせる。 ・みどりさんはどう言えばよかったのかを話し合わせる。 ・教師が見本で道案内をしてみせる。
2	2・3	・教科書 P116 の地図の中から待ち合わせの場所を決め，道案内の言い方を考え，道案内をする。 ・友達の道案内を聞いて，よかったところを話し合う。 ・「宝の地図」の中から，宝物が入った宝箱をそれぞれが設定し，道案内をし合う。 ・感想を交流し，振り返る。	・道案内を聞く人には，地図を見ずにメモをとるように指示する。 ・友達に案内されたとおりに待ち合わせ場所に行けたか確認させる。 ・「宝の地図」は実態に応じて，教師が独自で作成してもよい。また，配った地図にそれぞれ児童が目印となる絵を追加で描かせてもよい。 ・教科書 P117「たいせつ」を読み，確かめ合う。

本時の目標　道案内の言い方を考え，正しく伝えるためのポイントを整理することができる。

板書例

〈分かりにくいところ〉

・「しばらく行く」では分からない
　↓
　どこまで行くか言うとよい

・まがりかどの目じるしを言うとよい
　↓

・「そこにあるベンチ」では分からない
　↓
　どんなベンチかまわりにあるものを
　言うとよい

〈みちあんないのポイント〉③

・はじめに、あんないするばしょを言う

・つぎに、なん回まがるか言う

・通るみちのじゅんに言う

・どこでまがるか、くわしく言う
　　まがるばしょ、まがるほうこう、
　　目じるしになるもの

・分かりやすい ことば
　　右、左、右手、左手
　　十字ろ、つきあたり
　　まっすぐ、しばらく、すぐに

※児童の発言をもとにまとめていく。

※児童の発言を板書する。

POINT　教科書のみどりさんの道案内の例から，分かりやすいかどうかを話し合い，どのような点を注意するべきか出し合わせる。

1 場面設定を理解し，みどりさんの道案内を聞こう。

　教科書 P116 の公園の地図のイラストだけをコピーしたものを配り，みどりさんがはるかさんに待ち合わせ場所を電話で連絡しているという状況を説明する。教科書は開かせない。公園の様子を確かめさせておいてもよい。

T　今から，みどりさんがはるかさんに電話で待ち合わせ場所を伝えたときの道案内のことばを先生が言います。自分がはるかさんになったつもりで，公園の待ち合わせ場所がどこなのか，地図を見ながらよく聞いていてください。

　教科書 P116 のみどりさんの道案内をゆっくり範読する。

T　さあ，電話を聞いたはるかさんは，待ち合わせ場所に行ってみどりさんに会えると思いますか。

無理です。会えないと思います。

わたしも，途中でよく分からなくなりました。

T　みどりさんの道案内では待ち合わせ場所に行くのは難しいようですね。

2 みどりさんの道案内の言い方を調べ，何が問題なのかを話し合おう。

T　今日は，相手に分かりやすい道案内の言い方を勉強します。

T　今度はみどりさんの道案内のことばを読んで待ち合わせ場所を見つけましょう。どんなところが分かりにくいのかを読みながら考えてみましょう。

　みどりさんの道案内のことばを掲示する。児童には，消しゴムなどをコマとして地図で動かしてやらせてみてもよい。

T　道案内のことばのどんなところが分かりにくかったのか，分かりにくかったわけも合わせて隣どうしで話し合ってみましょう。

「しばらく行ったら」がどこまでなのか分からない。

曲がってすぐなのか，もうちょっと行くのかが分かりにくかった。ベンチはいくつもあるし…。

隣どうしで話し合ったことを，全体で出し合う。

ことばでみちあんない

め 分かりやすいみちあんないの言い方を考えよう

① 《まちあわせのばしょ》

※教科書 P116 の挿絵を掲示する。

みどりさん ← でんわ ← はるかさん

② （みどりさんの みちあんない）

「公園の入り口を・・・、まっすぐ行ったらバラ園が・・・。しばらく行ったら右に・・・・・。そこ・・・ベンチで・・・・・・・・。」

※教科書 P116 の道案内のことばを掲示する。

3 分かりやすい道案内の言い方を考え，道案内のポイントを出し合おう。

T みどりさんは，どう言えばよかったのでしょう。グループで話し合ってみましょう。

何番目もいいけど，曲がり角にあるものを言うといい。トイレとか，切り株とか。

何番目の道で曲がるのか言った方がいい。

はじめに，案内する場所のことを言った方がよかったよね。

T みどりさんは，道案内でどのように説明すれば分かりやすかったのでしょうか。

C はじめに，待ち合わせ場所のことを言ってから，その場所への行き方を言うとよかったと思います。

C 曲がるときは，何番目の角を曲がるとか，曲がる方向，曲がり角にある目印を言うと分かりやすい。

みどりさんの説明の改善点について班ごとに出し合った意見を発表させ，正しく伝えるためのポイントをまとめる。（板書参照）

4 ポイントをまとめた道案内の例を聞こう。

T みんながまとめたポイントを入れて，先生が道案内をしてみます。地図を見ながら，待ち合わせの場所がどこなのかを聞きましょう。

まとめとして，教師がポイントをふまえた以下のような道案内の例を言って聞かせ，理解を深めさせる。

T 待ち合わせの場所は，噴水の近くのベンチです。これから行き方を話します。全部で2回曲がります。まず，入り口からまっすぐに進みます。1つ目のトイレを過ぎたら，すぐ右に曲がります。しばらく進むと十字路があります。その十字路を右に曲がると，右手に噴水の近くにベンチがあります。そこで待っています。

T 聞いてみてどうでしたか。

C 今度は分かりやすかったです。迷わずに待ち合わせ場所に行けると思いました。

ことばでみちあんない

第 2,3 時 （2,3/3）

本時の目標　相手に伝わるように，話す順序を考えながら友達に道案内することができる。

板書例

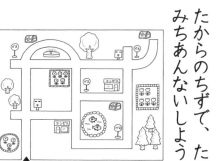

※ QRコンテンツの「宝の地図」の見本を掲示する。目印も何もない白地図を使って，教師独自の「宝の地図」を作成してもよい。

◇ たからのちずで、たからものまでみちあんないしよう ④

② 聞いた人は、ちずとメモでまちあわせばしょをたしかめる

◇ ともだちにみちあんないをしよう ② ③

① みちあんないをする
「まちあわせのばしょは、○○です。これから、行き方を話します。ぜんぶで○回まがります。まず、…。つぎに、…。」

（聞く人）・ちずを見ない
・メモをとる

※実態に応じて，話型を板書する。

POINT　第3時では，教科書の地図の応用として「宝の地図」を使って，学習したことを活用する楽しい活動を設定している。

1 （第2時）待ち合わせの場所を決め、道案内の言い方を考えよう。

T　前の時間は，道案内するときのポイントを考えました。今日は，地図の中から待ち合わせの場所をそれぞれ決めて，友達に道案内をする練習をします。まず，地図を見て待ち合わせの場所を決めましょう。

教科書 P116 の地図の中で1つ決めさせる。練習なので，簡単すぎない場所（パンダの置物，ぶらんこ近くのベンチ，街灯近くのベンチなど）に設定させたい。

T　待ち合わせ場所とその場所までの道順が決まりましたか。決まったら，どんな道案内をすればよいか考えて，伝えたい大事なことばをメモしましょう。

まず，待ち合わせの場所は、「ぶらんこ近くのベンチ」にしよう。

前時にまとめた「道案内のポイント」を書いた紙を掲示して，参考にさせる。

2 友達に道案内してみよう。聞く人はメモしながら聞こう。

T　では，グループになって，1人ずつ道案内のメモをもとに友達に道案内をしてみましょう。道案内を聞く人は，地図を見ずに，聞いたことをメモしながら聞いてみましょう。まず，1番目の人から道案内をしてください。

待ち合わせの場所は，ぶらんこ近くのベンチです。これから行き方を話します。ぜんぶで1回曲がります。…

実態に応じて，道案内の話型を示してもよい。

T　聞いた人は，今度は地図を見て，メモしたとおりに行けるかを確かめてみましょう。

①道案内をする，②聞いた人がメモと地図で待ち合わせ場所を確認する，を繰り返す。

ことばでみちあんない

め ともだちにみちあんないをしてみよう

◇ まちあわせのばしょをきめよう

◎ みちあんないのメモを書く

・まちあわせのばしょ

・なん回まがるか

・通るみちのじゅんばん

（くわしく）

※教科書P116の挿絵を掲示する。

実態に応じて，教師オリジナルの地図を作成するとよい。

---

3 友達の道案内を聞いて，よかったところを話し合おう。

T 道案内したことが相手にうまく伝えられましたか。今度は代表の何人かにみんなの前で道案内をしてもらいましょう。まず，○○さん，お願いします。

グループで道案内をしていた中からよかった児童を何人か指名し，見本で道案内をしてもらう。聞く側の児童には，グループ活動同様にメモを取らせる。

T ○○さんの待ち合わせ場所はどこでしたか。

それぞれの道案内が終わるたびに確かめ合う。

T では，友達の道案内を聞いて，よかったところを話し合いましょう。

みんな，はじめに，待ち合わせ場所の近くにあるものを話していたことがよかったね。

○○さんは，曲がるところのことを詳しく言ってくれて分かりやすかった。

△△さんは，通る道の順番通りの道案内だったから迷わなかった。

グループで話し合ったことを全体で交流する。

---

4 （第3時）「宝の地図」で道案内をして宝を見つけよう。学習を振り返ろう。

T 今日は，「宝の地図」で宝のありかの道案内をしてもらいます。地図の中にある宝箱の1つを選んで，道案内のメモを書き，言い方を考えましょう。

「宝の地図」QR を配る。このとき，地図に（木，店，置物など）目印を追加で書き込ませ，児童それぞれで違う地図にアレンジさせてもよい。

T グループになって，自分が選んだ宝箱までの道案内をしましょう。

第2時同様に，①道案内をする，②聞いた人がメモと地図で宝のありかを確認する，を繰り返す。このとき，1人ずつ行ったところで，答えを確認し，道案内の仕方が分かりやすかったかを振り返らせるようにする。

T 「宝の地図」の道案内はできましたか。友達の道案内はどうでしたか。

感想を交流し，教科書P117「たいせつ」の内容を確かめ学習を振り返る。

みの回りのものを読もう

◎ 指導目標 ◎

・文章の中の重要な語や文を考えて選び出すことができる。

・言葉には，事物の内容を表す働きがあることに気づくことができる。

・文章の内容と自分の体験とを結び付けて，感想をもつことができる。

◎ 指導にあたって ◎

① 教材について

　現代においては，身の回りにさまざまな情報があふれています。さらに，インターネットが普及し，いつでも，だれでも，欲しい情報を手に入れることができるようになりました。このように情報が氾濫する中で，児童にも目的に応じた情報活用能力の育成を図る必要が出てきました。

　この教材では，「生活の中で読もう」をテーマに，2年生の児童の身近にある街の中や建物の中の標識や看板がどのようなことを伝えているのか，そのためにどのような工夫をしているのかを見つけていきます。

② 個別最適な学び・協働的な学びのために

　身近にある標識や看板などを児童のタブレット PC で撮影してくる学習活動を取り入れています。ここでは，安全指導はもちろん，撮影するときにはお店の人に許可を得ることなどを指導しておく必要があります。放課後や家庭学習の課題とする場合は，あらかじめ保護者に協力を呼びかけておくとよいでしょう。そのような課題を出すことが難しい場合は，生活科の町探検と兼ねて，撮影してくることもできそうです。

　それぞれが見つけて撮影してきた写真を活用して，グループでその標識や看板の工夫について話し合います。グループの友達と話し合うことで，標識や看板が，自分たちにどのような情報を伝えているのか，そのためにどのような工夫がなされているのかに気づくことができます。

◎ 評価規準 ◎

知識 及び 技能	言葉には，事物の内容を表す働きがあることに気づいている。
思考力，判断力，表現力等	・「読むこと」において，文章の中の重要な語や文を考えて選び出している。 ・「読むこと」において，文章の内容と自分の体験とを結び付けて，感想をもっている。
主体的に学習に取り組む態度	積極的に身の回りのものから重要な情報を読み取り，学習課題に沿って，考えを交流しようとしている。

◎ 学習指導計画　全 2 時間 ◎

次	時	学習活動	指導上の留意点
1	1	・教科書 P118 の㋐〜㋒の 4 つの写真を見て，その看板や標識が挿絵の地図のどこにあるのかを見つける。 ・㋐〜㋒の写真が何を伝えているかを読み取り，それぞれの工夫を見つける。 ・次の時間までに，身の回りの標識や看板などを探して撮影してくるという課題を知る。	・身の回りにどのような標識，看板，ちらしなどがあるのかを想起し，児童が調べてみたいと思えるように，教師が地域にある事例を事前に撮影しておき提示する。 ・次の時間までに余裕をもって調べ学習ができるようにする。その際，保護者にも呼びかけるようにする。
	2	・お互いに見つけて撮影してきた標識や看板の画像を見せ合い，どんな工夫があるのかをグループで話し合う。 ・身の回りの標識や看板の工夫についてクラス全体でも話し合う。 ・教科書 P119 の「たいせつ」を読み，学習を振り返る。	・ICT を活用して，児童が撮影した画像を事前に提出させ，それぞれの進捗状況を把握できるようにする。 ・クラス全体で話し合うときには，児童が撮影してきた写真を大型テレビに提示し，どのような工夫がなされているかを全員で検討できるようにする。

板書例

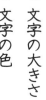

※地域の看板や標識の
画像を提示する。

③ つたえるためのくふう

① 文字の大きさ　　　⑦・⑦・⑦
② 文字の色　　　　　⑦・⑦・⑦・⑦
③ ことばの多さ　　　⑦・⑦・⑦・⑦
④ 絵のつかい方　　　⑦・⑦・⑦

みの回りのばしょで、じょうほうをつたえているものをしょうかいしよう

（つぎのめあて）

☆ 見つけて、しゃしんをとってくる
（つぎのじかんまでに）

POINT　児童がタブレットPCで撮影する日数を確保しておく。クラスや地域の実態に応じて、ヒントを与えておいたり、家庭に

1　4つの写真が、地図の中のどこにあるのかを見つけよう。

T　教科書118ページの4つの写真が地図の中のどこにあるのか、隣の人と確かめましょう。

⑦の写真の看板は、川の近くにあるね。

⑦は文字ばっかりの看板だけど…図書館の看板かな。

T　⑦～⑦の写真は、それぞれどこにありましたか。
C　⑦の看板は川の近くにあります。
C　⑦のゴミ箱は大きなお店の前にあります。
C　⑦は図書館にあります。
C　⑦は家がたくさんある場所にあります。
T　みなさんの身の回りにも、似たような看板を見たことがありませんか。これらの看板は単なる飾りではありません。今日は、このような身の回りにある看板や標識から、大事な情報をわたしたちに伝えるための工夫を見つけていきましょう。

2　4つの写真を見て、何を伝えているのかを読み取ろう。

T　⑦～⑦の看板や標識は、それぞれどんな大事なことを伝えたいのでしょうか。隣の人と話しましょう。

⑦は危ないから入らないでと伝えているよね。

そういえば、学校の近くの川にも似たような看板を見たことがあるよ。

T　どんなことを話しましたか。
C　⑦の看板は、川で溺れてしまう危険があるから、川に入らないように伝えています。
C　⑦は、ゴミを分けて捨てて欲しいと伝えていると思います。
C　⑦は図書館の休みの日を来た人に伝えています。
C　⑦は、「ここが110番の家ですよ」って教えています。

準備物
・地域にある標識や看板などの画像
（事前に撮影しておく）

ICT
地域にある標識や看板，ポスターなどを事前に撮影しておく。展開4で身近な事例を提示することによって，次時までの課題に対する児童の学習意欲が高まる。

みの回りのものを読もう

め じょうほうをつたえるための
くふうを見つけよう

① ※教科書P118（4つの看板の写真と地図）を掲示する。

ばしょ
⑦ 川のそば
⑦ お店の前
⑦ 図書かん
⑦ 家がたくさんあるところ

② つたえたいこと
⑦ あぶないから入らない
⑦ ごみの分べつ
⑦ 休みの日
⑦ 110ばんの家がどこにあるか

※児童の発言を板書する。

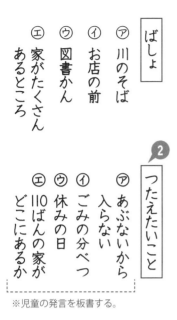

協力をお願いしたりするとよい。

---

3 大事なことを伝えるための工夫を見つけて，分類しよう。

T　4つの標識や看板は，それぞれ伝えるためにいろんな工夫をしています。（4つの工夫を板書して）この4つの工夫のどれに当てはまるでしょうか。グループで話し合ってみましょう。

⑦は，文字の色と絵を工夫しているね。

文字も少ないから，「ことばの多さ」の工夫にも当てはまりそう。

T　どんな工夫を見つけましたか。
C　⑦は文字の色，ことばの多さ，絵のつかい方を工夫していると思います。

⑦〜⑦の看板についても，同様に確かめていく。

T　4つとも，いろいろな工夫で，見る人に大事な情報を分かりやすく伝えてくれていますね。

4 次の時間に向けて，課題の共通理解を図ろう。

T　（2枚の画像を提示して）この写真は，先生が撮ってきたものです。どこかで見たことはありますか。

事前に撮っておいた，地域の標識や看板を見せる。

C　あ，下の写真は，公民館の前にもあるよ。
C　上の写真は，通学路のところにあるよ。

T　次の時間に，みんなが撮影した標識や看板を紹介してもらいます。その写真から，どんな情報を伝える工夫をしているのかを見つけましょう。
T　隣の人とどんな標識や看板があるのか相談してみましょう。

公園の近くに看板があったよ。

お母さんと一緒に探しに行こうかな。

T　では，次の時間までに，身の回りの標識や看板を撮影してきてください。どこで撮影したのかも覚えておくようにしましょう。

板書例

◇ ふりかえろう

Ⓨ やれたこと・やれなかったこと

Ⓚ 気づいたこと・考えたこと

Ⓣ つぎ，がんばりたいこと

児童が撮影してきた看板や標識の画像③	児童が撮影してきた看板や標識の画像②	児童が撮影してきた看板や標識の画像①

※工事現場の看板や，スーパーの値段表示など児童が撮影してきた，地域の看板や標識の画像を掲示する。

（つたえたいこと）
・○○○○
・○○○○
・○○○○

（くふう）
・…
・…
・…

（つたえたいこと）
・○○○○
・○○○○
・○○○○

（くふう）
・…
・…
・…

（つたえたいこと）
・○○○○○
・○○○○
・○○○

（くふう）
・…
・…

※それぞれの情報に合った「つたえたいこと」とその「くふう」について児童に話し合わせた後，児童から出た発言を板書する。

POINT　できるだけ多くの児童が撮影してきた写真を取り上げ，伝えるための工夫を見つけるようにする。児童のやる気を高め，

1 情報を伝えるための工夫について確かめよう。

Ｔ　前の時間に４つの標識や看板について学習しました。大事な情報を伝えるために，どんな工夫がありましたか。

- 文字の大きさと色です。
- ことばの多さの工夫がありました。
- 絵の使い方です。

Ｔ　そうですね。１つの看板にもいろいろ工夫がありましたね。（４つの工夫に①〜④の番号をつける）
　　前時に身の回りの看板の例として見せた画像を掲示する。

Ｔ　この２つの看板は，どんな大事な情報を伝えようとして，どんな工夫がされているでしょうか。

Ｃ　上の看板は，避難場所のことで，②と④の工夫があると思います。

Ｃ　下の看板は，「タバコをすてないで」ということを①，②，④の工夫で伝えています。

2 自分が見つけた看板などの写真を発表し，グループで工夫を見つけよう。

Ｔ　今日は，みなさんが撮影してきた写真から，情報を伝えるためにどんな工夫がされているのかを見つけていきましょう。

Ｔ　発表する人は，どこで，何の写真を撮ってきたのかを伝えましょう。その後，グループの人と一緒に，その写真に写っている看板や標識がどんな大事な情報を伝えているのか，またそれを伝えるための工夫について話し合いましょう。

ぼくは，工事現場にある看板を撮影してきました。

１人ずつ発表し，グループで何を伝えているのかとその工夫を話し合って見つける，の過程を繰り返す。

みの回りのものを読もう

め みの回りのばしょで，じょうほうをつたえているものをしょうかいしよう

つたえるためのくふう

① 文字の大きさ
② 文字の色
③ ことばの多さ
④ 絵のつかい方

〈つたえたいこと〉
・ひなんばしょ
〈くふう〉②・④

・タバコをすてないで
①・②・④

※（教師が撮影した）
　地域の看板や標識の
　画像を提示する。

自分たちで学びを作る楽しさを感じることにもつながる。

3 クラス全体で，友達が撮影してきた写真の工夫を話し合おう。

Ｔ　友達が見つけてきた情報を見て，それが何を伝えているもので，そこにどんな工夫があるか読み取りましょう。

　　児童が撮影したものの中から，いくつか教師が選んでおいた画像を１枚ずつ黒板などで提示し，話し合わせていく。

Ｔ　この写真について隣の人と話し合ってみましょう。

びっくりするぐらい安いってことを伝えたいのかな。言葉を読んだら買いたくなるね。

値段が大きく書いてあるから，買う人に分かりやすいね。

Ｔ　どんな工夫を見つけましたか。
Ｃ　値段の数字が大きいから，分かりやすいです。
Ｃ　文字の色も変えているから，買いたくなります。

　　提示画像を変えて，ペアで話し合い→全体交流を繰り返していく。

4 学習を振り返ろう。

Ｔ　教科書 119 ページの「たいせつ」を読みましょう。

　　２つの項目について読み，身の回りのものから大事な情報を読み取る学習をしてきたことを確かめ合う。

Ｔ　学習の振り返りをしましょう。

　　振り返りを進めるために，ここでは「Ｙ・Ｋ・Ｔ」（やれたこと・やれなかったこと，気づいたこと・考えたこと，次，頑張りたいこと）という３つの観点で振り返る手法を使っている。クラスの実態に応じて振り返りをすすめればよい。

Ｔ　書いたことを隣の人と交流しましょう。

「やれたこと」は，友達の写真から工夫をたくさん見つけることができたことだよ。

他にもどんな工夫があるのか，もっと見つけていきたいな。

書いたら，見直そう

◎ 指導目標 ◎

・文章を読み返す習慣をつけるとともに，間違いを正したり，語と語や文と文との続き方を確かめたりすることができる。

・長音，拗音，促音，撥音などの表記，助詞の「は」「へ」「を」の使い方，句読点の打ち方，かぎ（「　」）の使い方を理解して，文や文章の中で使うことができる。

◎ 指導にあたって ◎

① 教材について

　文章を書くことは，児童にとって大変難しさを感じる学習活動です。なぜ，難しさを感じるのでしょうか。それは，話し言葉と書き言葉の違いからくるものです。多くの児童にとって，話すことは生活の中である程度経験しているため，それほど思考しなくても伝えることができます。しかし，書き言葉になると，そうはうまくいきません。長音，拗音，促音，撥音などの表記，助詞の使い方，句読点の打ち方，かぎ（「　」）の使い方といったルールが加わるからです。まして，2年生の児童には書く経験もそれほどありません。だから，書くことに難しさを感じるのは無理もないことなのです。

　このような書くことへの苦手意識を改善するには，自ら書いた文章を見直し，誤字脱字や表記の誤りなどを見つけて修正する力を身につけていくしかありません。この教材では，2年生の児童が書きそうな間違いを含む文例とその見直し後の文例が紹介されていて，この事例を使って具体的に文章の見直しについて考えることができるようになっています。文章を読み返す必要性を児童に実感させ，またその習慣化のきっかけとなる教材です。

② 個別最適な学び・協働的な学びのために

　個別最適な学びとして，まずは個人で文章を見直し，修正する活動をします。この経験により書いた文章を見直すよさに気づくきっかけとなるようにします。その後，それぞれが直した文章を持ち寄り，ペアやグループなどで検討する協働的な学びへと展開します。ペアやグループで交流することによって，長音，拗音，促音，撥音などの表記，助詞の使い方，句読点の打ち方，かぎ（「　」）の使い方といった書き方のルールを再度学び直すことができるのです。

　この単元では，個人で文章を見直す時間を確保した上で，学習活動の中に協働的な学びの場面を取り入れています。そうすることで，文章を見直す技術力とその質を高めることを目指します。

知識及び技能	長音，拗音，促音，撥音などの表記，助詞の「は」「へ」「を」の使い方，句読点の打ち方，かぎ（「　」）の使い方を理解して，文や文章の中で使っている。
思考力，判断力，表現力等	「書くこと」において，文章を読み返す習慣をつけるとともに，間違いを正したり，語と語や文と文との続き方を確かめたりしている。
主体的に学習に取り組む態度	進んで文章を読み返し，学習課題に沿って間違いなどを正そうとしている。

◎　学習指導計画　　全 2 時間　◎

次	時	学習活動	指導上の留意点
1	1	・最近自分が書いた文章を読み返し，読み返して気づいたことを「見直しポイント」としてまとめる。 ・教科書 P120「はやしさんが，はじめに書いた手紙」を読んで，間違いや分かりにくいところを各自で探した後，全体で話し合う。 ・教科書 P121「はやしさんが書き直した手紙」を見て，直したところを確かめる。	・「はやしさんが，はじめに書いた手紙」のコピーを配布し，赤鉛筆で誤りの部分を訂正させる。このとき，「はやしさんが書き直した手紙」を見せないようにする。 ・見直すときには，まず，文章を音読させ，間違いがある文は読みにくいと気づかせる。
	2	・教科書 P121 下段の課題に各自で取り組んだ後，全体で話し合う。 ・学習を振り返り，書いたものを見直す習慣につなげる。	・課題の文章のコピーを配布し，赤鉛筆で修正を加えさせる。 ・教科書 P121「たいせつ」を使って，書いたものを見直すときに大事なことを確かめる。

本時の目標 進んで文章を読み返し，学習課題に沿って間違いなどを正そうとしている。

板書例

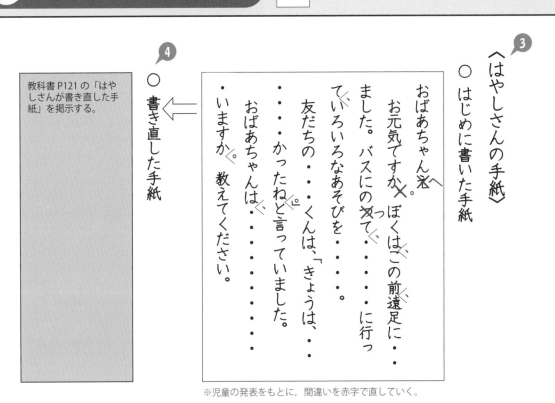

③
〈はやしさんの手紙〉
○ はじめに書いた手紙

おばあちゃんへ
お元気ですか。ぼくはこの前遠足に・・・
ました。バスにのって・・・・・・に行っ
ていろいろなあそびを・・・・・。
友だちの・・・くんは、「きょうは、・・・
・・・・かったねと言っていました。
おばあちゃんは・・・・・・・・・・・・・
・いますか。教えてください。

④
○ 書き直した手紙

教科書P121の「はやしさんが書き直した手紙」を掲示する。

※児童の発表をもとに，間違いを赤字で直していく。

> **POINT** 展開③の活動では，文章の誤りに気づく手立てとして音読を取り入れている。声に出して読むことが有効だからである。

1 これまでに書いた文章を読み返してみよう。

T　今日から学習するのは，文章を今より上手になるための学習です。文章を上手に書けるようになりたい人は手を挙げましょう。
C　はーい！（おそらく全員が手を挙げる）

T　夏休みに書いた読書感想文を読み直してみましょう。自分の文が正しく書けているか，じっくり読み直してみましょう。

あれ，丸がないぞ。

かぎかっこのところの書き方がおかしいかも…。

ここでは，「夏休みの読書感想文」の文章を使う設定だが，最近書かせた適度な量であれば，別の文章でもよい。教師が手持ちのものを各1枚コピーして，それぞれ書いた本人に渡して見直しさせる。

2 読み返して気づいたことを交流しよう。

T　隣の人にも自分の文章を見てもらいましょう。それから，自分でよく読み直してみるとどんな間違いに気づいたか，お話をしましょう。

くっつきの「は」が「わ」になっているところがあった。

わたしは，かぎがうまく使えていなかったよ。

T　自分の文章にどんな間違いがありましたか。書くときに間違いやすいことはどんなことでしたか。
C　文字が間違っていました。
C　点や丸をうまく使っていませんでした。
C　くっつきの「は・を・へ」を，「わ・お・え」にしてしまっていました。
C　かぎ（「　」）は行をかえなくてはいけないのに，文の中に続いて入っていました。

教科書P89を提示するなどして，出てこなかった部分も確認し，「見直しポイント」としてまとめる。

228

準備物	・教科書P120，121の2つの「はやしさんの手紙」拡大版（黒板掲示用） ・教科書P120「はやしさんが，はじめに書いた手紙」のコピー（児童数）
ICT	教科書P89のコラム「丸，点，かぎ」のページをテレビ画面で提示し，児童の学びの支援とする。

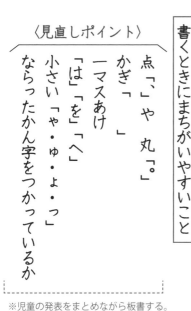

書いたら、見直そう

め　文しょうを見直して正しく直そう

◇① じぶんの文しょうを見直してみよう

②
教科書P89のコラム「丸，点，かぎ」を掲示する。

書くときにまちがいやすいこと

〈見直しポイント〉

点「、」や 丸「。」
かぎ「」
一マスあけ
「は」「を」「へ」
小さい「ゃ・ゅ・ょ・っ」
ならったかん字をつかっているか

※児童の発表をまとめながら板書する。

読みにくさが書き間違いであることが分かると，より意欲的に間違いを正すようになる。

---

3 「はやしさんが，はじめに書いた手紙」を音読して，見直しをしよう。

T　林（はやし）さんという人が，はじめに書いた手紙の文を配ります。

　教科書 P120 の「はやしさんが，はじめに書いた手紙」の部分だけコピーしたものを配る。

T　林さんの文章を音読してみましょう。
　各自で音読させる。

おばあちゃんえ
お元気ですか，ぼくはこの前遠足に行きました。…

C　先生，林さんの文章，読みにくいです！

T　読みにくい？それは，林さんの文章にどこかおかしなところがあるのですね。先ほどみんなでまとめた「見直しポイント」に気をつけながら，林さんの文章から間違いを見つけ，正しく直してみましょう。手紙の文に赤鉛筆で書き込みすればいいですよ。

　各自で書き込む時間を取った後，ペアで確かめ合わせる。

---

4 はやしさんのはじめの手紙でどこを直せばいいか話し合おう。

T　林（はやし）さんの文章でどこを直したらいいですか。直したところを発表しましょう。

「おばあちゃんえ」の「え」を「へ」に直します。

「お元気ですか」の後は，点じゃなくて丸をつけます。

　黒板に「はやしさんが，はじめに書いた手紙」を掲示し，児童の発表に合わせて，赤字で間違いを直していく。

T　みんなと同じように，林さんも書いたものを読み直し，文章を書き直したようです。林さんはどこを直したでしょうか。比べてみましょう。

　教科書 P121「書き直した手紙」を「はじめに書いた手紙」と並べて提示し，自分たちが直したものと見比べる。

C　かぎのところは，行をかえなくてはいけなかったのに，自分たちは直せていなかったよ。

T　見直すことはとても大切なことですね。

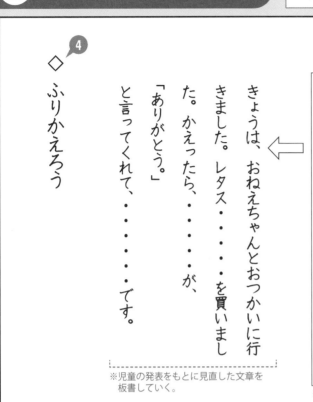

書いたら，見直そう
第 2 時（2/2）

本時の目標　文章に誤りがないか文章を読み返すとともに，間違いを正したり，語と語や文と文の続き方を確かめたりすることができる。

板書例

◇ 文しょうを直してみよう

※教科書 P121 下段の練習問題の文章を掲示する。

> きょうはおねえちゃんと・・・・・・・・・ました。レタス・・・・・を買いました。かえったら・・・・・が「ありがとう」。と言ってくれて・・・・・・です。

◇ 4 ふりかえろう

きょうは、おねえちゃんとおつかいに行きました。レタス・・・・・を買いました。かえったら、・・・・・・が、「ありがとう。」と言ってくれて、・・・・・・です。

※児童の発表をもとに見直した文章を板書していく。

POINT　見直しポイントを手がかりに，それぞれが文章を見直す時間を確保する。この時間を通して，文章を見直す大切さを児童

1 前時を振り返り，見直すときのポイントを確かめよう。

T　書いた文章を見直すときに，気をつけるポイントがありました。どんな見直しポイントがあったか，隣の人と確認しましょう。

> 点や丸の使い方だね。

> 「は・を・へ」の使い方やかぎの使い方も大事だよ。

T　見直しのときに大切なことを発表しましょう。
C　点や丸やかぎ（「　」）の使い方です。
C　「は・を・へ」の使い方です。
C　字の間違いに気をつけます。
C　習った漢字を使うようにすることです。
　　前時の学習を振り返り，ポイントを確かめ合う。

2 教科書の例文の文章を見直して正しく直そう。

T　今日も，文章を見直して，正しい文章に直すことがめあてです。今から 1 枚の紙を配ります。
　　教科書 P121 下段の文章のコピーを配布する。
T　それでは，前の時間と同じように，まずは音読してみましょう。
　　1 人ひとりそれぞれのスピードで音読する。
C　先生，おかしなところがいっぱいあります。読んでみると変な読み方になってしまいました。
T　この文章も書き間違いがいっぱいあるようですね。では，この文章をじっくり読み返して，間違っているところを直してみましょう。

> 「きょうは」の後には点を入れるとよさそう。

> 「買いました」の後は，点じゃなくて丸だな。

準備物
・教科書P121下段の練習問題の文章のコピー
　（児童数）
・教科書P121下段の練習問題の拡大版
　（黒板掲示用）

ICT
教科書P89のコラム「丸，点，かぎ」のページを
テレビ画面で提示し，児童の学びの支援とする。

書いたら、見直そう

め　文しょうを見直して
　　正しく直すれんしゅうをしよう

① 〈見直しポイント〉

・点「、」や　丸「。」
・かぎ「　」
・一マスあけ
・「は」「を」「へ」
・小さい「ゃ・ゅ・ょ・っ」
・ならったかん字を　つかっているか

※児童の発表を板書する。

教科書P89のコラム「丸，点，かぎ」を掲示する。

に感じ取らせたい。

3　どのように見直ししたのかを交流しよう。

T　まず，自分が直したところを隣の人と見せ合って，どのように直したらいいかを話し合いましょう。

この文は，点がうまく打てていないよね。

「きょうは」の後に点があるといいよね。

T　隣の人と話したことを発表しましょう。
C　「きょうは」の後に点を打ちます。
C　「かえったら」「おかあさんが」「言ってくれて」の後も点を打つと，文が分かりやすくなります。
C　「おねえちやん」になっているから，「おねえちゃん」にします。
C　「買いました」の後は「。」にします。
C　かぎの使い方が変です。

　　児童の発言をもとに正しい文章を板書し，全員で確かめ合う。

4　学習を振り返ろう。

T　教科書121ページの「たいせつ」を読みましょう。
　　2つの項目について学習してきたことを確認する。

T　学習の振り返りをしましょう。「やれたこと・やれなかったこと」「気づいたこと・考えたこと」「次，頑張りたいこと」の3つのポイントで，それぞれ振り返ったことをノートに書きましょう。

　　3つの観点で振り返らせる。時間に応じて，どれか1つに絞って振り返らせてもよい。

T　書いたことを隣の人と交流しましょう。

今までは書いたら見直しをしていなかったけど，これからは見直そうと思いました。

「は・を・へ」の使い方をよく間違えることに気づいたから，これからは気をつけます。

かん字の　ひろば　②

◎ 指導目標 ◎

・第 1 学年に配当されている漢字を書き，文や文章の中で使うことができる。

・語と語との続き方に注意することができる。

◎ 指導にあたって ◎

① 教材について

　「かん字のひろば」は，2 年ではこれで 2 回目となります。基本的な進め方は前回と同様にすれば，児童も見通しをもって取り組めるでしょう。

　「かん字のひろば」のねらいの中心は，前学年の既習漢字の定着です。ただ，それが単調な漢字練習にならないような工夫も必要です。「ひろば」の場面に応じて想像を広げ，話し合う活動をとり入れているのもその工夫の 1 つです。「かん字のひろば②」では，「一週間の出来事」を題材としています。まず，「曜日」を表す言葉と，絵の中の「虫とり」や「雨」などの「一週間の出来事」に関わる漢字の読み書きを確かなものにします。次に，それらの漢字を使った，日記に書くような文作りを通して，文の中で漢字を使いこなす学習活動に広げます。

② 個別最適な学び・協働的な学びのために

　「一週間の出来事」を振り返ると，児童によっては習い事や塾などさまざまな活動をしています。ここでは「ある一週間」という場面が提示されているので，児童も自分と引き比べながら文を作るでしょう。さらに，本教材を夏休み明けすぐに扱えば，夏休みの間の身近な出来事や自分自身の活動などを材料にしたりすることで，意欲的に取り組めるでしょう。

　また，「日記を書くように」という課題設定になっているため，それぞれの出来事の場面にあった，自分の気持ちを表す言葉を主体的に考えて書き表せるようになることも目指します。

◎ 評価規準 ◎

知識 及び 技能	第 1 学年に配当されている漢字を書き，文や文章の中で使っている。
思考力，判断力，表現力等	「書くこと」において，語と語との続き方に注意している。
主体的に学習に取り組む態度	進んで第 1 学年に配当されている漢字を使い，これまでの学習をいかして日記を書こうとしている。

◎ 学習指導計画　　全 2 時間 ◎

次	時	学習活動	指導上の留意点
1	1	・ゲームをすることで絵の中にある漢字の読みを確かめる。 ・「一週間の出来事」の絵を見て，それぞれの人物が何をしているか，出来事を話し合う。	・最後に書く時間を十分とって，漢字が正しく書けているかどうかを見て回る。 ・絵から想像したことも話し合わせ，次時の文作りの素地とする。
	2	・絵の中の言葉を組み合わせて，月曜日から日曜日までの出来事を，日記を書くように文にして書く。 ・書いた文を友達と読み合う。	・早くできた児童に発表させて見本とするなど，文作りの要領がどの児童にも理解できるよう配慮する。 ・同じ漢字を使っていても，異なる文ができることに気づかせる。

本時の目標　絵にかかれた一週間の出来事について話し合い，1年生で習った漢字を正しく読み書きすることができる。

板書例

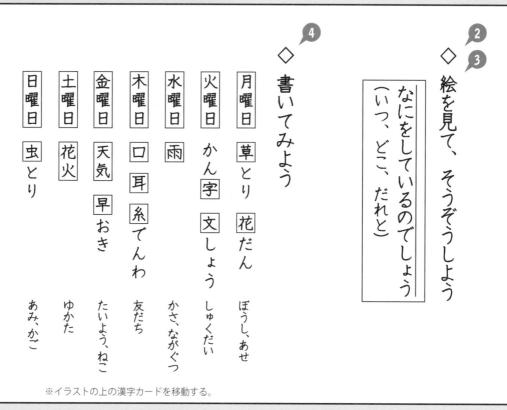

◇
4
書いてみよう

日曜日	虫 とり	あみ、かご
土曜日	花火	ゆかた
金曜日	天気　早 おき	たいよう、ねこ
木曜日	口耳　糸 でんわ	友だち
水曜日	雨	かさ、ながぐつ
火曜日	かん字　文 しょう	しゅくだい
月曜日	草 とり　花 だん	ぼうし、あせ

2
3
◇ 絵を見て、そうぞうしよう

なにをしているのでしょう
（いつ、どこ、だれと）

※イラストの上の漢字カードを移動する。

POINT　復習のための取り組みである。ゲーム形式を取り入れながらしっかりと読み書きをさせたい。

1 指さし早読みゲームで，漢字の読みの習熟を楽しく確かめよう。

T　教科書 122 ページ『漢字の広場』の 2 回目です。まずは読み方を覚えているか確かめましょう。

T　2 人組になって「指さし早読みゲーム 2」をします。指さした漢字を早く読めた人にポイントが入ります。

今度は 2 人で競争だ！
せーの！

かだん！
わたしのポイントね。

まず，ゲームで楽しく読み合い，読み方を確かめる。
① 2 人 1 組になる。
② お互いに「せーの」で，教科書の漢字を指さす。
③ 早く読めたら 1 ポイント獲得。
④ ポイントが多い人が勝ち。

クラスの実態によっては，教科書の漢字を「月曜日」から順に指で押さえさせながら声に出して読み上げ，クラス全体で丁寧に進めるのもよい。

2 教科書の絵を見て，気がついたことを話し合おう。

T　まず，最初の絵をよく見てみましょう。どんなことをしていますか。

花だんで
草とりを
しています。

月曜日の
ことです。

絵を見て気づいたことを発表させる。

T　他の絵はどうですか。
C　水曜日は，傘をさしています。
C　長靴も履いている。雨が降ったんだね。
C　かたつむりもいるよ。
C　日曜日の絵は，虫取り網と虫かごを持っています。
C　虫は，セミじゃないかな。

T　絵や漢字を見ると，一週間，何をしたのかよく分かりますね。

後でいろいろ想像をふくらませることができるように，ここで細かい点までおさえておくとよい。

| 準備物 | ・漢字カード QR
・教科書P122の挿絵（黒板掲示用）または、黒板掲示用イラスト QR |

ICT　第1学年までに配当されている漢字の熟語を1つずつフラッシュカードにして作成する。この時間だけなく、毎時間繰り返すことで、定着を図る。

め　一年生の　かん字を　ふくしゅうしよう

かん字の　ひろば　②

❶
◇　絵の中の　かん字を　読もう

一しゅうかん

月曜日　草とり　花だん　火曜日　水曜日　木曜日
金曜日　かん字　文しょう　雨　耳
天気　早おき　土曜日　花火　虫とり　口
日曜日　糸でんわ

〈ゆびさし早読みゲーム〉
① ペアになる
② 「せーの」て、かん字をゆびさす
③ 早く読めた人が、一ポイント
④ ポイントが多い人が　かち

※〈漢字カードの使い方〉まず、教科書の挿絵（または、QRコンテンツのイラスト）の上に漢字カードを貼り、読み方を確かめる。次に、カードを黒板の左に移し、板書として使う。

3　一週間の出来事の様子から想像したことを話し合おう。

T　絵を見ながら、想像したことを話し合いましょう。思いついたことは何でもいいですよ。

木曜日の絵は糸電話で遊んでいるね。

糸電話は図工の時間に作ったのかな。

聞いている女の子が楽しそうだから、よく聞こえているのだろうね。

本当に糸電話で声が聞こえるのかな。

T　どんなことが想像できましたか。
C　金曜日は早起きしてベランダに出ています。
C　朝早く6時くらいだと思いました。
C　早起きしてとても気持ちよさそうです。
　　その他の曜日の出来事も、話し合って想像したことを発表し合い、互いに確かめ合う。

T　みんなで想像したことを、たくさん発表できましたね。

4　教科書の漢字をノートに書こう。

T　次の時間に、この漢字を使って、文を書いてもらいます。漢字も正しく書けるように練習しておきましょう。

間違えないように書けるかな。

文も考えておこうかな。

「かん字のひろば」は2年生では5回出てくる。基本的な進め方を同じにすることで児童に見通しがつき、自主的な取り組みにつながる。今回は2回目なので、すでに文を考えている児童もいるかもしれない。おおいに認めて、他の児童にも広げていくようにしたい。

機間巡視などで、漢字を正しく書いているか必ずチェックする。漢字が苦手な児童は、教科書を見ても自分では間違いが分からない場合もある。必要であれば個別指導をする。

本時の目標　月曜日から金曜日までのイラストから想像し，提示された漢字を使って文を作ることができる。

板書例

◇ 絵を見て、文をつくろう

〈れい〉
・月曜日は、花だんの草とりをしました。
あつくて、とてもたいへんでした。

<つくり方>
一文目… かん字をつかう
　　　　見たこと、したこと
二文目… 思ったこと
　　　　（絵から そうぞうして）

☆ 日記を書くように

④
・火曜日は、家でかん字をつかって文しょうを作りました。
すこしむずかしかったです。

③
・水曜日は、雨がふっていたので、
かさをさしてかえりました。
あたらしいかさをさして、
うれしい気もちになりました。

※児童が作った文を板書する。
※児童が使用した漢字のカードを移動する。

POINT　自分では見つけにくい漢字の書き間違いや送り仮名の間違いを，グループで活動させることによって見つけ合わせる。

1 絵の中の漢字を使って，簡単な文を作るゲームをしよう。

T　教科書の漢字は，もう読めますか。みんなで確認しましょう。

　順に全員で読む，列指名で読ませる，などいろいろ変化をつけて，何度か読ませる。

T　曜日ごとの絵に書かれている漢字を使って簡単な文を作りましょう。例えば，月曜日の絵を指さしたとき，「花だんに行きました。」のような簡単な文が作れたら1ポイントです。

花だんは
広いです。

じゃあ，草とりが大変です。

　時間内で教科書にある言葉1つを使って簡単な文章を作るゲームをする。

　ここでは教師がまず例を挙げて，どのような言葉を考えればよいのか簡単に見本を示す。前時に絵から想像したことを思い出させ，文を考えさせる。

2 教科書の例文を読んで，文の作り方を確かめよう。

T　〈れい〉の最初の1文を読みましょう。

C　月曜日は，花だんの草とりをしました。

T　この文には，「月曜日」「花だん」「草とり」が使われていますね。まず，このように教科書の漢字を入れて，その曜日に見たことやしたことを書いた文を作ります。もう1つ文がありましたね。読みましょう。

C　あつくて，とてもたいへんでした。

T　草とりして思ったことです。2つ目の文は，絵から気持ちを想像して日記のように書きましょう。

T　では，別の曜日で考えられた人，言ってみてください。

火曜日は，家でかん字をつかって文しょうを作りました。すこしむずかしかったです。

T　よくできました。1文目でちゃんと曜日と他の漢字が使えています。2文目はそのときの気持ちを想像して言えました。みんなも分かったかな。

　全員が理解するまで何人かに発表させてもよい。

準備物	・漢字カード QR ・教科書P122の挿絵（黒板掲示用）または，黒板掲示用イラスト QR	ＩＣＴ	作成した文を，タブレットで撮影し，教師に送信する。全体で共有しながら，みんなで作成した文章を音読，確認していくと学力の定着にもなる。

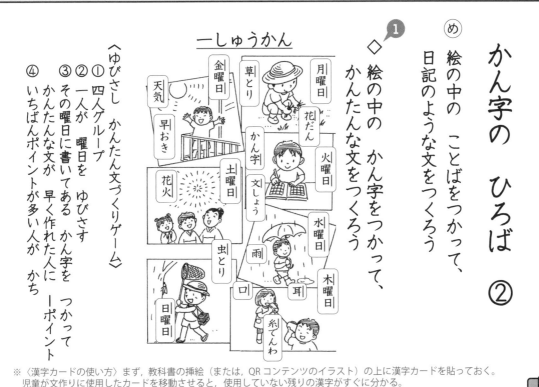

かん字の ひろば ②

め 絵の中の ことばをつかって、日記のような文をつくろう

◇ 絵の中の かん字をつかって、かんたんな文をつくろう

1

一しゅうかん

月曜日　花だん　火曜日　水曜日　木曜日　糸でんわ　耳　口　虫とり　雨　日曜日　花火　土曜日　文しょう　かん字　早おき　天気　金曜日　草とり

〈ゆびさし かんたん文づくりゲーム〉
① 四人グループ
② 一人が 曜日を ゆびさす
③ その曜日に書いてある かん字を つかって かんたんな文が 早く作れた人に 一ポイント
④ いちばんポイントが多い人が かち

※〈漢字カードの使い方〉まず，教科書の挿絵（または，QR コンテンツのイラスト）の上に漢字カードを貼っておく。児童が文作りに使用したカードを移動させると，使用していない残りの漢字がすぐに分かる。

---

3 絵の中の漢字を使って文を作り，ノートに書こう。

T　では日記のような文をノートに書いてみましょう。

全部の漢字が使えるかな。

木曜日は，糸電話で遊んでおもしろそう。「おもしろかったです。」と書こう。

T　使った漢字は，○で囲んでおきましょう。教科書の漢字が全部使えて1週間の日記のように書けたらすごいです。考えた文は，箇条書きでノートに書きましょう。

　文の始まりは中点（・）で書き始めさせ，箇条書きにさせる。ここがメインの活動となる。遅い児童もいるので15分は時間を取りたい。ただし，気持ちを書くことが難しい児童は，出来事についての文だけでもよいことにする。早い児童には2回目を考えさせたり，黒板に書かせたりして時間調整をする。

4 書いた文を発表したり，読み合ったりして，自分が作った文を比べよう。

T　できた文を読み合いましょう。聞いた人は拍手を忘れないようにしましょう。

言います。「土曜日はかぞくでおまつりにいって花火を見ました。とてもきれいでした。」

すごい！気持ちも書けているね。

「花火」と「見る」という漢字を使っているね。

1文目が同じ！2文目は「とても楽しかったです。」にしたよ。

　グループで発表し合った後，ノートを回して見せ合ったり，黒板を全面使って8人程度ずつ前に出て書かせたり，と様々な方法で発表させる。同じ漢字や場面の絵でも，人によって違う文を作っていることに気づかせたい。

T　では，火曜日のことでは，どんな文が作れましたか。発表しましょう。

　曜日ごとに読ませたり，書かせたりして確かめるのもよい。

どうぶつ園のじゅうい

読んで考えたことを　話そう

全授業時間 10 時間

◎ 指導目標 ◎

・文の中における主語と述語の関係に気づくことができる。

・文章の内容と自分の体験とを結び付けて，感想をもつことができる。

・共通，相違，事柄の順序など情報と情報との関係について理解することができる。

・時間的な順序を考えながら，内容の大体を捉えることができる。

◎ 指導にあたって ◎

①　教材について

　児童は動物園が大好きです。しかし，見えないところで動物園を支えている人たちがいることは，あまり知りません。そんな動物園の獣医という仕事の様子が，「獣医のある一日」をとり出す形で述べられています。書いているのも獣医本人です。臨場感があり，読み手にも分かりやすい書き方です。そして，獣医さんといっしょに一日を過ごすつもりで読んでいくと，動物の命と健康を守っている獣医さんの仕事ぶりと考え方が読み取れます。ですから，読むときには「いつ（時間）」を表す言葉に着目させます。

　また，説明文は読者の知らないことをとり上げて，気づかせようとするものです。児童にも「へえ，こんなことは初めて知った」ということが出てきているはずです。自分の体験や知識とも比べながら，心ひかれたところについて感じたこと，考えたことを文章に書いて話し合います。

　説明文の学習では，内容とともに説明の仕方も学ぶことができます。ここでも「事実と，そのわけ」という形で，仕事の意味が説明されています。これも，説明文ではよく使われる形のひとつですが，作文などにも使える書き方です。

②　個別最適な学び・協働的な学びのために

　説明文には「知らなかったことが分かる」というおもしろさがあります。いわば，世界が広がるという楽しさです。「へえ」「そうか」「なるほど」などと，児童もそれまでの知識や体験とも照らし合わせて読んでいるはずです。これは，心の中での主体的な読みであり，対話ともいえます。それを文章にして話し合うことで，そのような読みも確かなものとなり，深くなります。そして，仕事にはいろいろあっても「動物の命と健康を守る」という獣医の仕事の本質にも気づいてくるでしょう。

　なお，獣医の目を通して書かれているので，2年生には文章からだけでは分かりにくい箇所もあります。そこは説明で補いますが，これも読みを深める手立てのひとつです。

知識 及び 技能	・文の中における主語と述語の関係に気づいている。 ・共通，相違，事柄の順序など情報と情報との関係について理解している。
思考力，判断力，表現力等	・「読むこと」において，時間的な順序を考えながら，内容の大体を捉えている。 ・「読むこと」において，文章の内容と自分の体験とを結び付けて，感想をもっている。
主体的に学習に取り組む態度	進んで文章の内容と自分の体験とを結び付けて感想をもち，これまでの学習をいかして，文章を読んで考えたことを友達と話そうとしている。

◎ 学習指導計画　全10時間 ◎

次	時	学習活動	指導上の留意点
1	1	・題名から，動物園の獣医の仕事が書かれていることを予想し話し合う。全文を読み通す。 ・学習課題（単元のめあて）をとらえる。	・書いた人を筆者ということを教え，獣医が筆者であることにも気づかせる。 ・学習課題は「読んで考えたことを話そう」。
	2	・全文を読み，文のまとまり（段落）に番号をつける。また，初めの感想を書いて聞き合う。	・「いつ」を表す言葉に着目させ，時間の順に書かれていることに気づかせる。
2	3	・第2段落を読み，獣医さんは，朝に見回りをしていることと，そのわけを読み取る。	○各段落を読んでいく上で，次のようなことに配慮する。 ・「いつ」（時間）を表している言葉に着目し，仕事の場面（段落）ごとに，「いつ」「したこと」を表にまとめていく。 ・仕事の内容に応じて，そうするわけをていねいに読み取らせる。 ・動物を診たり治療したりする上での，工夫や苦労も読み取らせる。 ・獣医の仕事には，「動物が元気でくらせるように」する保健的な毎日する仕事と，その日だけの「診察」や「治療」の2つがあることに気づかせる。
	4	・第3段落を読み，いのししを診察する獣医さんの仕事の様子を読み取る。	
	5	・第4段落を読み，にほんざるに薬を飲ませる獣医さんの仕事の様子と，工夫を読み取る。	
	6	・第5，6段落を読み，獣医さんがワラビーやペンギンを治療した様子や気持ちを読み取る。	
	7	・第7，8段落を読み，獣医さんの毎日の仕事としての日記，入浴と，そのわけを読み取る。	
	8	・獣医さんの仕事を，「毎日すること」と「この日だけしたこと」の2つに分ける。	
3	9	・獣医の仕事を知って，驚いたことや考えたことなど，自分の体験ともつないで文章に書く。	・第9段落から獣医の気持ちも考えさせる。 ・教科書の文例も参考に書き方も教える。
	10	・書いた文章を読み，感想を話し合う。 ・学習を振り返り，まとめをする。	・体験や知識とつないでいる部分を評価する。 ・関連する読み物も紹介し，読書につなぐ。

本時の目標 『どうぶつ園のじゅうい』は，動物園で働く獣医本人が書いた文章であることが分かり，全文を読み通すことができる。

板書例

〈めあて〉

読んで考えたことを話そう

〈このあとに書いてあること〉を

書いてみましょう

ある日の わたしの しごとのことを

（じゅうい）

④

① どうぶつ（たち）が 元気にくらせるように すること

② どうぶつ（たち）の びょうきやけがのちりょうを すること

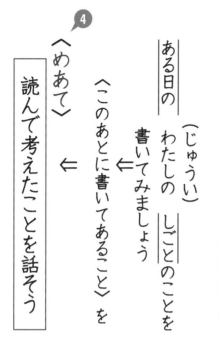

※教科書 P125 の動物園の挿絵を掲示する。

POINT 児童にとって，動物園の獣医はあまりなじみがない。まず，本文のはじめの 5 行を読み，その仕事に興味関心をもたせる。

1 新しいお話の題名を読み，動物園について話し合おう。

T 今日から，新しいお話を勉強します。まず，題名を読んでみましょう。

C （全員で）『どうぶつ園のじゅうい』

T 「どうぶつ園」は何か分かりますよね。では，「じゅうい」って何でしょうか。

はい，動物のお医者さんです。

動物の病気やけがを治す人です。

T 動物園の動物も，病気になったりケガをしたりします。そんなとき手当てをするのが獣医さんです。

T 動物園で獣医さんを見た人はいますか。

C 動物園に獣医さんがいるなんて知らなかった…。

「じゅうい（獣医）」という言葉の意味も教える。また，動物園へ行った経験など，話し合ってもよい。

2 動物園の獣医が，書いた人（筆者）であることを確かめよう。

T 『どうぶつ園のじゅうい』とは，どんなお話なのか，教科書 123 ページの見出しの 3 行に書いてあります。読んでみましょう。（斉読）

C 動物園の獣医さんの仕事のことが書いてあるんだ。

T 124 ページの最初の 5 行を読みましょう。（斉読）

T この文章の「わたし」とは，だれのことでしょう。

「うえだみや」さんです。　この文章を書いた人です。

T 書いた人の仕事は，何だと書いてありますか。

C 「動物園で働いている獣医」と書いてあります。

T そうです。この文章は，動物園の獣医さん（うえだみやさん）自身が，自分はどんな仕事をしているのかを説明するために書いたものなのです。

説明文では，書いた人は「筆者」ということ，ここでは，筆者＝獣医さんであることをまずつかませる。

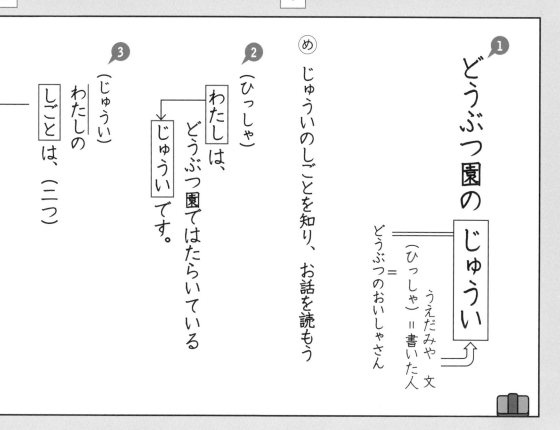

準備物
・教科書P125の挿絵（黒板掲示用）
・（あれば）動物園の写真など
　　（導入で用いるとよい）

ICT
動物園や獣医さんの写真やイラストをネットなど
で検索して用意しておく。獣医と動物園の獣医は
違うことをおさえる。

黒板

①
どうぶつ園の　じゅうい
（ひっしゃ）＝書いた人
うえだみや　文
＝どうぶつのおいしゃさん

め
じゅういのしごとを知り、お話を読もう

②
（ひっしゃ）
わたしは、どうぶつ園ではたらいている
じゅうい　です。

③
（じゅうい）
わたしのしごとは、（二つ）

3　獣医の仕事とは何かを読み、書いてあることを予想しよう。

T　獣医とは，「わたし」のことだと分かりましたね。
T　初めの5行（1段落）には，獣医さんの仕事とは，何をすることだと書いてありますか。線を引き，発表しましょう。

 動物たちが元気にくらせるようにすることです。

 動物が病気やけがをしたとき，治療をすることです。

T　動物も病気になるのですね。4行目に「ある日のわたしのしごとのことを書いてみましょう。」とあります。すると，このあと何が書いてあると思いますか。
C　動物はどんな病気やけがをするのか。
C　治療ってどんなことをするのか，が書いてある。
C　「ある日」に，どんな仕事があったのかが書いてあると思います。
　　続きを予想させ，新出漢字が読めるように教える。

4　範読を聞き，全文を読み通そう。

T　この動物園には，どんな動物がいるのでしょう。
　　教科書P125の挿絵を見ながら簡単に話し合う。
T　では，初めに全部の文章を先生が読みます。どんな動物が出てくるのでしょう。はい，聞く姿勢です。

どんな病気になるのかな？
ゾウかな，ライオンかな。

T　今度はみんなで読んでみましょう。読む姿勢です。
　　音読後，簡単に感想を話し合ってもよい。
T　お話がよかった人は，手を挙げて。（多数挙手）
T　どこがよかったのか，読んで考えたことや思ったことを，これから話し合っていきましょう。
　　「読んで考えたことを話そう」という単元のめあて（学習課題）を伝える。

本時の目標　全文を読み，初めて知ったことや思ったことなど，初めの感想を書くことができる。

板書例

④（お昼前に）　にほんざる

⑤（お昼すぎには）　ワラビー

⑥（夕方）　ペンギン

⑦（一日のしごとのおわりには）

⑧（どうぶつ園を出る前には）

⑨これで、

※教科書 P125 の動物園の挿絵を掲示する。

③
④
〈読んで思ったこと〉

わかった
おどろいた
よかった

「わたしがはじめて知ったことは、・・・です。
それは、・・・・・・。」

POINT　まず第１段落を読み，この説明文では，獣医の仕事が時間の順序に沿って書かれていることに気づかせておく。

1 範読を聞き，文章のまとまり（段落）に番号をつけよう。

文のまとまりを示す段落について復習する。

T　初めの５行を読みます。「わたしは，どうぶつ園…書いてみましょう。」まで，ここが１段落目です。

T　４行目の，「ある日のわたしのしごとのことを…」の文に線を引きましょう（引かせる）。この「ある日のわたしのしごと」のことは，どこに書いてあるのですか。

C　そのあとの文です。「朝，わたしのしごとは，…」から，仕事のことが書いてあります。

T　そうです。獣医さんの仕事のことが，２段落目の「朝，わたしのしごとは…」から後に書いてあるのです。どんな仕事をするのでしょう。先生が読みます。段落に番号をつけながら読んでいきましょう。

段落ごとに立ち止まり，番号をつけさせる。また，「朝」などの時間を表す言葉は強調して読み，意識させる。

2 前文を音読し，時間の順序に沿って読んでいくことを話し合おう。

T　今度は，段落の順にみんなで読んでみましょう。
斉読，また，段落ごとの交代読みなどですすめる。

T　どんな動物が出てきましたか。順に言うと？

C　いのしし，にほんざる，ワラビー，ペンギン。

T　獣医さんの仕事は，分かったでしょうか。

C　見て回ることとか，動物の治療もしています。

T　獣医さんのしたこと（仕事）はどんな順番で書かれていましたか。

「ある日」の１日の始まりから，時間の順です。

「朝」から始まって，「お昼前」，「…出る前」と，１日が過ぎていく順番です。

T　『たんぽぽのちえ』でも，花から綿毛ができていく様子が時間の順番に書かれていましたね。
ここでも１日の時間の順序に沿って書かれていることを話し合う。

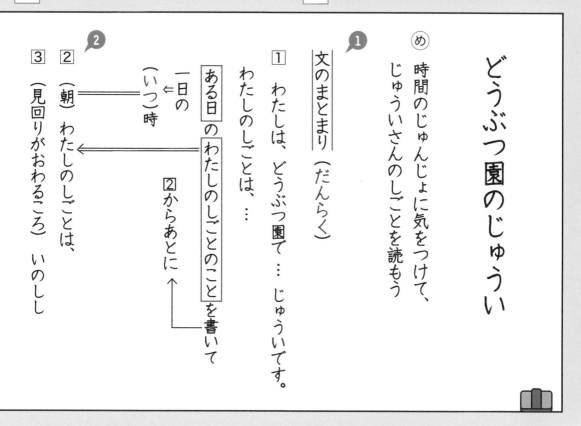

どうぶつ園のじゅうい

め　時間のじゅんじょに気をつけて、じゅういさんのしごとを読もう

① 文のまとまり　（だんらく）

1 わたしは、どうぶつ園で … じゅういです。

わたしのしごとは、…

② あ る 日 の わたしのしごとのこと を書いて

1 一日の（いつ）時

2 （朝）わたしのしごとは、

3 （見回りがおわるころ）いのしし

3 初めの感想を書こう。

T　獣医さんの1日の仕事を読んで，初めて知ったことはありましたか。

C　1日にたくさんの仕事があるので，驚きました。

T　<u>獣医さんはこんなことをするのか，また，大変だなあと思ったことやよかったなと思ったことなどを書いてみましょう。</u>

病気を治すだけかと思っていたけど…獣医さんは，見回りもしているなんて知らなかったな。

　初めの感想なので，書き方は自由でもよいが，「わたしがはじめて知ったことは…です。それは…」や「わたしが（驚いたこと）は…です。それは…」などのような形を教えてもよい。書きにくい児童には書き方の参考になる。

　書いたものを見て回り，助言したりほめたりする。発表させる（指名する）児童も考えておく。

4 感想を発表し，聞き合おう。まとめの音読をしよう。

T　書いた感想を発表しましょう。(挙手・指名)

ぼくが感心したのは，にほんざるに薬を飲ませるところです。それは，薬がきらいなさるに，いろいろ工夫して最後には薬を飲ませることに成功したからです。

T　ほかにも，にほんざるのことを書いた人は？
　同じ場面の感想を，続けて発表させるのもよい。

T　また，ここがよかった，驚いた，初めて知った，分からなかったという感想はありましたか。

C　驚いたのはペンギンがボールペンを飲み込んだところです。どうしてボールペンがあったのかな。

C　獣医さんが見回りをするわけが分かりました。
　発表を通して，児童の考えや疑問の傾向をつかむ。

T　終わりに，獣医さんの仕事を確かめながら音読しましょう。
　1文交代（リレー）読み，斉読など，多様な形式で読む。

本時の目標　第2段落を読み，獣医さんは朝見回りをすることと，そのわけを読み取り，仕事とそのわけで説明されていることに気づく。

板書例

◇ しごとのようすを知って
思ったことを書こう

② 朝（毎朝）
いつ	どうぶつの名前
	ひっしゃのしごと
	どうぶつ園を見て回る

④ 朝の見回りは〈毎日〉〈この日だけ〉
元気にくらせる
ようにするしごと

② 顔を見せてなれてもらう
あんしんしてかくさず
声も「おはよう」

わけ「また、…というりゆうもあります。」

※教科書 P125 の動物園の挿絵を掲示する。

POINT　仕事とその理由を分けて読み取らせる。また，「なぜかというと…」などのわけの書き方にも着目させる。

---

1 第 1 段落を音読して獣医の仕事を確かめよう。

T　①の段落を音読しましょう。（斉読など）

T　①の段落に書いてあった獣医さんの仕事は，いくつありましたか。

 2 つあると思いました。

 「動物たちが元気にくらせるようにすること」です。

 「病気やけがをしたときには,治療をすること」です。

教科書 P124 の第 1 段落の「わたしのしごとは…」の文から，健康観察と治療の 2 つがあることに気づかせる。「治療」の意味も，保健室での経験などを出し合い，分からせる。

T　分からないことは，なかったでしょうか。

C　「元気にくらせるようにする」って何をするのか。

C　どんな「治療」をするのかな。

T　では，続きを読んでみましょう。②の段落を先生と一緒に読んでいきましょう。

2 第 2 段落を読み，朝，獣医さんがすることを確かめよう。

T　②段落のはじめの 2 行（1 文）を読みましょう。

C　「朝，わたしのしごとは，…」（斉読）

T　獣医さんは，「ある日」のしごとについて，「いつ」「何を」すると書いてありましたか。

C　「いつ」とは「朝」です。朝にすることです。

C　することは，動物園の中を見回ることです。

T　これは，獣医さんがすることですね。することが，1 つ分かりました。次の文を読みましょう。

C　「なぜかというと，元気なときの…」（斉読）

T　この文は，何を書いていますか。することですか。

 どうして見回るのか，そのわけだと思います。

 はじめに「なぜかというと」と書いてあるから，見回るわけです。

「…からです」も，わけ（理由）を述べるときに使う言葉だと話し合い，傍線を引かせておく。

準備物
・教科書P125の挿絵（黒板掲示用）
・ワークシート「筆者の仕事まとめ」QR（児童数）

ICT
教科書の本文を，タブレットを使って，全体や児童個人に共有しながら説明をする。その際，教師が「なぜかというと」などのキーワードに線を引いて目立たせる。

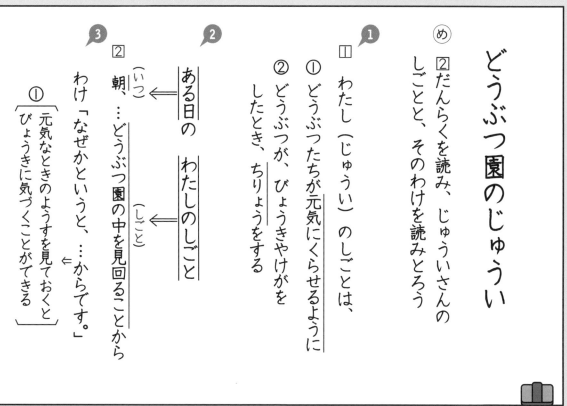

どうぶつ園のじゅうい

め ②だんらくを読み、じゅういさんの しごとと、そのわけを読みとろう

❶
① わたし（じゅうい）のしごとは、
① どうぶつたちが元気にくらせるように
② どうぶつが、びょうきやけがを したとき、ちりょうをする

❷
② ある日の わたしのしごと
朝、…どうぶつ園の中を見回る ことから
（いつ）　（しごと）

❸
わけ「なぜかというと、…からです。」
① 元気なときのようすを見ておくと びょうきに気づくことができる

3　朝，見回るわけを読み取ろう。

T　では，見回るわけは，どんなことでしょうか。
C　元気なときの動物の様子を見ておくためです。
C　見回ると，病気に気づくことができるからです。
T　そうです。そして，「また」と書かれていて，もう１つわけがあります。先生が読みます。わけが書かれているところに線を引きましょう。（範読）
　　「…大切なりゆうもあります。」と強調して読み，傍線も引かせる。
T　では，もう１つの見回るわけは，何ですか。

顔を見せて，慣れてもらうためです。

声も覚えてもらうようにします。

T　どうして慣れてもらうようにするのでしょうか。
　　該当部分「どうぶつたちは，よく知らない人には…かくします」「安心して見せてくれるように…」を確かめる。この理由は難しいので，説明で補うとよい。

4　朝にする仕事とそのわけを表にまとめよう。

T　この朝の見回りは，この日だけのことですか。また，獣医さんのどんな仕事だといえるでしょうか。
C　次の日も，毎日することです。「どうぶつたちが元気にくらせるようにする」仕事だと思います。
T　見回るわけも２つ分かりました。②の段落を読んで分かった獣医さんの仕事を表にまとめましょう。

いつ，どうぶつの名前，筆者の仕事を書くんだね。

教科書 P132 下のような表をノートに書かせるか，ワークシート QR を配布して書かせる。はじめなので，板書を写させてもよい。

T　この朝の見回りを知って，「へえ，そうか」などと，思ったことを書いてみましょう。
　　書いたら発表させ，全体で交流する。

どうぶつ園のじゅうい

第 4 時 （4/10）

本時の目標：第3段落を読み，いのししを診る（診察する）獣医さんの仕事の様子と工夫を読み取ることができる。

板書例

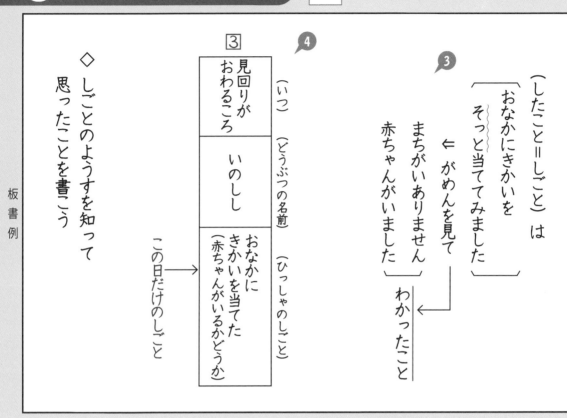

③

（したこと＝しごと）は
おなかにきかいを
そっと当ててみました
←がめんを見て
まちがいありません
赤ちゃんがいました
→わかったこと

④

③

（いつ）	（どうぶつの名前）	（ひっしゃのしごと）
見回りがおわるころ	いのしし	おなかにきかいを当てた（赤ちゃんがいるかどうか）

この日だけのしごと

◇しごとのようすを知って思ったことを書こう

POINT　診察の方法や機械のことなど，児童には分かりにくいところもあるので，説明で補うようにする。

1 第 3 段落を読み，いつ，何があったのかを話し合おう。

T　獣医さんは，朝の見回りの他にどんな仕事をするのか，③の段落を読んでみましょう。どんな動物が出てくるのでしょうか。

C　いのししが出てくるよ。病気かな。

第 3 段落をまず児童が斉読。その後，教師が範読する。

T　いつ，何があったと書いてありましたか。

「見回りが終わるころ」です。まだ，朝だと思います。

飼育員さんに呼ばれました。

ここでも，「いつ」を表す「見回りが終わるころ」という言葉をみんなで確かめ合う。

T　飼育員さんに呼ばれたのは，どうしてですか。

C　いのししのおなかに赤ちゃんがいるか，診てほしいので呼ばれました。

飼育員と獣医との仕事の違いは説明する。（板書参照）

2 獣医さんのしたことを読んで確かめよう。

T　読んで，何か分からないことはありましたか。

C　おなかの中をさぐるってどうするのですか。

C　機械って，どんな機械ですか。

「さぐる」の意味を話し合い，説明をする。この場合の「さぐる」は，診察するということでもある。

T　そして，獣医さんは何をしましたか。したことに線を引きましょう。

いのししのおなかに，そっと機械を当てました。

T　機械を当てたのは，何のためですか。

C　おなかの中の様子をさぐるためです。

T　赤ちゃんはいたのでしょうか。

C　はい，いました。

準備物
・教科書P126下のいのししのイラスト，または黒板掲示用イラスト
・「筆者の仕事」をまとめた表（第3時で使用したもの）

ICT　診察の方法や機械などの写真やイラストを，ネットなどで検索しておき，教師用タブレットに保存しておく。必要に応じて使用する。

どうぶつ園のじゅうい

め　③だんらくを読み、じゅういさんのしごとのようすを読みとろう

 ①
③
見回りがおわるころ
（いつ）…時間のじゅんじょ

（何が）　しいくいんさんによばれた　＝　どうぶつのせわをする人（えさ・そうじ）

「いのししのおなかに
赤ちゃんがいるか、
みてほしい」
（しんさつ）

②
こわがら
ないように
きかいをつかう

おなかの中の
ようすをさぐるには
＝
えさを食べさせて
いる間に

※教科書P126下のいのししのイラスト，またはQRコンテンツのイラストを掲示する。

3　文から，獣医さんのしたことや工夫を話し合って読み取ろう。

T　おなかに赤ちゃんがいたことは，どの文から分かったのですか。
C　「まちがいありません。赤ちゃんがいました。」と書いてあるので，いたことが分かります。

「機械を当てるとどうして分かるのか」などの疑問には，「機械」の説明をしてエコーの画像を見て判断したことを説明する。

T　機械でおなかを診るのに工夫しているのは，どんなところですか。

いのししが怖がらないように，飼育員さんが餌を食べさせて，そのすきに機械を当てました。

獣医さんは，機械を「そっと」当てています。驚かさないようにしていて，やさしいです。

4　「いつ」と「したこと」で，獣医さんの仕事をまとめよう。

T　前（第2段落）のように，時間（いつ）を表す言葉がありました。どんな言葉でしたか。
C　「見回りがおわるころ」でした。
T　獣医さんが「したこと」は，何でしたか。
C　いのししのおなかに機械を当てました。
C　おなかに赤ちゃんがいるか，調べました。
T　おなかの中を調べるために，機械を当てたのですね。では，③段落での仕事を表にまとめましょう。

「いつ」は見回りが終わるころ。「どうぶつの名前」はいのしし。…

T　機械を使って，いのししの診察をしたのですね。この仕事は，見回りのように毎日することですか。
C　いいえ，この日だけの仕事だと思います。
T　では，もう一度音読して感想を書きましょう。

仕事ぶりや工夫など，思ったことを書き発表し合う。

板書例

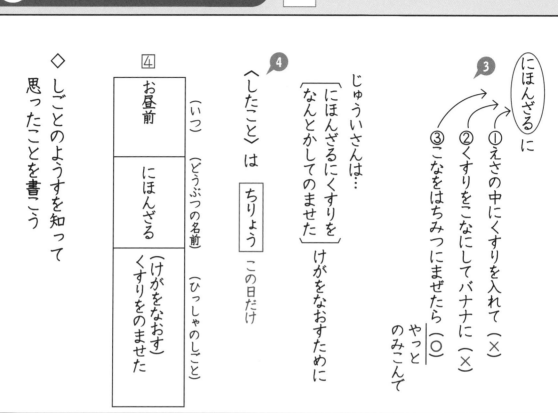

◇ しごとのようすを知って
　思ったことを書こう

④
（いつ）	（どうぶつの名前）	（ひっしゃのしごと）
お昼前	にほんざる	（けがをなおす） くすりをのませた

④ 〈したこと〉は　ちりょう　この日だけ

じゅういさんは…
「にほんざるにくすりを
なんとかしてのませた」

「にほんざるにくすりを
なんとかしてのませた」
けがをなおすために

③
にほんざるに
① えさの中にくすりを入れて（×）
② くすりをこなにしてバナナに（×）
③ こなをはちみつにまぜたら（○）
　　やっと
　　のみこんで

POINT　獣医さんのとった3つの手立てを，ていねいに文から読み取り話し合う。そこから人間相手の治療とは異なる大変さに

---

1 第4段落を読み，いつ，どこで，どんなことがあったのかを話し合おう。

T　④の段落を読みましょう。どんな動物が出てくるのでしょうか。
C　にほんざるです。山でも見たことがあります。
T　では，まずみんなで音読しましょう。（斉読）
T　「いつ」のことが書いてあったのでしょうか。また，場所はどこでのことですか。

「お昼前に」と書いてあるから「お昼前」です。

場所は「動物園の中にある病院」です。

T　そこにいたのは，だれでしたか。
C　けがをした，にほんざるでした。
C　飼育員さんもいました。
T　どんなことがあったのですか。
C　にほんざるが薬を飲みません，と困っていました。

2 獣医さんがにほんざるにしたことを読んで，話し合おう。

T　この飲ませる薬は，何のための薬ですか。
C　きっと，けがを治すための薬だと思います。
T　にほんざるが，薬を飲まないのはどうしてですか。
C　「にほんざるは，にがい味が大嫌い」だからです。
C　きっと，この薬もにがいのだと思います。
T　それで，獣医さんがしたことは，どんなことでしょうか。したことが書いてあるところに，線を引きましょう。1つ目にしたことは，何でしたか。
C　えさの中に薬を入れて飲ませようとしました。
T　そのやり方（作戦）は，うまくいきましたか。

失敗です，だめでした。飲みませんでした。

にほんざるが薬が入っているのに気づいたからです。

さるは，薬を見分けるんだなあ。賢いね。

準備物	・教科書P127下のにほんざるのイラスト，または黒板掲示用イラスト ・「筆者の仕事」をまとめた表（第3，4時で使用したもの）	ICT	にほんざるのいろいろな行動の様子の写真を用意しておき，必要に応じて，全体提示したり，児童に共有したりする。

板書（縦書き）

どうぶつ園のじゅうい

め　４だんらくを読み、じゅういさんのしごとのようすやくふうを読みとろう

❶　④
（いつ）　　　　　（どこ）
お昼前に、……びょういんに

しいくいんさん
「にほんざるが　くすりをのまない」

にんざるが ──── くすりをのまない

❷

※1

けがをなおすくすり
にがいあじ　＝　大きらい

※1. 教科書 P127 下のにほんざるのイラスト，または QR コンテンツのイラストを掲示する。

気づかせる。

3　薬を飲ませるために，獣医さんがしたことと，その結果を話し合おう。

T　次に，獣医さんがしたことは，どんなことでしたか。また，それはうまくいきましたか。
C　薬を粉にしました。気づかれにくくしたのかな。
C　それをバナナにはさんで渡しました。
C　でも，にほんざるは薬だけよけて食べました。
T　では，その次に獣医さんがしたことは？
C　薬を蜂蜜に混ぜてあげました。
C　にほんざるは，薬と一緒に飲み込んでくれました。
C　やっと飲ませることができて（飲んでくれて）よかったです。たいへんだなと思いました。

T　獣医さんは，何のために，こんなことをしたのでしょうか。何をしたかったのでしょうか。

なんとかして，薬を飲ませたかった。

にほんざるのけがを治してやりたかったからです。

T　④の段落の場面を，振り返って読みましょう。

4　表にまとめ，思ったことを書いて交流しよう。

T　では，「いつ」と獣医さんが「したこと」を，表に書いてまとめましょう。
　　難しければ話し合いながら教師が板書し，写させる。
T　ここで，にほんざるにしたことは，何でしょうか。
C　薬を飲ませたことは，けがの治療だと思います。
T　獣医さんがしたような動物の治療は，いつもしている仕事でしょうか。それとも，この日だけの仕事なのでしょうか。

いつもではないと思います。動物がけがをしたときだけです。

動物が元気なときはしないけれど，病気のときにします。

T　ここを読んで，初めて知ったことや，思ったことを書きましょう。（書いた後，発表させ，交流する）
C　いろんなやり方をしなければならないので，動物に薬を飲ませるのは難しいな，と思いました。

T　振り返り，④の段落をみんなで音読しましょう。

本時の目標 第5，6段落を読み，獣医さんが，ワラビーやペンギンの治療をする様子と，そのときの工夫や苦労を読み取ることができる。

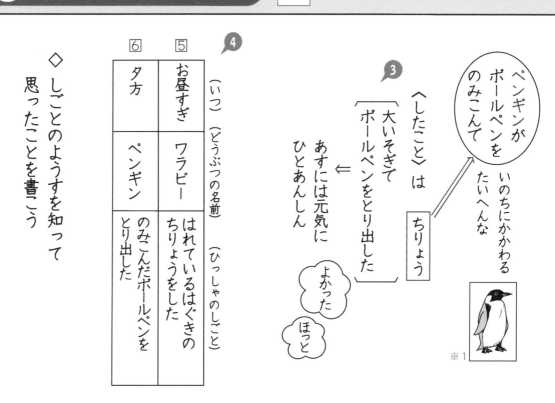

板書例

④
⑤	⑥
（いつ）お昼すぎ	夕方
（どうぶつの名前）ワラビー	ペンギン
（ひっしゃのしごと）はれているはぐきのちりょうをした	のみこんだボールペンをとり出した

③
ペンギンが
ボールペンを
のみこんで

いのちにかかわる
たいへんな

〈したこと〉は

ちりょう

大いそぎで
ボールペンをとり出した ⇐

あすには元気に
ひとあんしん

よかった
ほっと

※1

◇ しごとのようすを知って
思ったことを書こう

POINT 動物の命を預かる獣医さんの気持ちも，文から想像させる。獣医さんのしたことは，音読でも確かめ合う。

1 第5，6段落を音読し，「いつ」とワラビーの治療の様子を読み取ろう。

T 今日は，⑤と⑥の段落を読み，獣医さんがした仕事を読んでいきましょう。

　指名読みの後，斉読。出てきた動物を確かめる。

T ⑤の段落では，「いつ」「どこで」「どんなこと」があったのでしょうか。ワラビーに何があったのですか。

「お昼過ぎ」のことです。

場所は「ワラビーの家」です。

ワラビーの歯ぐきがはれていました。

T ワラビーの家で，獣医さんがしたことは何でしたか。書いてあるところに線を引きましょう。

　「治療」の具体的な様子は書かれていないが，病気の様子と，3人もの飼育員さんに押さえてもらって治療したことを，音読も交えて話し合う。治療の大変さにも気づかせ，その感想を出し合う。

2 第6段落から，「いつ」「どんなこと」が起こったのかを読み取ろう。

T では，⑥の段落を読みましょう。ここでは，獣医さんはどんなことをするのでしょう。(斉読)

T 「いつ」「どこ」でのことですか。動物に何があったのですか。

「夕方」です。

ペンギンの家だと思います。

ペンギンがボールペンを飲み込みました。

T このとき，獣医さんはどこにいたのでしょうか。

C 動物園の病院に戻っていたと思います。

T そして，ペンギンのところへ行ったのですね。

　教科書P125の挿絵で，建物とペンギンの園舎を押さえさせ，位置関係と道筋を板書の図でも示すとよい。

T 獣医さんが行って，したことに線を引きましょう。

C 大急ぎで病院に運びました。

C ボールペンをとり出しました。

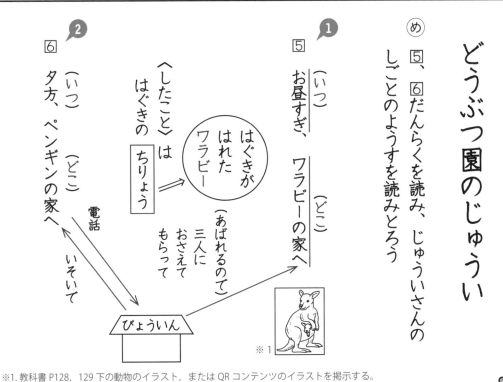

準備物
・教科書P128, 129下の動物のイラスト, または黒板掲示用イラスト [QR]
・「筆者の仕事」をまとめた表（第3〜5時で使用したもの）

ICT
ワラビーやペンギンのいろいろな行動の様子の写真を用意しておき, 必要に応じて, 全体提示したり, 児童に共有したりする。

め ⑤、⑥だんらくを読み、じゅういさんのしごとのようすを読みとろう

どうぶつ園のじゅうい

① ⑤（いつ）お昼すぎ、（どこ）ワラビーの家へ

※1

② ⑥（いつ）夕方、（どこ）ペンギンの家へ

いそいで
電話

びょういん

〈したこと〉は
はぐきの ［ちりょう］

はぐきがはれたワラビー

（あばれるので）三人におさえてもらって

※1. 教科書 P128, 129 下の動物のイラスト, または QR コンテンツのイラストを掲示する。

---

3 獣医さんのしたことと, 気持ちの表れを読み取ろう。

T 大急ぎで病院に運んだのは, なぜですか。
C ボールペンをとり出すためです。
T とり出さないとペンギンはどうなるのですか。
C 「命に関わる, たいへんなこと」だから, 死んでしまうかもしれません。
T ペンギンは, どうなりましたか。
C 「あすには元気になるでしょう」とあります。
T このときの獣医さんの気持ちが出ている文はありますか。そこを読んでみましょう。

「命に関わるたいへんなことです」「大急ぎ」から, 慌てているみたいです。大変だ, という気持ちです。

「一安心」から, ほっとした気持ちが分かります。

C でも, どうしてボールペンなんてあったのかなあ。
C 見に来た人が投げ入れたのかなあ。こわいなあ。
　このような「事故」について, 話し合うのもよい。

---

4 獣医さんのしたことをまとめ, 仕事について思ったことを書こう。

T ペンギンは元気になりそうです。獣医さんのしたことは, まとめていうと, 「何を」した, といえるでしょうか。ワラビーにしたことも何だったのでしょうか。

「ちりょう」だと思います。

ワラビーの歯ぐきも, 「ちりょう」しました。

第 1 段落にあった「治療」だということを話し合う。

T では, ワラビーとペンギンを治療したことを, 表に書き入れてまとめましょう。（見て回る）

T 今日勉強した場面で, 獣医さんをみてどう思ったのか, 書きましょう。書けた人は発表しましょう。
C こんなことがあるなんて驚きました。獣医さんも, ペンギンからボールペンをとり出せてやっと安心したのだと思います。

<table>
<tr><td>本時の目標</td><td>第7，8段落を読み，獣医さんは，毎日の仕事として，日記（記録）を書き，お風呂に入ることとそのわけを読み取ることができる。</td></tr>
</table>

板書例

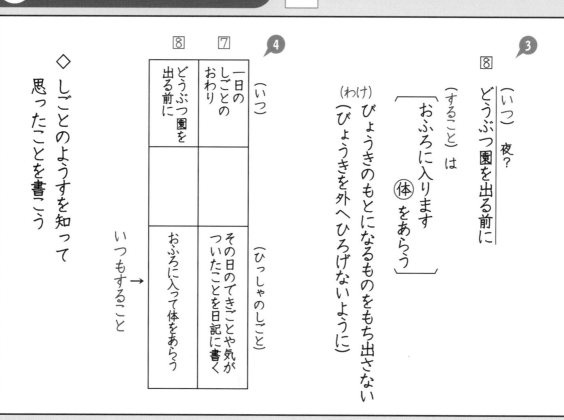

③
⑧
（いつ）夜？
どうぶつ園を出る前に
（すること）は「おふろに入ります 体をあらう」
（わけ）びょうきのもとになるものをもち出さない
びょうきを外へひろげないように

④
⑧ ⑦
（いつ）
一日のしごとのおわり
どうぶつ園を出る前に
→ いつもすること
（ひっしゃのしごと）
その日のできごとや気がついたことを日記に書く
おふろに入って体をあらう

◇ しごとのようすを知って思ったことを書こう

POINT ここでの「日記」は児童が書く日記とは違って記録のようなものだと気づかせる。「よりよい治療ができる」理由も説明や

1 第 7 段落を読み，1 日の終わりに日記をつけていることを読み取ろう。

T ⑦の段落の初めに，「1 日の仕事の終わりには」とあります。最後に何をするのかを読んでいきましょう。

　第 7 段落を音読（斉読）する。

T 「1 日の仕事の終わり」のときに，獣医さんは何をするのか，することが書いてあるところに線を引きましょう。そこを読んでください。

「今日あった出来事や，…日記に書きます。」

へえ，獣医さんも日記を書くんだ。

黙読で線を引かせてから，発表させる。

T では，日記に書くのはどんなことですか。
C 「きょうあったできごと」です。
C 「動物を見て，気がついたこと」です。
T 日記を書くわけに波線をつけましょう。
C 「毎日記録を…できるのです。」のところだね。

2 獣医さんの日記には，どんなことが書いてあるのか見てみよう。

T すると，この日の終わりには，日記にどんなことを書いたと思いますか。

朝の見回りで気がついたことです。

いのししの赤ちゃんのこと。

ワラビーやペンギンを治療したことも…かな。

T この日の獣医さんの日記が，教科書 130 ページにも出ていますね。見てみましょう。

　見て話し合う。見にくければ拡大コピーを掲示する。

C 上に「オグロワラビー」って書いてあります。
C 月と日も書いてある。この日は 6 月 17 日です。
C 顔の絵と，頬の病気のところに印をつけています。
C 16 日の様子を見て，次の日に治療したんだ。
T そう。前の日の日記が 17 日に役に立ったのです。

　記録の「麻酔」「歯周病」などは，説明する。なお，この「日記」は記録やカルテのようなものといえる。

準備物
・教科書P130の日記（黒板掲示用）
・「筆者の仕事」をまとめた表（第3〜6時で使用したもの）

ICT
獣医さんの日記を全体に提示し、自分達の日記と比べて、何がどのように違うのかを話し合わせるとよい。

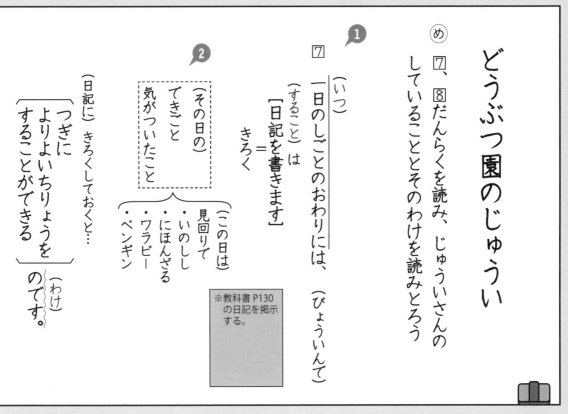

どうぶつ園のじゅうい

め　⑦、⑧だんらくを読み、じゅういさんのしていることとそのわけを読みとろう

① ⑦
（いつ）
一日のしごとのおわりには、（びょういんで）
（すること）は
＝［日記を書きます］
きろく

②
（その日の）
てきごと（できごと）
気がついたこと
（この日は）
・見回りて
・いのしし
・にほんざる
・ワラビー
・ペンギン

※教科書P130の日記を掲示する。

（日記に）きろくしておくと…
つぎによりよいちりょうをすることができる
のです。
（わけ）

具体例で補うとよい。

3　第8段落を読み、お風呂に入ることとそのわけを読み取ろう。

T　1日の終わりにすることが、もう1つあります。何なのか、⑧の段落を読みましょう。（斉読）
C　必ずおふろに入ることです。
C　「いつ」なのかは、「動物園を出る前」です。
T　「かならず」おふろに入るわけは、何でしょうか。書いてあるところに、波線をつけましょう。そこを、読んでください。

「どうぶつの体には…だから、どうぶつに…洗わなければいけないのです。」のところです。

T　もし、おふろに入らないで、外に出たら？
C　うーん、動物の病気が外へ広がるのかなあ。
　　わけの説明の「病気のもとになるもの」（ウイルス、雑菌、寄生虫等）や「持ち出さない」という表現は、2年生には分かりにくい。説明でも補う。
T　もう一度、⑦と⑧の段落を読みましょう。
　　音読して振り返る。

4　1日の終わりに獣医さんがすることをまとめよう。

T　では、日記とおふろのことを、表に書き入れて、他の仕事とも比べてみましょう。
C　ここには、動物の名前は出てきていません。
T　では、日記を書く、おふろに入ることはいつもすることですか。それとも、この日だけしたことですか。

日記を書くのは、いつもしていることだと思います。

おふろも「必ず」だから、いつも入ります。

「毎日」と書いてあるから、いつもです。

T　日記を書くのはいつも（毎日）していることですね。これは、獣医さんの仕事でしょうか。
　　意見を交換させ、仕事だと気づかせる。
T　獣医さんが日記を書いたり、おふろに入ったりしていることをどう思ったのか、書きましょう。
C　こんなこともしているなんて、初めて知りました。
C　日記が治療に役立っていることが分かりました。

どうぶつ園のじゅうい

第 8 時 （8/10）

本時の目標：全文を振り返り，獣医の仕事には毎日することと，この日だけしたこととがあることに気づく。

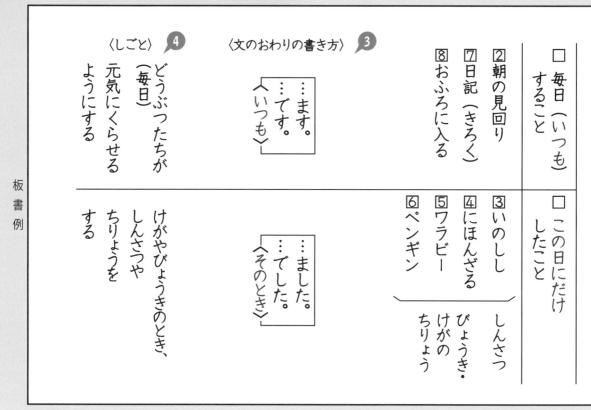

板書例

〈しごと〉❹

どうぶつたちが
（毎日）
元気にくらせる
ようにする

けがやびょうきのとき、
しんさつや
ちりょうを
する

〈文のおわりの書き方〉❸

…ます。
…です。
〈いつも〉

…ました。
…でした。
〈そのとき〉

□ 毎日（いつも）
すること

□ この日にだけ
したこと

② 朝の見回り
⑦ 日記（きろく）
⑧ おふろに入る

③ いのしし
④ にほんざる
⑤ ワラビー
⑥ ペンギン

しんさつ
びょうき・けがの
ちりょう

POINT 習慣的，法則的なことは現在形で書く。このことは，教師からの説明も必要。また，展開④の活動で「獣医の仕事とは？」の

1 第9段落を読んだ後，筆者の1日を振り返るために全文を読み返そう。

T 最後の1行，⑨の段落を読みましょう。
　斉読。「ようやく」「長い一日」に着目させる。
T 獣医さんは，今どんな気持ちでいると思いますか。
C 治療とかいろいろあったなあ，と思っています。
C 「ようやく」終わってよかったと思っています。
C 「長い一日」って何かなあ。
T 一日，いろいろな仕事をしましたね。いろんなことがあると，一日は長く感じます。このことを「長い（長く思った）一日」と，書いているのです。

T では，獣医さんと一緒に過ごした今日の一日を，振り返るために初めからもう一度読みましょう。
　第1段落から音読。斉読，一人読みなど多様に読ませる。

2 毎日することと，この日だけした仕事を考えよう。

T 日記を書くことは毎日する仕事でした。まとめた表を見ると，獣医さんが毎日していることと，この日だけしたことがありますね。例えば「朝の見回り」はどちらでしょう。
C 朝の見回りは，毎日していることです。
C 明日も，あさってもすると思います。
T では，表を見て，獣医さんのしたことで，毎日することには（毎日），この日だけした仕事には（この日）と，赤で書き入れましょう。

ペンギンの治療は，（この日）だな。

うん，治ったからもう明日はしないね。

「いつ」を表す言葉も振り返らせる。
T （毎日）はどれでしたか。他にもありましたか。
C 日記とお風呂も，毎日することです。
　治療と，見回りなどの2種類の仕事に気づかせる。

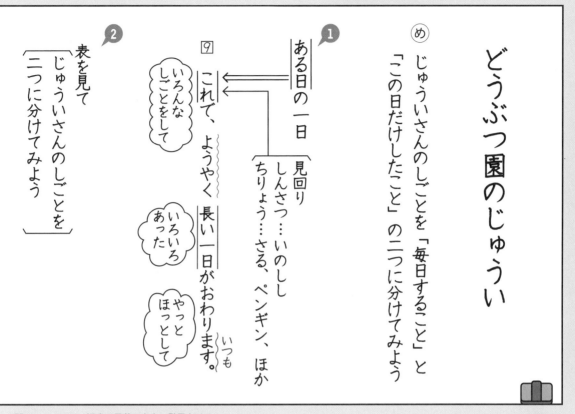

どうぶつ園のじゅうい

め じゅういさんのしごとを「毎日すること」と「この日だけしたこと」の二つに分けてみよう

① ある日の一日
見回り
しんさつ…いのしし
ちりょう…さる、ペンギン、ほか

⑨ これで、ようやく　長い一日がおわります。
いろんなしごとをして
いろいろあった
いつも
やっとほっとして

② 表を見て
じゅういさんのしごとを二つに分けてみよう

問いについては，児童の言葉で自由に発言させる。

3 毎日する仕事のことを書いた文の文末を調べよう。

T　日記を書くこと，お風呂に入ることは（毎日）でした。この⑦と⑧段落の文の終わりは，どんな言葉ですか。「…書きます」ですか，それとも「書きました」ですか。（音読）

C　「…日記に書きます」だから，文の終わりは，「ます」になっています。

T　⑦と⑧段落の，他の文の終わりも読んでみましょう。線を引きましょう。（一人読み，あと斉読）

「できるのです」「おふろに入ります」も，みんな，「ます」か「です（のです）」になっています。

T　このように，いつもすることが書いてある文の終わりは，「です」や「ます」になるのです。

　　第6段落の「電話がかかってきました」など，この日だけのことを書いた文末は「ました」などになる。比べさせて習慣的なことや決まっていることを書いた文末は，現在形になっていることにも気づかせる。

4 獣医さんの仕事をまとめよう。

T　「朝の見回り」や「日記を書く」など，毎日している仕事は，まとめていうと，どんな仕事だといえますか。書いてみましょう。ヒントは，①の段落にあります。

「動物たちが元気にくらせるように」という仕事かな。

動物が病気になっていなくても，する仕事かな。

T　もう1つは，どんな仕事だといえますか。

C　「この日」だけの仕事です。にほんざるとか，ワラビーとか，病気の動物を診て，治す仕事です。

C　診察とか治療をする仕事です。

C　「病気やけがをしたときには治療をします」という仕事です。お医者さんと同じです。

T　このように，獣医さんは動物の体や命を守る仕事をしています。1日のことしか書いていなかったのに，「こんな仕事」だということが分かりましたね。

本時の目標　獣医の仕事を知って，心に残ったことや考えたことなどを，文章に書くことができる。

板書例

◇ ④ 書いてみよう ⇑ じゅういさんの しごとを知って

話そう（つぎの　じかん）　←　文しょう　に書いて　←　メモをもとに

④ くらべて考えたこと　←

③ しごとのようす　←

② そのわけ
「それは（なぜかというと）……（から）です。」

① こころにのこったこと
もっと知りたいこと
「〈ぼく
わたし〉がおどろいたのは、……ことです。」

POINT 書くテーマは，動物ではなく「獣医さんの仕事」であることを意識させる。また，必要に応じて読み返すなど，振り返りの

1　今，心に残っていることを話し合おう。

T　「獣医さんの一日」から，獣医さんの仕事と様子が分かりましたね。どんなことが心に残っていますか。感想を書くとすれば，どんなところを書きたいですか。

> ペンギンの体からボールペンを取り出したところです。獣医さんも必死だったと思ったからです。

> ぼくも虫歯になりました。ワラビーも歯ぐきの病気になるなんて初めて知りました。獣医さんは，歯医者さんの仕事もしていると分かりました。歯を抜いたのかな。

T　他に，「あれ」とか「へえ」「そうか」などと思ったことはなかったでしょうか。

C　にほんざるやワラビーの治療は，人間とは違って，たいへんなのだなあ，と思いました。

C　動物と仲よくなるのも，仕事だと分かりました。

　　これまで書き込んできた表も見て，参考にさせる。

2　感想文の書き方を調べよう。

T　獣医さんの仕事について，今，思っていることや考えたこと，気づいたことを書いて話し合います。

T　もう一度，読み返してみましょう。（全文斉読など）

T　感想文には，どんなことを書くのか，教科書133ページ「まとめよう」を見てみましょう。

> 「はじめて知って驚いたこと」や「もっと知りたいと思ったこと」です。

> それと，自分の身の回りのことと比べて考えたことです。

T　133ページ下の「話し方の例」を読んでみましょう。この文は，どんなことを書いていますか。

C　日記のことを「初めて知って驚いた」ことです。驚いたわけも書いているようです。「どうしてかというと」という，わけを表す言葉が使われています。

C　自分のことと比べて考えたことも書いています。

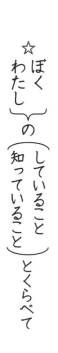

どうぶつ園のじゅうい

め じゅういさんのしごととそのようすを知って、考えたことを書いてみよう

1 〈こころにのこったこと〉

○朝の見回りのたいせつさ
○どうぶつたちのちりょうのようす
　・ちりょうはたいへん
　・くふう
　・どうぶつにやさしく
○日記 … これからのために

※児童の発表を板書する。

2 3 〈書き方〉

☆ わたし ぼく ── の（している こと 知っている こと）とくらべて

ための「読み」の活動を入れる。

---

3 何を，どう書くのかを確かめよう。

T　教科書の例から，どのようなことを感想文に書けばいいか分かりましたね。

　　以下のような書き方のひとつの形を示してもよい。
　① 「ぼく（わたし）がおどろいたのは，…ことです。」などと，心に残ったところや疑問を，まず書く。
　② 「それは，…」「なぜなら」と，そのわけを書く。
　③ 獣医さんの仕事のようすや願いも書くとよい。
　④ そこから，自分の身の回りのことと比べて考えたことを書く。

T　この他にも，「よかったな」「なるほど」「どうして」など，思ったことや，自分がこれまでしたことや知っていることも入れて書くとよいのです。

T　まず，獣医さんのことで，いちばん心に残ったところはどこかを考えましょう。

　　動物のことに目が行く児童もいるが，「獣医さんの仕事」「仕事ぶり」「願い」に目を向けさせる。

わたしがおどろいたのは，獣医さんが毎日…。

4 読んで考えたことをメモして話すための文章を書こう。

T　文章を書き始める前に，まず，簡単にメモしてみましょう。

　　①〜④を，1行ずつメモさせる。文章にする前にメモを見て回り，「こんなことも入れたら…」などと，指導する。

T　では，教科書の例の文章のような，話すための感想文を書きましょう。

初めて知ったことは…獣医さんは，にほんざるが薬がきらいなことをよく知っていることでした。…

　　文章は，200〜300文字程度が目安。随時，何人かの文章（部分でよい）を読み上げ，参考にさせる。

T　次の時間に，書いた文章を読み合いましょう。

本時の目標
・書いた「読んで考えたこと」を読み合ったり聞き合ったりすることができる。
・学習のまとめをする。

板書例

❸

|まとめ|
できたこと
たいせつなこと

◇ ふりかえろう

○ じかんのじゅんじょをあらわすことば
　・朝
　・見回りがおわるころ
　・お昼前
　・一日のしごとのおわりに　など

○ じぶんのこととくらべて読む

○ 友だちの考えを聞いて
　・おなじところは？
　・ちがうところは？

❹

◇ 読んでみよう
　生きもののせわをするしごとをしている
　人について書かれた本

POINT　人数など，クラスの実情に応じて，発表の（話す）やり方を考える。グループ内だけでなく，全体の場でもみんなが聞く

1 何人かの「読んで考えたこと」の発表を，聞いてみよう。

T　今日は，前に書いた「どうぶつ園のじゅういを読んで，考えたこと」を，読み合います。
　　まず何人かに前で読ませると，全体が集中しやすい。

T　3人に，書いたものを発表してもらいましょう。
　　はじめは○○さんです。どんなところが心に残ったのでしょうね。

わたしが初めて知ったのは，獣医さんが毎日，日記をつけていることでした。わたしが病院で診てもらったときも…

T　○○さんの「読んで考えたこと」を聞いて，同じところや違うところはありましたか。
C　ぼくも，日記のことは初めて知りました。ぼくの書いている日記とは違うなあと思いました。
T　他にも，日記のことを書いた人はいますか。

　　それぞれの発表について，簡単に話し合う。

2 書いたことをグループで読み合おう（聞き合おう）。

T　今度は，グループになって，書いたことを読み合いましょう。

△△さんは，ペンギンのことから本で知った，カバがボールを飲みこむ出来事があったことを書いている。おどろいたなあ。

□□さんは動物園にある病院を見てみたい，と書いているよ。

　　発表後，書いた文章はいろいろなやり方で交流し，互いの見方の違いも含めて知り合わせる。
　　クラスの人数などによって，交流のやり方を考える。
○ 小グループに分かれて話す（読む）。（人数が多いとき）
○ 前で読み，発表し合う。（感想文発表会など）
○「文集」などの形にして，みんなで聞き合う。
○「感想文博覧会」などとして，ノートを開けて机上に並べ，それをみんなが歩いて読んで回る。など
　　時間に応じて，付箋や小カードに，感想文を読んでの「ひとこと」を書いて貼り，交換するのもよい。

準備物 ・児童に紹介する本
（教科書P134に紹介されているものや，他に動物園や水族館などを支える仕事のことを書いた本を図書室などで借りておく）

ICT 児童の書いた文章を撮影して，全体に共有しておく。必要に応じて，全体，班，ペアで交流できるようにしておく。保存しておくと，学年全体でも交流できる。

どうぶつ園のじゅうい

め　「読んで考えたこと」を話そう
　　聞きあおう

① 〈読んで考えたこと〉
　① こころにのこったところ
　　「はじめて知った」
　　「おどろいた」
　　「あれ？」「どうして？」
　　「もっと知りたい」
　　「なるほど」「わかった」

　② 考えたこと
　　じぶんとくらべて

② ◇ グループで話そう
　　聞きあおう

場面を作る。

3 読むときに大切なことを話し合い，学習を振り返ろう。

T　この学習で，できるようになったことや大切なことは何だったのか，振り返りましょう。教科書133ページ「ふりかえろう」の1つ目，どの言葉に気をつけて筆者がしたことを確かめましたか。

C　「いつ」を表す言葉です。

T　そうです。時間の順序を表す言葉です。どんな言葉を見つけたのか，初めから見直して線を引き，発表しましょう。

　　「朝」「見回りが終わるころ」「お昼前」などの言葉を，順に確かめていく。

T　時間を表す言葉があると，「いつ」何をしたのかがよく分かりますね。みなさんも作文や日記を書くとき，こんな言葉を使ってみましょう。

T　「ふりかえろう」2つ目は，筆者の仕事についてです。どんなことと比べて考えましたか。

C　自分のしていることや知っていることと比べて考えました。そのことを感想文に書きました。

4 「たいせつ」を読み，本の紹介を聞こう。

T　「ふりかえろう」の3つ目，友達が考えて書いたことを読んで（聞いて）思ったことは，何かありましたか。

　　◇◇さんも，にほんざるに薬を飲ませたところを書いていました。「薬を飲ませるだけでも，獣医さんは大変だ」と書いていて，ぼくと同じ考えだと思いました。

T　134ページの「たいせつ」も見ておきましょう。この2つは，読んで考えるときに大切なことです。

T　動物園などで働く人や仕事のことを書いた本が，他にもあります。借りて読んでみましょう。

C　ぼくも，獣医さんになれるかなあ。

C　水族館の本もおもしろそう。

　　教科書P134の本を見せながら紹介する。一部分でも，読み聞かせをするのもよい。

かたかなの　ひろば

◎ 指導目標 ◎

・片仮名を読み，書くとともに片仮名で書く語の種類を知り，文や文章の中で使うことができる。

・語と語や文と文との続き方に注意しながら，内容のまとまりが分かるように書き表し方を工夫することができる。

◎ 指導にあたって ◎

① 教材について

　　片仮名には 1 年生の後半から触れてきていますが，中には読み書きがあやふやな児童もいます。平仮名や漢字に比べると，目に触れる頻度が少ないのが片仮名です。そのため，ここでは「スポーツの広場」の場面をとり上げ，日常ごく普通に使っているコートやプールなどの言葉は片仮名で表記することを学びます。現在，シャツやリボンなどの言葉は，ほぼ日本語に溶け込んでいます。ですから，日記などには「しゃつ」などと平仮名で書く児童もいます。どんな言葉を片仮名で書くのか，児童にとっては案外難しいことなのです。ここではスポーツという，外来語が多く使われている 1 つの分野を設定して，そこで片仮名表記する言葉を示し，読み書きに習熟させることを目指します。また，片仮名五十音表を常にそばに置き，時間をとって片仮名の文字そのもの（ンとソなど）を正しく書く練習や，シャッターのように長音，促音，拗音の混じった言葉の読み書き練習も必要です。

　　なお，バットやアウトはなぜ片仮名表記とするのか，その理由は 2 年生には難しいでしょう。「もとは外国の言葉らしい」くらいのことは気づくでしょう。その他，片仮名表記するものとして，「動物の鳴き声」「ものの音」などの擬音語も取り上げて，同じ仲間の言葉をいくつか紹介したり児童に考えさせたりしてみてもよいでしょう。ただし，それらのことは，2 年下巻の教材「かたかなで書くことば」で整理して学ぶことになっています。

② 個別最適な学び・協働的な学びのために

　　片仮名で表記する言葉は，スポーツに関係する言葉の他にもたくさんあります。それを知っていくのは，1 つは「読むこと」を通してです。多くの言葉にふれる経験を通して，児童の頭の中に片仮名で書く言葉が入力されます。そして，日記や作文などで，片仮名を使って書くことが出力です。このような入力と出力の循環が深い学びとなります。ここでも，読むことと書くことの両面を重視します。

　　そして，「この言葉は，片仮名で書くのだな」と，片仮名で書くべき言葉を自分で判断し，正しく表現（表記）できるようになる，またそういった学び方を身につける，ということが主体的な学習活動だといえるでしょう。もちろん，話し合いを通して，先生や友達から表記の誤りなどを教えてもらったり，グループで片仮名言葉集めをしたりするなど，学びの形態は多様です。

知識及び技能	片仮名を読み，書くとともに片仮名で書く語の種類を知り，文や文章の中で使っている。
思考力，判断力，表現力等	「書くこと」において，語と語や文と文との続き方に注意しながら，内容のまとまりが分かるように書き表し方を工夫している。
主体的に学習に取り組む態度	進んで片仮名を使って書く語を見つけ，学習課題に沿って文を書こうとしている。

◎ 学習指導計画　　全 2 時間 ◎

次	時	学習活動	指導上の留意点
1	1	・教科書 P135 の「スポーツの広場」の絵を見て，動物たちの様子から分かることを出し合う。 ・片仮名で書かれた言葉を読んだり書いたりする。 ・スポーツで使う片仮名の言葉を見つけて書く。	・読み書きを通して，スポーツに関わる言葉には，片仮名で書く言葉が多いことに気づかせる。 ・長音，促音，拗音，濁音など，平仮名での表記とも対比して，正しい書き方をとらえさせる。
	2	・「リレー」などの教科書記載の片仮名言葉を使って，「スポーツの広場」の絵に合う文を作る。 ・書いた文を発表する。 ・動物たちの話している言葉も考えて書き，発表する。	・「だれが」「どうする」といった，主語，述語の入った短い文を作らせる。 ・「片仮名五十音」もおさらいとして書く練習をさせ，確かなものにする機会とする。 ・動物の鳴き声も片仮名で書くことを伝え，書かせる。

かたかなの　ひろば

第❶時（1/2）

本時の目標　スポーツの場面の絵を見て，片仮名で書かれた言葉を読んだり書いたりできる。

板書例

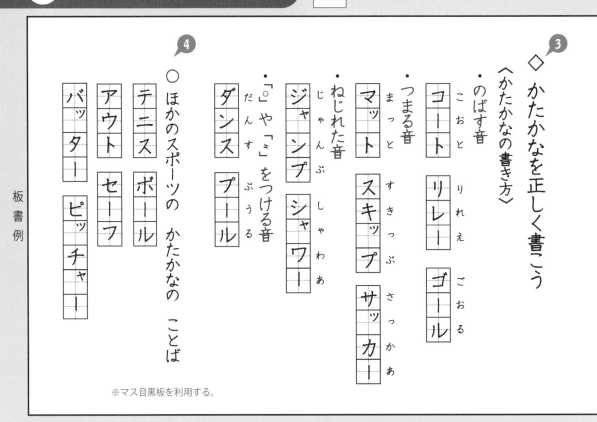

③
◇ かたかなを正しく書こう
〈かたかなの　書き方〉

・のばす音
コート（こおと）
リレー（りれえ）
ゴール（こおる）

・つまる音
マット（まっと）
スキップ（すきっぶ）
サッカー（さっかあ）

・ねじれた音
ジャンプ（じゃんぶ）
シャワー（しゃわあ）

・「゜」や「゛」をつける音
ダンス（だんす）
プール（ぶうる）

④
〇ほかのスポーツの　かたかなの　ことば
テニス　ボール
アウト　セーフ
バッター　ピッチャー

※マス目黒板を利用する。

POINT 書く活動に時間をかける。マス目黒板も使って，拗音や，促音，長音，濁音の書き方も確かなものにする。平仮名の表記

---

1 絵を見て，動物たちのしていることをお話ししよう。

T　教科書135ページ「かたかなのひろば」を開きましょう。
T　場所はどこでしょう。何がありますか。
C　運動場です。プールもあります。
C　サッカーコートもあります。
C　動物がたくさんいます。
T　そうですね。動物たちは，それぞれどこで何をしていますか。見つけたことを，お話してください。

犬が走っています。

パンダとさるがサッカーをしています。

うさぎが，プールで泳いでいます。

T　走ったり，泳いだり，サッカーをしたり…と，みんな何をしているのかな。
C　いろんな運動です。スポーツです。楽しそう。
　　導入は短くまとめる。（5分以内）

2 片仮名の言葉を正しく読もう。

T　この広場には，スポーツをするときに出てくる言葉がたくさん出ています。どんな言葉がありますか。
C　サッカー，シャワー，ゴール，タオル。
C　みんな片仮名の言葉です。
T　この片仮名の言葉，ぜんぶ間違わずに読めるかな。上から順に，みんなで読みましょう。
T　まず，「シャワー」

「シャワー」

黒板などに掲示したイラストの中の「シャワー」を描いた部分を指す。

T　次，「タオル」
C　「タオル」
　　同様に，プール，サッカー，…と，教師に続いて読んでいく。教師は都度，その言葉が指すイラストを指し示す。

かたかなの ひろば

め　かたかなのことばを読んだり書いたりしよう

❶〈スポーツ〉のひろばで

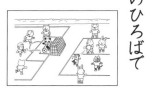

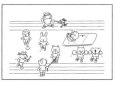

※教科書 P135 の挿絵, または QR コンテンツの黒板掲示用イラストを掲示する。

❷◇どうぶつたちのようすをお話しよう

どこで　なにを　している?

↓

シャワー　サッカー　など

〈かたかなで　書くことば〉がある

とも対比する。

3　片仮名を使って, 正しく書こう。

T　今度は, ここに出てきたスポーツの言葉を, 片仮名で正しく書いてみましょう。

　　片仮名五十音表を掲示, または配布しておくのもよい。

T　「こおと」（※平仮名表記）のように「のばす音」は, 片仮名ではどのように書いていますか。

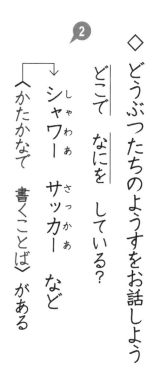

「ぼう（ー）」を使って書いています。

「リレー」や「ゴール」も同じです。

　　それぞれが書く前に, 黒板に書かせて確かめておく。

T　「マット」や「スキップ」などの「つまる音」は, どのように書いていますか。

C　平仮名と同じように小さい「ッ」を書いています。

T　では, のばす音や小さく書く字に注意して, 片仮名の言葉をノートに書きましょう。

　　マス目黒板も使い, 長音や拗音, 促音の書き方を確かめて, 片仮名の言葉を正しく書かせる。（板書参照）

4　スポーツで使う片仮名の言葉を見つけて書こう。

T　この絵の言葉の他にも, スポーツで片仮名を使う言葉を見つけて, ノートに書きましょう。

見つけた! ボールとかテニスもそう…。

野球では, バッターやピッチャーも片仮名で書くよ。

T　ノートに書いた片仮名の言葉を発表しましょう。

　　発表させる中で, 片仮名表記ではない「やきゅう」などの言葉は, その都度訂正する。

T　スポーツでは, 片仮名で書く言葉がたくさんありますね。今, みんなから出てきた言葉を片仮名で書いてみましょう。先生が言った言葉を書きましょう。はじめは「バッター」。はい, 書きましょう。

　　教師の言う言葉を, 片仮名で書かせる。

板書例

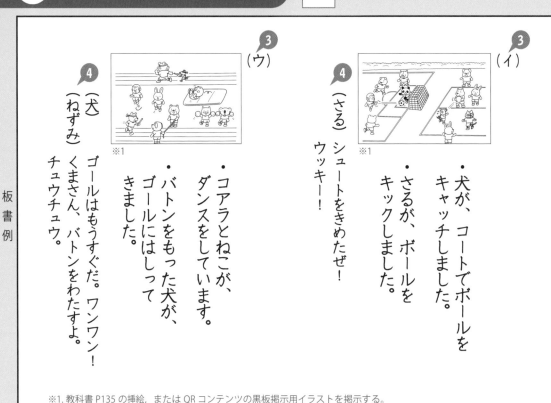

(ウ) 3

4
（犬）
（ねずみ）

・コアラとねこが、ダンスをしています。

・バトンをもった犬が、ゴールにはしってきました。

ゴールはもうすぐだ。ワンワン！
くまさん、バトンをわたすよ。
チュウチュウ。

※1

(イ) 3

4
（さる）シュートをきめたぜ！
ウッキー！

・犬が、コートでボールをキャッチしました。

・さるが、ボールをキックしました。

※1

※1. 教科書 P135 の挿絵，または QR コンテンツの黒板掲示用イラストを掲示する。

POINT 教科書の絵の場面を 3 つに分けて文を考えさせると，文も作りやすい。絵の中の言葉の他にも片仮名言葉を考えさせ，

1 絵をもとにして，「だれが」「何を」しているのか，お話ししよう。

　3 つの場面に分けた黒板掲示用イラストを（ア）（イ）（ウ）として黒板に貼る。

T　この 3 つの場面の絵を見て，「だれが」「何をしている」ということを，短い文で言ってみましょう。

T　例えば（ア）の絵で「ぶたが…」で始まる文を作るとしたら？

ぶたが，シャワーをあびています。

T　いいですね。この文には「シャワー」という片仮名言葉が入っていました。このように，片仮名の言葉も入れた文を考えるのです。他の動物ではどんな文が考えられますか。

C　「さるが，タオルで頭をふいています。」

　2，3 人発表させる。

2 片仮名の言葉も入れて文を書こう。

　文の材料にする場面は，（ア）（イ）（ウ）のどれかを選ばせてもよいし，グループごとに決めてもよい。

T　（イ）や（ウ）の場面からも，お話が作れそうです。今度はそれを文に書いてみましょう。片仮名言葉を入れましょう。

（イ）の絵から「さるが，シュートをしました。」って書こうかな。

　「シュート」「キック」「クロール」など，教科書に記載のない片仮名言葉も使ってよいこととする。短文は，主語と述語がそろっていることを原則にして書かせる。また，用紙を配って書かせると，後のグループ活動で見せ合いやすい。

T　「シュート」はどう書くのか，黒板で書いてもらいましょう。（教科書にない言葉は板書で確かめる）

　ややこしい拗音，促音，長音の言葉は，とり上げて指導する。片仮名五十音表も黒板に貼っておくとよい。文中で使った片仮名言葉は，赤で囲ませておく。

準備物
・教科書P135の挿絵（黒板掲示用）または、黒板掲示用イラスト QR
・短文を書く用紙（必要に応じて）
・片仮名五十音表（黒板掲示用）

ICT
教科書の絵だけでなく、学級の様子に合わせて、教師が絵を作成し、児童のタブレットに送信しておくのもおもしろい。

かたかなの ひろば

め かたかなのことばをつかって、みじかい文を書こう

① 三つの〈スポーツ〉のひろばで
だれが なにを している?

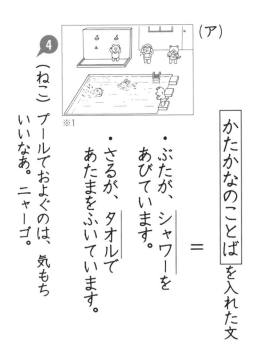
（ア）
※1

かたかなのことば を入れた文

・ぶたが、シャワーをあびています。
・さるが、タオルであたまをふいています。

＝

4 （ねこ）プールでおよぐのは、気もちいいなあ。ニャーゴ。

スポーツの言葉を広げる。

3 書いた文を発表しよう。

児童によって書きグセがある。書き誤りを中心に見て回り、個別に指導する。

T ○○さんは、「バトンをもった犬が、ゴールに走ってきました。」という文を作りました。片仮名の言葉を2つも入れています。このように、片仮名言葉を2つか3つ使った文も作れるといいですね。

発表は、グループ内で見せ合い、交流してもよい。

T 発表しましょう。まず（イ）の場面で作った人からです。

犬がボールをキャッチしました。さるが、ボールをキックしました。

うまく作ったね。カタカナが2こずつ入った文になっている。

T 次は、（ウ）の場面の文を発表しましょう。
C 「うさぎが、スキップをしています。」
C 「コアラとねこが、ダンスをしています。」

4 動物たちの話す言葉も考えて書いてみよう。

T 今度は、動物たちがどんなことを言っているのか、そのせりふを思い浮かべて、書いてみましょう。片仮名の言葉も入れましょう。動物の鳴き声を入れても面白いですね。

T 例えば、走っている犬だったら、「ゴールはもうすぐだ。ワンワン!」鳴き声も片仮名で書きますよ。

せりふを言っている動物名をはじめに書かせる。

時間を区切って、文作りをさせた後で発表させる。

T （ウ）の場面では、だれの、どんな言葉が作れたでしょうか。

（ねずみ）の「くまさん、バトンをわたすよ。チュウチュウ!」

T たくさんの片仮名言葉を書くことができましたね。
児童に「思ったこと」を発表させて終わる。

ことばあそびをしよう

◎ 指導目標 ◎

・長く親しまれている言葉遊びを通して，言葉の豊かさに気づくことができる。

◎ 指導にあたって ◎

① 教材について

　　ここでは，まず，「数え歌」と谷川俊太郎の「ことばあそび歌」を取り上げ，言葉がもつおもしろさや楽しさに気づかせます。「数え歌」や「ことばあそび歌」は実にうまくできている歌です。最初は難しいと思っても，何度も声に出して読んでいると言葉のリズムや音の響きを感じ取ることができます。

　　言葉を使って遊ぶ，楽しむというのは日本語に関わるひとつの文化です。「ことばあそび歌」は，はじめは読み方に戸惑うでしょうが，切れ目はどこか，どう読むのかを考えるのも楽しさのうちです。言葉遊びを楽しみながら言語感覚も磨かれます。

　　また，「いろはうた」や「ちいきのかるた」とも合わせて，昔から伝えられてきた言葉の文化の一端にふれることができるでしょう。

② 個別最適な学び・協働的な学びのために

　　「ことばあそび」は，日本語のもつ豊かさの一面です。ですから，この学習を通して児童が「日本語っておもしろいなあ」と，感じ取れれば成功です。「数え歌」「ことばあそび歌」では，声に出すことを通して，言葉の響きのおもしろさに触れながら，友達とともに区切りを考えたり，掛け合いを楽しませたりします。

　　また，「ちいきのかるた」については，自分の身の回りにある場所や文化を取り上げたかるたがあれば，取り上げて紹介します。そして，そんなかるたを準備できるのであれば，それを用いて実際にかるた遊びをしたいところです。古くから地域に伝わるものに親しむ楽しい時間となるでしょう。

知識 及び 技能	長く親しまれている言葉遊びを通して，言葉の豊かさに気づいている。
主体的に学習に取り組む態度	進んで，言葉の豊かさに気づき，これまでの学習をいかして言葉遊びを楽しもうとしている。

◎ 学習指導計画　　全 2 時間 ◎

次	時	学習活動	指導上の留意点
1	1	・これまでにしたことのある言葉遊びを思い出し，言葉を楽しむ学習のイメージをもつ。 ・「数え歌」「ことばあそび歌」を声に出して読む。 ・徐々に声を大きくしながら読んだり，速さを変えて読んだりして楽しむ。	・言葉遊びのゲームを出し合い，その上で実際にやってみる。 ・「ことこ」の，言葉の切れ目がどこになるか，グループで考えさせる。切れ目が分かると読めるおもしろさや言葉のリズムを，音読や暗唱を通してとらえさせる。
	2	・「いろは歌」のリズムを楽しむ。 ・「いろはかるた」や地域に伝わるかるたなどを用いてかるた遊びをする。	・「いろは歌」のリズムを楽しむ中で，本当に 47 文字のひらがなが使われているか確かめる。 ・地域のかるたから，地域の場所や文化などを見つけさせ，親しみをもたせる。

本時の目標　「ことばあそび歌」などを読み，文字の並びや言葉のリズムのおもしろさに気づくことができる。

板書例

③ 〈ことばあそび歌〉

ことこ　　たにかわ　しゅんたろう

このこ／チ　　○○○
どこ○／チ　　○○○
この○／チ　○○○／チ
たけの○／切　　○○○
そのこ／チ　　○○○
そこ○○○　　○○○／チ
その　○○○○　○○の
きのこ○／切　　○○○

※教科書 P136 の詩を板書するか，掲示する。

④ ◇ くふうして音読しよう

・数え歌
・ことばあそび歌「ことこ」

POINT　ことばあそび歌の『ことこ』では，言葉の響きやリズムを楽しみながら区切りを考えさせ，音読させることで言葉のおもしろ

1 学習課題を知ろう。ことばあそびのゲームを思い出し，やってみよう。

T　今日は，言葉あそびをします。まずは，どんな言葉あそびのゲームがあるでしょうか。

C　しりとりもなぞなぞも言葉あそびだよね。

T　今から，言葉あそびの1つ，古今東西ゲームをしてみましょう。グループになりましょう。

C　お題の言葉を考えて言っていくゲームだよね。

T　やってみましょう。古今東西，「あ」からはじまる言葉！せーの！

あり　ありがとう　あたま　あんぱん

グループで古今東西ゲームを行う。お題は「あ」など，ひらがな1文字から始まる言葉にする。また，失敗しても「イエーイ」とハイタッチしてどんどん続ける。失敗を恥ずかしがらず，声を出して発言し合える素地作りとする。

2 『数え歌』の言葉遊びを知り，読んで楽しもう。

教科書 P136 を開かせ，『数え歌』を音読する。分からない言葉があれば説明し，「すべて食べ物の名前」であることを知らせる。

T　食べ物の名前を言っているだけなのに，どうして『数え歌』というのでしょう。

数えているんだよね。

「いちじく　にんじん　さんしょに　しいたけ〜」って，いち，に，さん，と数字になっている。うまいこと考えているね。

文のしかけのおもしろさに気づかせる。児童が気づかない場合は，板書した『数え歌』の「いち，に，さん，…」のところに線を引くなどして気づかせるとよい。

T　『数え歌』をもう一度音読しましょう。
リズムよく音読させる。

準備物
・資料「古今東西，イエーイ」
・『ことばあそびうた』（谷川俊太郎，福音館書店）の絵本（時間に応じて紹介する）

ICT
オンラインで授業を受けている児童も，楽しく参加できる活動である。細かいことを言わずに，みんなで楽しめる雰囲気にしたい。

ことばあそびをしよう

め　ことばあそびをたのしもう

① 〈古今東西イエーイゲーム〉
① グループになる
② おだいのことばを、とけいまわりに言う
（手びょうしパンパン）→ 言う →（パンパン）→ 言う
③ まちがったら「イエーイ！」→ ハイタッチ
④ また、そこからつづける

② 〈数え歌〉

いちじく	1	にんじん	2
さんしょに	3	しいたけ	4
ごぼうに	5	むかごに	6
ななくさ	7	はつたけ	8
きゅうりに	9	とうがん	10

さに気づかせる。

3　『ことこ』の詩のどこで区切れるか話し合い，読んで楽しもう。

T　『ことこ』という詩は，どこで区切ればよいか，どのように読んだらよいかを考えてみましょう。

C　この詩は「こ」と「の」がいっぱいあるなあ。

まず，各自で考えさせる。第1連3行目の「のこ」は，のこぎりだと，挿絵を示して説明しておくとよい。

T　では，グループで話し合って，教科書に切れ目の印を入れてみましょう。

最初の「このこ」は「この子ども」っていう意味だよ、きっと。

じゃあ、「このこ」の後に切れ目を入れよう。

できたグループに読ませてみる。

T　では，先生が読んでみましょう。

範読の後，意味も簡単に説明する。

「の」や「そ」「こ」の音が続くおもしろさや言葉のリズムを，音読を通して感じ取らせる。

4　『数え歌』か『ことこ』を工夫して音読しよう。

T　今日は，『数え歌』と『ことこ』のことを知りましたね。グループで工夫して読んでみましょう。

まず，グループでどちらを選ぶか決めさせる。それから，読み方の工夫を考えさせながら練習させる。

T　では，グループごとに発表しましょう。

ぼくたちは、『ことこ』を読みます。

T　今のグループでよかったところはどこでしょうか。

リズムよく読めている，読み方の工夫がある（連ごとに読む，1行ごとに交代して読む）などを褒め合う。

T　今日の言葉遊びはどうでしたか。「おもしろいなあ」と思ったところはありましたか。

感想を交流して，まとめる。

ことばあそびをしよう

第 **2** 時 (2/2)

本時の目標
・「いろは歌」のリズムを楽しむことができる。
・「いろはかるた」や地域に伝わるかるたなどを用いてかるた遊びをすることで，古くから伝わるものに親しむことができる。

板書例

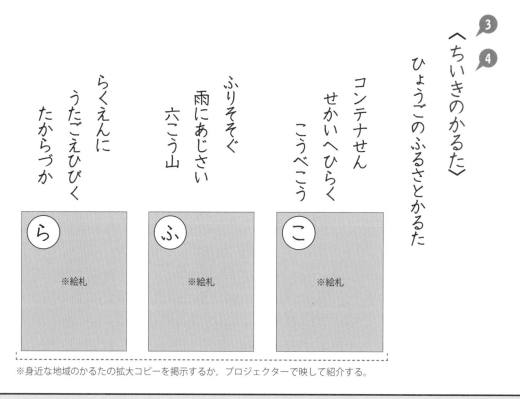

❸
❹

〈ちいきのかるた〉

ひょうごの ふるさとかるた

コンテナせん
せかいへひらく
こうべこう

ら

※絵札

ふりそそぐ
雨にあじさい
六こう山

ふ

※絵札

らくえんに
うたごえひびく
たからづか

こ

※絵札

※身近な地域のかるたの拡大コピーを掲示するか，プロジェクターで映して紹介する。

POINT 昔から伝わっているものや地域のよさをかるたにしたものを知り，読んで親しむ活動となる。かるたをいくつか(班の数ぐらい)

---

1 『いろは歌』を知り，音読しよう。

教科書を閉じさせ，『いろは歌』を掲示する。

T 「いろはにほへと」って聞いたことがありますか。この中の文字で気づくことはありませんか。

C どこかで聞いたことがあります。何だったかな…。

C 「あいうえお」のひらがなが全部入っているよ。

児童から答えが出なければ教師から紹介する。

T では，本当にそうなのか教科書の「いろはうた」を見て，「あ」から順に探して○でかこんでいきましょう。昔の字もありますよ。

> 「あ」は，左から2番目のいちばん上にあるよ。

> 「い」は簡単！最初にある！

時間を取ったあと，全員で五十音順に確かめていく。

2 『いろは歌』を声に出して読んでみよう。

「いろはうた」を音読する。「ゐ＝え」など難しい文字は説明して教える。

T グループで少し練習タイムをとります。練習しましょう。

> ぼくが1列目を言うよ。

> わたしが次ね。

発表の仕方はグループごとに違ってもよいが，言葉を1人1音ずつ読むようなことはしないように伝えておく。

T では，グループごとに発表しましょう。

言い終えたグループに大きな拍手をすることを決まりとし，全員終えた後でよかったところなど感想を交流する。

T 今度は，先生の後に続いて言ってみましょう。

270

ことばあそびをしよう

め　いろは歌や　ちいきのかるたを　楽しもう

〈いろは歌〉

1
2

いろはにほへと
ちりぬるを
わかよたれそ
つねならむ
うゐのおくやま
けふこえて
あさきゆめみし
ゑひもせす

※教科書 P137「いろは歌」を板書するか，掲示する。

準備できれば，実際にかるた遊びをして楽しむ時間もあるとよい。

3　地域に伝わるかるたを見てみよう。

T　みんなは「いろはかるた」って知っていますか。
C　知ってます！遊んだことがあります。
　　いろはかるたを児童に見せる。何枚か読んでみてもよい。
T　今から，ちょっと違うかるたを紹介します。
　　地域のかるたを1枚ずつ紹介する。（本稿では兵庫のかるた）
C　「コンテナせん」っていうのは船のことだよね。
C　「神戸（こうべ）こう」は港だよね。行ったことがあるよ。確かに船がいっぱいあった。
　　絵札がある場合はその絵を提示するとよい。
T　気づいたことはありますか。

> 神戸とか，近い所の有名なことが書いてあるよ。

T　では，一緒に読んでみましょう。先生のあとに続けて言いましょうね。
　　いくつか一緒に読む。地名や地域の特産・文化については，簡単に説明する。

4　地域のかるたを使ってかるた遊びをしよう。

T　では，この「兵庫のふるさとかるた」を使って実際に遊んでみましょう。グループになりましょう。
　　適当な地域のかるたがない場合，一般的ないろはかるたを使うのでもよい。
T　今回は，先生が読みますので，みんなは絵札を並べましょう。
T　では読みます。「ふりそそぐ雨にあじさい六甲山」

> はい！「ふ」だから，この絵札だね。

> 六甲山の絵が描いてあるね。

　　かるた遊びをした後，感想を交流する。また，日本全国に，このような地域のかるたがあることを伝え，家の人に話を聞いたり調べてきたりさせるのもよい。
　　また，発展として，実際に自分たちの地域のかるたを作成する活動も考えられる。

なかまのことばとかん字

◎ 指導目標 ◎

・身近なことを表す語句の量を増やし，話や文章の中で使うとともに，言葉には意味による語句のまとまりがあることに気づき，語彙を豊かにすることができる。
・第 2 学年までに配当されている漢字を読み，漸次書くことができる。

◎ 指導にあたって ◎

① 教材について

　　言葉は，その意味によって仲間分けすることができます。「父」や「母」「兄」などは「家族」を表す言葉としてまとめられます。また，「算数」や「国語」などは，「教科」という言葉でくくれるでしょう。一方，この時期の 2 年生は，いろいろな言葉を知り使っていくことに興味や意欲をもっていますが，個々の言葉を「仲間」としてではなく，ばらばらにとらえている段階の児童も多くいます。そこで，児童にもなじみのある言葉をとりあげて，言葉には「仲間（グループ）」として見られるものがあること，また，そのような見方ができることに気づかせます。

　　このように，言葉を「仲間」の目で見直すことは，語彙を深くとらえることにつながります。また，「晴れ」と「雨」のように，漢字にも「仲間」あるいは「対（つい）」として見られるものがあることに気づかせ，言語感覚を培います。

　　なお，「りんご」や「みかん」といった個々の言葉は，「果物」という上位概念を表す言葉でまとめられます。しかし，この関係をとらえるのは 2 年生には案外まだ難しく，混同もします。そのことに留意して進めることが必要です。

② 個別最適な学び・協働的な学びのために

　　児童に主体的に考えさせる場面は 2 つになります。1 つは，いくつかの言葉に共通する観点を考えて，言葉を仲間分けするところです。2 つ目は，分けた「仲間（グループ）」を表す名前，観点を考えるところです。ここで大切なことは，いきなり，ペアやグループでの話し合い（対話）に入るのではなく，まずは 1 人ひとりの児童に十分考えさせるようにすることです。1 人ひとりの思考を通さないと，深い学びにならないからです。

　　また，教科書には「色」や「天気」など，仲間で見るときの観点がいくつか示されています。これらも手がかりにして，「文具」や「虫」などに入る仲間の言葉を見つけ合うなど，くらしとも関わらせた多様な言語活動を行い，学びを広げます。

◎ 評価規準 ◎

知識 及び 技能	・第２学年までに配当されている漢字を読み，漸次書いている。 ・身近なことを表す語句の量を増やし，話や文章の中で使うとともに，言葉には意味による語句のまとまりがあることに気づき，語彙を豊かにしている。
主体的に学習に 取り組む態度	進んで，言葉には意味によるまとまりがあることに気づき，学習課題に沿って仲間の言葉を集めようとしている。

◎ 学習指導計画　　全 2 時間 ◎

次	時	学習活動	指導上の留意点
1	1	・カードに書いた教科書の言葉を，仲間に分けてみる。 ・仲間に分けた理由を話し合い，分けた際の観点を整理する。また，仲間の言葉を包括する上位概念の名前を考える。	・はじめは教科書を見ないようにさせる。カードやワークシートを使って，ゲーム感覚で取り組ませる。
	2	・くらしの中から，個々に，またグループで仲間にできる言葉を集め，全体で発表，交流する。	・漢字で書ける言葉も集めさせ，漢字を意識させる。

◇ 新出漢字は別の時間をとり，前もって指導しておくのがよいでしょう。

なかまのことばとかん字
第 ① 時 （1/2）

本時の目標：言葉を仲間分けする際の観点に気づき、その観点をもとに、言葉の仲間分けをすることができる。

板書例

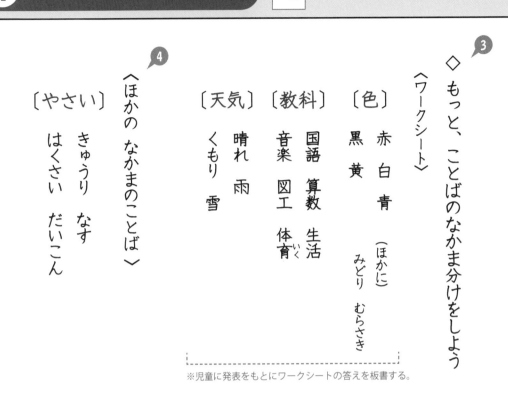

③
◇ もっと、ことばのなかま分けをしよう
〈ワークシート〉

〔色〕 赤 白 青 （ほかに） みどり むらさき
黒 黄

〔教科〕 国語 算数 生活
音楽 図工 体育(たいいく)

〔天気〕 晴れ 雨 雪
くもり

④
〈ほかの なかまのことば〉

〔やさい〕 きゅうり なす
はくさい だいこん

※児童に発表をもとにワークシートの答えを板書する。

POINT　はじめは教科書を使わずに、言葉（カード）を仲間分けする。仲間になった言葉の「グループ名＝上位概念」をしっかり

1　「言葉カード」を仲間分けしてみよう。

教科書を開けさせず、まず「家の人」「お金」「一日のとき」の仲間のカードを1枚ずつ黒板に貼り、読ませる。

T　このカードの言葉が読めますか。順に読みましょう。
C　「はは（母）」「せんえん（千円）」「ごぜん（午前）」「あに（兄）」…。
　　分かりやすい「教科」「色」「天気」で導入してもよい。
T　では、いろんな言葉を書いたこれらのカードを、仲間分けしてみましょう。3つの仲間に分けられないでしょうか。

「母」「兄」「姉」…は、1つの仲間の言葉だと思います。

T　母や兄などの言葉を、1つの仲間にしたわけは何ですか。どんなところが同じなのですか。
C　「母」など、どれもお家の人を表す言葉です。
T　この言葉のグループに名前をつけるとしたら？
C　「家の人」か、「家族」かな。

2　仲間分けした言葉のグループに名前（上位概念）をつけよう。

T　言葉を仲間分けすると、「家の人」など、その仲間を表す名前（観点・上位概念）がつきますね。
T　「百円」や「千円」の言葉の仲間にも名前をつけるとしたら、どんな名前がいいでしょうか。隣どうし（またはグループで）相談しましょう。

「百円」「千円」「一円」…は、どれも、玉かお札で「お金」だね。

「お金の種類」という名前かなあ。

T　では、「午前」「昼」「朝」などは、どんな仲間名（グループ名）がいいでしょうか。（隣と相談）
C　「午前」「昼」「夜」とかは、一日のうちのいつごろかを言うときに使うから「一日のとき」かな？
T　これで3つの仲間に、名前もつけられました。
　　グループ分けした言葉を、ワークシート①［QR］にていねいに書かせる。グループを表す言葉も書かせる。

準備物	・言葉カード（黒板掲示用） QR ・ワークシート1 2 QR

ICT	言葉カードを児童のタブレットに数枚送っておく。意見集約機能を使って，個々でタブレットを操作しながら，仲間分けしてもよい。

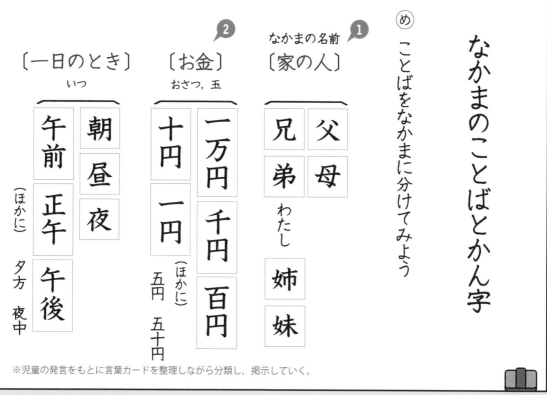

め ことばをなかまに分けてみよう

なかまのことばとかん字

1 なかまの名前

〔家の人〕

| 父 | 母 |
| 兄 | 弟 |

わたし 姉 妹

2

〔お金〕

おさつ，玉

一万円	十円
千円	一円
百円	

（ほかに）五円 五十円

〔一日のとき〕

いつ

朝	午前
昼 夜	正午
	午後

（ほかに）夕方 夜中

※児童の発言をもとに言葉カードを整理しながら分類し，掲示していく。

考えさせることが言語力になる。

3 ワークシートの言葉を，仲間分けしてみよう。

ワークシート2 QR を全員に配る。

T　今度は，このワークシートの言葉を仲間分けしてみましょう。仲間の名前も考えてみましょう。

「赤」「体育」「国語」「雨」「白」…いろんな言葉があるなあ…。

「雨」や「くもり」は天気グループかな？

クラスに応じて，グループや2人組での相談タイムを取り入れてもよいが，まずは個人で取り組ませる。

T　仲間の名前と，まとめた言葉を発表しましょう。

C　「赤」「白」「青」「黒」「黄」は仲間です。仲間名は「色」です。全部「色」の名前だから。

C　「算数」「体育」「音楽」「図工」「生活」も仲間。グループ名は「教科」です。「勉強」でもいいかな？

「天気」についても話し合い，教科書で確かめ合う。

4 仲間になる言葉を他にも見つけよう。

T　今日は，いろんな言葉を6つのグループに分けました。言葉を仲間分けすると，その仲間にも名前（グループ名）をつけることができましたね。

黒板上で，「家の人」「お金」「一日のとき」「色」「教科」「天気」のグループ名を読んで，振り返る。

T　「色」グループに入る言葉は，他にもありますか。

C　「緑」とか「紫」も入ると思う。色の名前だから。

T　他にも，こんな言葉の仲間が作れないでしょうか。例えば，「野菜」という仲間なら，どんな言葉が入るでしょうか。

うーん，きゅうりやなすは野菜の仲間です。

野菜なら白菜とかだいこんも入るね。

T　言葉には，いろんな仲間があるのですね。

最後に，言葉の仲間分けをした感想を交流する。

なかまのことばとかん字

第**2**時 (2/2)

板書例

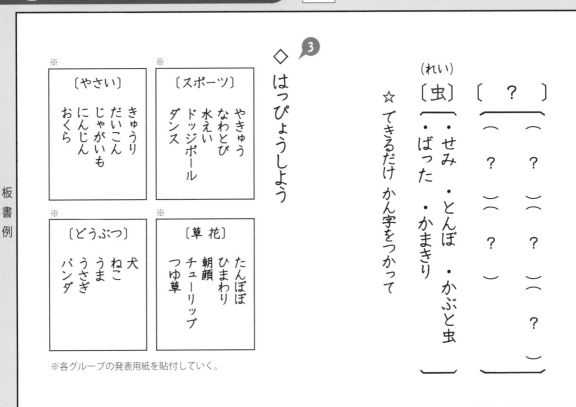

※各グループの発表用紙を貼付していく。

POINT　仲間名と，そこに入る言葉にはレベルの違いがある。そのことを，「入れ物」と「入るもの」の例えでとらえさせる。

1 仲間になる言葉を集めよう。

T　言葉は，仲間分けをすることができました。また，その仲間に名前をつけることもできました。

C　「家の人」とか「天気」などの言葉がありました。

T　今日は，このような仲間の言葉を見つけて，集めてみましょう。例えば，「文房具」という仲間に入る言葉には，どんな言葉があるでしょうか。

「鉛筆」です。鉛筆は文房具です。

「下じき」も，そうかな。

T　「文房具」という言葉の仲間は，たくさん見つかりそうです。「文房具」という言葉の入れ物に，「鉛筆」「消しゴム」「ノート」などの言葉が入るのです。

T　「魚」という言葉の仲間も考えられそうですね。

C　ふな，金魚，まぐろが入ります。

2 仲間の名前と，仲間になる言葉を考えて書こう。

T　このような，「文房具」「魚」など，仲間（グループ）の名前を考え，そこに入る言葉を考えます。

T　まず，どんな仲間の名前が考えられますか。1つ考えてみましょう。その後，グループで話し合って3つ選びましょう。（グループで相談させ助言）

ぼくは「虫」がいい。セミとかトンボが入る。

「動物」も，集められそう…馬とか。

生活科で「草花」も教えてもらった。

T　仲間の名前が決まったら，そこに入る言葉も5つをめあてに書きましょう。（3つ以上でもよい）

C　「スポーツ」なら「水泳」とか「野球」があるね。

　高度だが「うれしい」「かなしい」など，「気もち」を表すような言葉集めがあってもよい。

T　グループ内で読んで，確かめ合いましょう。

準備物
・ワークシート QR
・発表用の画用紙（仲間の名前と，入る言葉を書く）
※板書参照（各グループ3枚ずつ）
・（画用紙に書く）フェルトペンなど

ICT　時間があれば，クイズカードを作って，クイズとして出し合いたい。そろそろタブレット操作にも慣れたころなので，タブレットで作成し，共有させたい。

なかまのことばとかん字

め　なかまになることばをあつめよう

1
〔なかまの名前〕　なかまになることば

（れい）

〔文ぼうぐ〕・えんぴつ　・下じき　・けしごむ　・ノート

〔魚〕・ふな　・金魚　・まぐろ

2
〈なかまのことば〉
① なかまの名前を考える（3つ）
② なかまに入ることばを考える（5つ）

3　集めた仲間になる言葉を発表し，聞き合おう。

T　では，画用紙に，集めた言葉と仲間の名前を大きく書いていきましょう。1つの仲間の名前とその仲間に入る5つの言葉を画用紙1枚に書いて，各グループが3枚ずつ書きましょう。漢字で書けるものは，漢字で書きましょう。（巻末の漢字ページも参考にさせる）

T　グループごとに，発表しましょう。

「スポーツ」の仲間の言葉を集めました。

入る仲間の言葉は，「野球」「水泳」「なわとび」「ドッジボール」「ダンス」です。

「野球」「水泳」…と発表し「仲間の名前は何でしょう」と，仲間名を当てるクイズにしてもよい。

T　質問や，他に入る言葉はありませんか。
C　「サッカー」とか「リレー」も入ります。
C　スポーツの言葉はいっぱいあることが分かった。
　　感想も交流する。発表用紙は掲示板に貼付する。

【別の展開案】クイズカードを作って，クイズとして出し合う。

　グループで考えた，仲間になる言葉集めと，仲間の名前はクイズの形にして出し合うこともできる。

　準備にも時間がかかるので，時間やクラスの実情に応じて行う。やり方はこの他にも多様に考えられる。

〈やり方の一例〉　※グループは3〜4人ぐらい
(1)　「サッカー」「水泳」などの言葉は，1枚ずつのカードに書かせる。5言葉×3仲間で15枚になる。仲間の名前を書いた大きな画用紙も用意する。
(2)　2グループ対抗で行う。相手の出した15枚のカードを，3つの仲間に分ける。分け終えた時間を計る。次に交代して同じように時間を計る。
(3)　正解を確かめる。どちらも正解なら短い時間で3つに仲間分けできたグループの勝ちとする。
(4)　終われば，相手グループを変えて，同じように仲間分けクイズを出し合う。勝ち数の多いグループが勝ち。

ワークシート　なかまのことばとかん字

なかまのことば ①　名前（　　　　）

① □の中のことばを、なかまに分けて、左のひょうの中に書きましょう。

② 分けたりゆうを考えて、なかまの名前も書きましょう。

なかまの名前②	なかまのことば①

母　千円　午前　兄　夜　一円　妹　百円　朝
父　正午　姉　一万円　午後　十円　昼　弟

喜楽研

ワークシート　なかまのことばとかん字

なかまのことば ②　名前（　　　　）

① □の中のことばを、なかまに分けて、左のひょうの中に書きましょう。

② 分けたりゆうを考えて、なかまの名前も書きましょう。

なかまの名前②	なかまのことば①

赤　体育　国語　雨　白　生活　黄　青
雪　図工　黒　くもり　音楽　晴れ　算数

喜楽研

ワークシート　なかまのことばとかん字

名前（　　　　　　　　　　　　　　）

① なかまの名前を 三つ 書きましょう。
② なかまに なる ことばを 五つずつ 書きましょう。

① なかまの名前	② なかまの ことば	

書楽研

かん字の　ひろば　③

◎ 指導目標 ◎

・第 1 学年に配当されている漢字を書き，文や文章の中で使うことができる。

・助詞の「は」「へ」「を」の使い方，句読点の打ち方を理解して，文の中で使うことができる。

・語と語との続き方に注意することができる。

◎ 指導にあたって ◎

① 教材について

　「かん字のひろば」は，2 年生ではこれで 3 回目となります。基本的な進め方を前回と同様にすれば，児童も見通しをもって取り組めるでしょう。

　「かん字のひろば」のねらいの中心は，前学年の既習漢字の定着です。ただ，それが単調な漢字練習にならないような工夫も必要です。「ひろば」の場面に応じて想像を広げ，話し合う活動をとり入れているのもその工夫の 1 つです。『かん字のひろば③』では，「学校のようす」を題材としています。まず，絵の中の「先生」や「花」などの「学校のようす」に関わる漢字の読み書きを確かなものにします。次に，それらの漢字を使った文作りを通して，文の中で漢字を使いこなす学習活動に広げます。

　また，今回は，助詞「は」「を」を正しく使って文を作ることも強調して指示されています。児童の文章表記上の誤りで多いものとして助詞の使い方があります。ここでは，文作りの中で改めてそのことを指導し，定着を図ります。

② 個別最適な学び・協働的な学びのために

　「学校でのようす」は，学校の場所や地域，規模などさまざまです。漢字の復習だけでなく，教科書にとらわれず，学校のようすをお互いに伝え合う，という意識をもたせるとより意欲的に学習することができるでしょう。

　また，助詞「は」「を」については，「分かっていても書き間違う」という児童がいます。今回も取り立てて指導をしますが，平素から折に触れて「くっつきの『は』はどうかな？」などと助詞を意識させ，自分の書いた文章をできるだけ主体的に見直す習慣をつけていくことが大切です。また，書いた文章を友達と読み合い，協働的な学びの活動も取り入れています。

知識 及び 技能	・助詞の「は」「へ」「を」の使い方，句読点の打ち方を理解して，文の中で使っている。 ・第1学年に配当されている漢字を書き，文や文章の中で使っている。
思考力，判断力，表現力等	「書くこと」において，語と語の続き方に注意している。
主体的に学習に取り組む態度	進んで第1学年に配当されている漢字を使い，これまでの学習をいかして絵を説明する文章を書こうとしている。

◎　学習指導計画　　全2時間　◎

次	時	学習活動	指導上の留意点
1	1	・ゲームをすることで絵の中にある漢字の読みを確かめる。 ・「学校のようす」の絵を見て，それぞれの人物が何をしているか，出来事を話し合う。	・最後に書く時間を十分取り，漢字が正しく書けているかどうかを見て回る。 ・絵から想像したことも話し合わせ，次時の文作りの素地とする。
	2	・絵の中の言葉を組み合わせて，学校のようすを1つの絵につき1文で書く。 ・書いた文章を友達と読み合う。	・早くできた児童に発表させて見本とするなど，文作りの要領がどの児童にも理解できるよう配慮する。 ・助詞「は」「を」の見直しをさせる。 ・同じ漢字を使っていても，異なる文ができることに気づかせる。

本時の目標 絵に描かれた学校のようすについて話し合い、1年生で習った漢字を正しく読み書きすることができる。

板書例

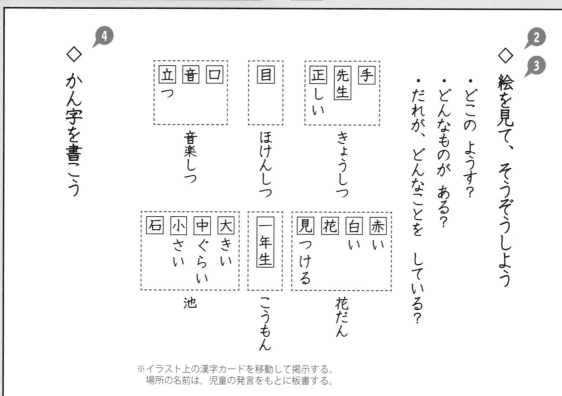

◇ 絵を見て、そうぞうしよう
・だれが、どんなことを　している?
・どんなものが　ある?
・どこの　ようす?

◇ かん字を書こう

手　先生　正しい　→　きょうしつ

目　→　ほけんしつ

口　音　立つ　→　音楽しつ

赤い　白い　花　見つける　→　花だん

一年生　→　こうもん

大きい　中ぐらい　小さい　石　→　池

※イラスト上の漢字カードを移動して掲示する。
　場所の名前は、児童の発言をもとに板書する。

POINT 復習のための取り組みである。ゲーム形式を取り入れながらしっかりと読み書きをさせたい。

1 指さし早読みゲームで、漢字の読みの習熟を楽しく確かめよう。

T　教科書140ページ『漢字の広場』の3回目です。まずは、読み方を覚えているか確かめましょう。

T　3人組になって「指さし早読みゲーム3」をします。指さした漢字を早く読めた人にポイントが入ります。

「一年生」！簡単だね。

「せーの！」

まず、ゲームで楽しく読み合い、読み方を確かめる。
① 3人1組になる。
② 1人が「せーの」で、教科書の漢字を指さす。
③ 残り2人のうち、早く読めた方が1ポイント獲得。
④ 5ポイント先取で勝ち。(出題者の交代)

　クラスの実態によっては、教科書の漢字を上から順に指で押さえさせながら声に出して読み上げ、クラス全体で丁寧に進めるのもよい。

2 教科書の絵を見て、気がついたことを話し合おう。

T　いちばん上の絵をよく見ましょう。どこの、どんな様子ですか。

黒板に引き算の問題が書いてあるから、算数の授業中です。

学校の教室です。

絵を見て気づいたことを発表させる。
T　他の絵はどうですか。
C　視力検査だ。保健室の先生が検査しています。
C　その隣のピアノのある絵は、音楽の授業かな。みんなで歌を歌っています。
C　次は、学校の池かな。大きな魚がいます。
C　学校の校門で挨拶している一年生がいます。

T　絵や漢字の言葉を見ると様子がよく分かりますね。
　後でいろいろ想像をふくらませることができるように、ここで細かい点までおさえておくとよい。

準備物
・漢字カード QR
・教科書P140の挿絵（黒板掲示用）または，黒板掲示用イラスト QR

ICT　展開③の活動の場合，想像することが難しい児童のために，教室や保健室の写真を撮影し，タブレットで提示するとよい。

かん字の　ひろば　③

め　一年生のかん字をふくしゅうしよう

❶
◇　絵の中の　かん字を読もう

〇△小学校

先生　正しい　手　前　口　目　立つ　中ぐらい　大きい　見つける　赤い　小さい　石　花　白い　一年生　小学校

〈ゆびさし早読みゲーム〉
① 三人一組になる
② 「せーの」で，一人がかん字をゆびさす
③ 二人のうち，早く読んだ人が，一ポイント
④ 五ポイントで，かち → （こうたい）

※〈漢字カードの使い方〉まず，教科書の挿絵（または，QRコンテンツのイラスト）の上に漢字カードを貼り，読み方を確かめる。次に，カードを黒板の左に移し，板書として使う。

---

3 学校の様々な場所の様子から想像したことを話し合い，全体で交流しよう。

T　絵を見ながら，想像したことを話し合いましょう。思いついたことは何でもいいですよ。

魚の大きさを観察しているのかもね。

池の絵は，魚にえさをあげているのかな。

女の子が「おいで」って呼んでいると思う。

大きい魚が子どもにいちばん近寄っているよ。

T　どの絵を見て，どんなことが想像できましたか。
C　教室の絵で，手を挙げている子がすごく嬉しそうなので，1人だけ答えが分かったんだと思いました。
C　口が開いているから「はい」と言っていそうです。
C　先生も笑顔です。
　　その他の場面も，話し合って想像したことを発表し合い，互いに確かめ合う。

T　想像したことを，たくさん発表できましたね。

4 教科書の漢字をノートに書こう。

T　次の時間に，この漢字を使って，文を書いてもらいます。漢字も正しく書けるように練習しておきましょう。

間違えないように書けるかな。

文も考えておこうかな。

「かん字のひろば」は2年生では5回出てくる。基本的な進め方を同じにすることで児童に見通しがつき，自主的な取り組みにつながる。今回は3回目なので，すでに文を作っている児童もいるかもしれない。おおいに認めて，他の児童にも広げていくようにしたい。

机間巡視などで，漢字を正しく書いているか必ずチェックする。漢字が苦手な児童は，教科書を見ても自分では間違いが分からない場合もある。必要であれば個別指導をする。

かん字の　ひろば　③

第 2 時 （2/2）

本時の目標　学校の場面イラストから想像し，提示された漢字を使って文を作ることができる。

板書例

◇ 2 絵を見て、文をつくろう

〈つくり方〉
① かん字をつかう
② 「は」「を」を正しくつかう

（れい）
・こうもんの近くて、一年生が
　友だちを⦿まっています。
　×お

・きょうは、ほけんしつで 3
　目のけんさを⦿しました。 4

・先生のしつもんに
　手を⦿あげています。

・男の子は、きょうしつて、

・子どもたちは、音楽のじかん、
　ピアノの音にあわせて、口を
　大きくあけてうたっています。

※ 児童が作った文を板書する。漢字の言葉については，
　板書してもよいし，児童の発表にあわせて漢字カードを
　移動して貼り付けてもよい。
　　また，助詞「は」「を」が正しいかどうか確かめたら
　○をつけるとよい。

POINT　文章を作るのが難しい児童でも，グループで活動させることで文の作り方や表現の仕方を見つけ合わせるようにする。

---

1 絵の中の漢字を使って，簡単な文を作るゲームをしよう。

T　教科書の漢字は，もう読めますか。みんなで確認しましょう。

　順に全員で読む，列指名で読ませる，などいろいろ変化をつけて，何度か読ませる。

T　絵に書かれている漢字を使って簡単な文を作りましょう。例えば，授業の絵を指さして「先生がもんだいを出しました。」と作った文を言いましょう。

男の子が手をあげました。

正しいこたえが言えました。

　時間内で教科書にある言葉１つを使って簡単な文章を作るゲームをする。

　ここでは教師がまず例を挙げて，どのような言葉を考えればよいのか簡単に見本を示す。前時に絵から想像して考えたことを思い出させるとよい。

2 教科書の例文を読んで，文の作り方を確かめよう。

T　「れい」の文を読みましょう。

C　こうもんの近くで，一年生が友だちをまっています。

T　この文には，「一年生」という言葉が使われています。このように教科書の言葉を入れて文を作るのでしたね。今回は，「は」と「を」も正しく使うように書いてあります。「れい」の文にはどちらが使われていますか。見つけたら，○で囲みましょう。

C　「友だちを」の「を」です。

　ここで，わざと「お」と板書し，間違いに気づかせてもよい。

T　では，文を考えられた人，言ってみてください。

きょうは，ほけんしつで目のけんさをしました

T　よくできました。ちゃんと「目」という漢字を使って文が作れました。「は」も「を」も使っていましたね。「は」「を」の書き方には気をつけましょう。

284

準備物	・漢字カード QR ・教科書P140の挿絵（黒板掲示用）または，黒板掲示用イラスト QR	ICT	絵を見て作成した文章を画像にしたり，タブレットのシートに記入したりして教師に送信する。それを児童に共有し，みんなで音読し合うと学力が向上する。	

かん字の ひろば ③

め 絵の中の ことばをつかって、文をつくろう

❶ ○△小学校

先生／正しい／手／音／口／目／立つ／見つける／赤い／花／白／中ぐらい／大きい／小さい／石／一年生／小学校

※〈漢字カードの使い方〉まず，教科書の挿絵（または，QR コンテンツのイラスト）の上に漢字カードを貼っておく。児童が文作りに使用したカードを移動させると，使用していない残りの漢字がすぐに分かる。

〈ゆびさし かんたん文づくりゲーム〉
① 四人グループ
② 一人が どれか一つの絵を ゆびさす
③ その絵を見て、一つのかん字をつかって かんたんな文が 早く作れた人に —ポイント
④ いちばんポイントが多い人が かち

---

3 絵の中の漢字を使って文を作ろう。「は」「を」に気をつけて書こう。

T では，文を考えてノートに書いてみましょう。「は」「を」を正しく使いましょう。

音楽の時間の絵で考えよう。

「男の子は，きょうしつで，先生のしつもんに手をあげています。」2つの言葉を使った文が作れた！

T 使った漢字は，○で囲んでおきましょう。教科書の場面の漢字が全部使えて文が書けたらすごいですよ。

　　文の始まりは中点（・）で書き始めさせ，箇条書きにさせる。ここがメインの活動となる。遅い児童もいるので15分は時間を取りたい。早い児童には2回目を考えさせたり，黒板に書かせたりして時間調整をする。

T 書けた人は，「は」「を」が「わ」「お」になっていないか見返しましょう。

---

4 書いた文を発表したり，友達と読み合ったりしよう。

T できた文を読み合いましょう。聞いた人は拍手を忘れないようにしましょう。

言います。「音楽のじかん，音にあわせて口を大きくあけてうたっています。」

「立ってうたっています。」にしたら、「立つ」の字も入れられるよ。

「音」と「口」のほかに2年で習った漢字も使っているね。

すごい！

　　グループで発表し合った後、ノートを回して見せ合ったり，黒板を全面使ってグループから1人ずつ前に出て書かせたり，と様々な方法で発表させる。同じ漢字や場面の絵でも，人によって違う文を作っていることに気づかせたい。
　　グループで「よかったな」「おもしろいな」という文を全体で発表させてもよい。

T 「は」「を」を○で囲みましょう。正しく書けているか確かめましょう。

著者紹介（敬称略）

【著　者】

中村 幸成　　元奈良教育大学附属小学校主幹教諭

田中 稔也　　神戸市立小寺小学校教諭

松森 靖行　　高槻市立清水小学校教諭

南山 拓也　　西宮市立南甲子園小学校教諭

*2024 年 3 月現在

【特別映像・特別寄稿】

菊池 省三　　教育実践研究家

岡 篤　　　　元神戸市公立小学校教諭

旧版『喜楽研の DVD つき授業シリーズ　新版　全授業の板書例と展開がわかる DVD からすぐ使える
～菊池 省三・岡 篤の授業実践の特別映像つき～　まるごと授業国語 2 年（上）』（2020 年刊）
【著　者】（五十音順）
　岡 篤
　菊池 省三
　田中 稔也
　中村 幸成
【撮影協力】
　（菊地 省三　特別映像）　有限会社オフィスハル
　（岡 篤　特別映像）　　　井本 彰
　河野 修三

喜楽研の QR コードつき授業シリーズ

改訂新版
板書と授業展開がよくわかる

まるごと授業　国語　2年（上）

2024年3月15日　　第1刷発行

著　　　者：中村 幸成　田中 稔也　松森 靖行　南山 拓也
寄稿文著者：菊池 省三　岡 篤
イラスト：山口 亜耶
企画・編集：原田 善造（他10名）
編　　　集：わかる喜び学ぶ楽しさを創造する教育研究所　中川 瑞枝
発　行　者：岸本 なおこ
発　行　所：喜楽研（わかる喜び学ぶ楽しさを創造する教育研究所）
　　　　　　〒604-0854 京都府京都市中京区二条通東洞院西入仁王門町26-1
　　　　　　TEL　075-213-7701　FAX　075-213-7706
　　　　　　HP　https://www.kirakuken.co.jp
印　　　刷：創栄図書印刷株式会社

ISBN：978-4-86277-460-6　　　　　　　　　　　　　　　Printed in Japan